全球经济的颠覆性变革
复杂经济学的根源、结构与竞合

REVOLUTION IN GLOBAL ECONOMY
Root, Path, Structure and Co-opetition
under Complexity Economics

[美]希尔顿·L.鲁特　刘宝成 — 著

刘宝成 — 译

中信出版集团｜北京

图书在版编目（CIP）数据

全球经济的颠覆性变革：复杂经济学的根源、结构与竞合 /（美）希尔顿·L. 鲁特著；刘宝成著、译 . -- 北京：中信出版社，2022.9
（中国学派集成）
书名原文：Network Origins of the Global Economy: East vs. West in a Complex Systems Perspective
ISBN 978-7-5217-4470-5

Ⅰ.①全… Ⅱ.①希… ②刘… Ⅲ.①世界经济－研究 Ⅳ.①F11

中国版本图书馆 CIP 数据核字 (2022) 第 096933 号

This is a Simplified Chinese edition of the following title published by Cambridge University Press:
Network origins of the global economy: East vs. West in a complex systems perspective,
ISBN 9781108488990
©Hilton L. Root 2020
This Simplified Chinese edition for the People's Republic of China (excluding Hong Kong, Macau and Taiwan) is published by arrangement with the Press Syndicate of the University of Cambridge, Cambridge, United Kingdom.
© Cambridge University Press and CITIC Press Corporation, 2022
This Simplified Chinese edition is authorized for sale in the People's Republic of China (excluding Hong Kong, Macau and Taiwan) only. Unauthorised export of this Simplified Chinese edition is a violation of the Copyright Act. No part of this publication may be reproduced or distributed by any means, or stored in a database or retrieval system, without the prior written permission of Cambridge University Press and CITIC Press Corporation.

Copies of this book sold without a Cambridge University Press sticker on the cover are unauthorized and illegal.

本书封面贴有 Cambridge University Press 防伪标签，无标签者不得销售。

全球经济的颠覆性变革——复杂经济学的根源、结构与竞合
著者：　[美]希尔顿·L. 鲁特　刘宝成
译者：　刘宝成
出版发行：中信出版集团股份有限公司
（北京市朝阳区惠新东街甲 4 号富盛大厦 2 座　邮编　100029）
承印者：　宝蕾元仁浩（天津）印刷有限公司

开本：880mm×1230mm 1/32　　印张：12　　字数：260 千字
版次：2022 年 9 月第 1 版　　　　印次：2022 年 9 月第 1 次印刷
京权图字：01-2022-3053　　　　　书号：ISBN 978-7-5217-4470-5
定价：68.00 元

版权所有·侵权必究
如有印刷、装订问题，本公司负责调换。
服务热线：400-600-8099
投稿邮箱：author@citicpub.com

献给我年幼的两个儿子：本杰明·韦弗利与乔治·普雷斯科特。

今天，我的睡前故事伴你们进入甜美的梦乡。等你们长大成人，我希望，这本书能带给你们别样的阅读乐趣与启发。

本书合作者

布莱恩·阿瑟（W. Brian Arthur），圣塔菲研究所（Santa Fe Institute）外聘教授，帕洛阿尔托研究中心（Palo Alto Research Center）系统科学实验室客座教授。

刘宝成（Liu Baocheng），中国对外经济贸易大学副教授、国际经济伦理研究中心主任。

凯文·科默（Kevin Comer），Mitre 公司仿真建模工程师，获美国乔治梅森大学计算社会科学博士学位。

杰克·戈德斯通（Jack Goldstone），美国乔治梅森大学政策与政府学院公共政策教席教授。

卡梅伦·哈威克（Cameron Harwick），美国纽约州立大学布罗克波特学院助理教授，获美国乔治梅森大学经济学博士学位。

戴维·马萨德（David Masad），获美国乔治梅森大学计算社会科学博士学位。

田青（Qing Tian），美国乔治梅森大学计算公共政策实验室高级研究员，获美国密歇根大学博士学位。

"中国学派集成"编辑委员会

编委会主任：孔　丹
编委会执行主任：季　红
委　员（按姓氏笔画排序）：
王升生　王绍光　王晓泉　王海龙　王海运　王维佳
王湘穗　白　钢　李　玲　李希光　肖裕声　邱海平
汪　晖　张　翔　张文木　武　力　罗　援　赵汀阳
胡　钰　贾　涛　高　梁　黄　平　韩毓海　鄢一龙
潘　维

"中国学派集成"总序言

新中国成立70年来,中国的发展成就斐然,道路独特,特别是在改革开放40年中,中国一直在探索自己的发展道路,体现了对中国自主发展与文明复兴的追求。

2015年,中信改革发展研究基金会推出了中国道路出版工程,其宗旨是:坚持实事求是、践行中国道路、发展中国学派。我们组织力量进行"中国道路"丛书的编辑和出版工作,从分析中国经验、中国道路的问题意识出发,在研究中国特色的制度、道路、模式的基础上,努力对中国道路和中国经验进行理论化总结。目前已经出版了几十部著作,产生了一定的影响力。

2018年下半年,我们在《经济导刊》杂志开辟了"中国学派"专栏,围绕一些重要的议题,陆续组织相关学者进行高端访谈和开放性的讨论。在此基础上,我们将组织编辑出版"中国学派集成"系列丛书,在理论战线积极促进中国学派的原创性研究,为社会科学领域构建中国学派的思想阵地助力。

什么是"中国学派"?为什么要提出发展中国学派?在社会科学各领域怎样推进中国学派的发展?这些问题存在多种认识和争议,不同的认识对于探索构建中国学派都具有启发意义,也将在本丛书的讨论中贯穿始终，逐步深化。

现代中国最丰富的思想和经验绝大多数是从中国发展的实践中产生的，当代中国学者在中国实践理论化方面一直在进行持续的自觉努力，构建中国学派也一直是学界努力的方向，这是艰难的基本建设工作，需要进行尝试和努力。这种努力和推动形成了动力，包含了一种期待，在发展中国学派的过程中构建相应的学术共同体。

改革开放40年来，全球学术界越来越关注有关中国问题的讨论和研究，究竟如何理解中国的发展，人们不仅要看西方学者怎么说，更要看中国学者怎么说。瓶颈在于，社会科学领域的研究一直存在理论滞后于实践的现状，一些学术研究既缺乏对现实生活的解释能力，更缺乏对现实生活的理论指导，对中国道路的实践缺乏研究动力。我们需要改变理论脱离实际的学风，破除那种在学术研究中严重脱离中国社会发展现实，以西方的问题代替中国的问题，以西方的方法代替中国的方法，以西方的标准代替中国的标准所形成的思想桎梏。我们要敢于挑战和打破各种流行思维和迷信，包括所谓的洋教条和新自由主义。

任何学派的产生都是特定时代伟大实践的产物，是对那个时代重大问题的思想回应，也是对那个时代特点的理论概括。毛泽东在中国共产党成立初期就特别强调，任何一种理论都需要从中国革命的具体实践出发。我认为，近现代以来，毛泽东是真正的中国学派的开创者。他将中国共产党和中国革命的实践，与马克思主义理论相联系，从中国革命和建设的具体实践出发学习、发展和丰富马克思主义，将马克思主义中国化。在 1963 年 11 月 18 日，毛泽东修改《人民日报》编辑部、《红旗》杂志编辑部文章时加写了一句"社会实践是检验真理的唯一标准"。他一直倡导对中国革命和社会主义建设已经发展出的理论经验，根据新的条件加以修正和运用。邓小平同志是中国学派的推动者，他推动的思想解放、实事求是，为我们改革开放以来的思想发展、理论发展和学术发展创造了条件。1978 年 5 月 11 日，《光明日报》发表《实践是检验真理的唯一标准》的评论员文章，邓小平为文章题词"实践是检验真理的唯一标准"。邓小平理论不是从教条中来，而是在实践中摸着石头过河，在实践中总结、提高，形成新的方略，其实践性带有从实际出发的创造性。习近平是新时代中国学派的引领者，他站在理论的最前线、思想的最前线，他是中国学派的代表和旗帜。

学术研究和国家的发展是互动的，学术研究也是建立在国家发展成就的基础上。习近平总书记 2018 年 5 月 2 日到北京大学考察时说，什么是一流？要在中国特色下去评价。过去讲，只有民族的才是世界的，先是要让国家达到一流水平，其他服务于国家一流。这个说法归纳起来就是"国家一流，学术才能一流"。在学术界，一直存在一种较狭隘的想法，认为学术一流才能国家一流。在此我想强调的是，中国的实践已经形成了中国特色的社会主义道路，我们的国家已经达到了一定的能力和水平，由此，学术就有条件赶超一流国家的能力和水平，我们要有自信，要把学术研究建立在国家发展成就的基础上，做到知行合一。

谈到发展中国学派这个问题，我认为应该视野更开阔，我们国家走过的道路非常艰难，但在一定程度上已经"成形"。在2018年两会上，习总书记再次担任国家主席时发表演讲，他说，中国人民是具有伟大创造精神的人民，中国人民是具有伟大奋斗精神的人民，中国人民是具有伟大团结精神的人民，中国人民是具有伟大梦想精神的人民。由此，中国人民的创造精神正在前所未有地迸发出来，中国的大"势"正在推动中国学派的形成。

我们所谈的中国学派不是狭义的、学术流派意义上的学派，而是有自己的概念体系和理论体系，更多地体现出一种中国人看问题的视角和观点，同时包含不同的理论流派，包含与国内外各派学者的竞争和相互借鉴。中国学派不是只研究中国的"学派"，也要进行世界性的研究。中国的改革开放，不仅使国家越来越强大，还使很多学者有条件进行广泛的国际交流和国际比较研究，从中国视角放眼看世界。中国学者对"中国特殊性"要有深刻理解，能够把握中华文明不同于其他文明的独特品质，以中国为立脚点，立足于中国本土的实践基础，彰显富有中国特色、中国风格、中国气派的独特精神。

让世界对中国思想、中国经验、中国道路有所了解，这也是中国学者的使命。多年来，国际上通常以现有的西方学者创造的理论框架来解释世界，并以此来分析中国的发展模式，因而不能正确地解释中国现象。中国学派应该扬弃中国知识分子一向抱有的"西天取经"的信念，这并不是拒绝西方，马克思主义就是来自西方，但是要打破西方思想的理论禁锢，要创造性地理解和吸收。理论的适用与否取决于理论的前提条件,我们要扬弃的是照抄照搬现象,逐步增强"自信",破除"他信"。

为什么过去很多人只承认西方的学术体系是科学体系?难道中国的诸子百家就不是我们古代的中国学派?我们曾经批评过将西方的"普世价值"植入替代中国的"普世价值"的思想和做法,并不是否定西方在自身的实践和道路上形成的理论,然而我们不能妄自菲薄。站在历史的高度,从我们的先贤那里走到今天,我们不可能放弃本土的学术追求,否定中国自己的理论特色。我们要善于融通古今中外各种资源,几千年的中国优秀传统文化形成了发展中国学派不可多得的丰厚底蕴。近百年来,指导中国革命和中国建设的马克思列宁主义、毛泽东思想的基本理论,以及实践中形成的思想成果,是中国学派进行研究的根基,世界各国在人文社会科学取得的积极成果,都可以成为中国学派的有益滋养。认识没有终结和边界,我们应突破固有的知识框架和概念体系,而不是教条式地顶礼膜拜。有学者提出,我们推动发展中国学派,是否可以理解为面对新的发展环境,在马克思主义基础上的理论创新?我认为可以这样理解,它既是对中国文化的继承、传承和发展,又是对马克思主义的继承。

中国学派的发展,从根本上不能脱离中国发展的基本点和归宿。真知蕴藏在实践中。不能解释中国实践的理论,就不可能正确指导中国的实践。任何重大理论问题都源于重大现实问题,要善于发现问题、研究问题,要在解决实际问题的过程中提出自己的概念和理论。近百年来的中国革命和建设,近四十年来的中国改革开放，波澜壮阔，历经艰难曲折，这是与西方世界的兴起迥然不同的伟大实践，无法在西方的知识体系中加以解释，因而，我们要站在"此岸"而不是站在"彼岸"来认识问题。采取正确的认识路线是第一位的，解决问题要在此岸，离开中国的实际、离开实事求是，认识路线就跑到彼岸去了。我们不是简单地囿于西方理论，也不是简单地囿于我们自己的传统学说，所有的理论，实践性应该是最高品格。我们要结合中国现实问题，在实践中推陈出新。中国学派要有平视世界的学术自觉、学术自信和学术自强，以中国视角去认识世界、认识历史、认识社会。有了这样的历史传承和现实创新，有了这样的认识论和方法论，中国学派的发展就带有历史的必然性。

中国学派应该有学术报国的情怀，这也是中国学派发展的重大历史时代背景，而不是一群学者聚在一起搞脱离实际的纯学术讨论，把学术看成一种独立的、脱离中国实践的追求，这样是无立足之地的。

中国学派的历史使命就是要形成具有中国特色、解决中国问题的知识体系，为我们国家提供认识中国、认识世界的基本理论，为人类发展提供中国智慧、中国道路、中国经验，并及时介绍给世界，如果做不到这点，就是中国学者的缺位。

中国学派要以中国实践创新中国理论，以创新的理论来指导中国实践，需要构建具有中国特色、解决中国问题、以中国视角来观察和研究世界的研究体系和学术队伍，这种新时代的理论诉求，催生了中国学派发展的必然性。

我们正走在中华民族伟大复兴的道路上，中国发展改革中有很多问题需要研究和探讨，习总书记指出，这是一个需要理论而且一定能够产生理论的时代，这是一个需要思想而且一定能够产生思想的时代。我们处在这样一个需要新思想、新理论的新时代，发展中国学派正当其时！在中华民族伟大复兴的道路上，我们要把握好这一历史机遇，把发展中国学派作为自己的使命！

2018年10月15日

目 录

序　言　　　　　　　　　　　　　　　　　　　　1
自　序　　　　　　　　　　　　　　　　　　　　7
概　论　　　　　　　　　　　　　　　　　　　　11

第一部分　政治经济学与复杂系统

第一章　全球经济史上的重大变革　　　　　　　　003
　第一节　经济转型中的系统网络结构　　　　　　007
　第二节　重塑世界的复杂性变革　　　　　　　　012
第二章　经济增长、形式及自组织结构　　　　　　017
　第一节　全球经济的复杂系统属性　　　　　　　017
　第二节　复杂系统的变化过程　　　　　　　　　025
　第三节　复杂系统的网络特征　　　　　　　　　040
　第四节　东西方迥异的系统结构　　　　　　　　047
　第五节　变革临界点与相变　　　　　　　　　　049
　第六节　全球经济史中的颠覆性变革与系统结构　059

第三章　人类行为演化与政治经济学　　　061

　　第一节　历史演进与变革　　　062

　　第二节　全球联通的演化特性　　　064

　　第三节　进化社会心理学的应用　　　073

　　第四节　预防性混乱：全球断裂中的经济机遇　　　080

第二部分　政治体制的历史变迁

第四章　欧洲与中国政体的网络结构：稳定性与韧性之辨　　　087

　　第一节　欧洲与中国的超网络结构　　　090

　　第二节　中国和欧洲结构：稳定性与韧性的权衡　　　097

　　第三节　欧洲王朝与军权的持久性　　　099

　　第四节　中国王朝的衰败与更替　　　111

　　第五节　技术进步和系统韧性　　　120

　　第六节　社会制度的多层体系　　　122

第五章　网络建构与法制：从封建主义到小世界互联　　　126

　　第一节　收益递增与西方法律体系　　　128

　　第二节　强势且有限政府的起源　　　129

　　第三节　社群主义法律与理性主义法律：四种协调方式　　　130

　　第四节　西方世界的贡献　　　153

　　第五节　中国的法律传统：法家与儒家　　　161

第六章 欧洲与中国的大分流　167

- 第一节 欧洲的系统结构和创新　170
- 第二节 儒学立国与创新的停滞　180
- 第三节 颠覆性创新、系统结构与大分流　193
- 第四节 全球创新主角的转换　198

第三部分　全球未来格局：稳定与效率

第七章 接力棒传到中国了吗？　203

- 第一节 中国独特的发展道路　204
- 第二节 经济发展任重而道远　223

第八章 中国梦与全球经济的前景　229

- 第一节 中国正在增强软实力　233
- 第二节 轴辐式模式重现　247
- 第三节 文化传统与全球化的融合　254
- 第四节 中国在全球经济中可能扮演的角色　270

第九章 时移势迁的全球网络　277

- 第一节 网络在国际关系中的作用　277
- 第二节 在国际网络结构中测度权力终结的指标　287
- 第三节 国际关系中的网络属性和权力　303
- 第四节 错综复杂的全球经济网络　305
- 第五节 后霸权主义的转变发展　308

第十章　全球网络体系变革的未来　　　310
　　第一节　收益递减引发的体系崩溃　　　313
　　第二节　网络结构决定的弹性和稳定性　　　320
　　第三节　不确定性时代的战略调整　　　333
　　第四节　经济史上全球系统的网络分析　　　338

致　谢　　　341

序　言

若理解一种经济体系的基本架构如何影响其长期稳定性，就要从其构成要素及其相互关系入手，考察其应对变革的韧性与运行效率。此书将着力探讨这一问题，并从历史的维度对比中西方的异同。当今世界，东西方的实力正在此消彼长，中国的综合国力不断提升，相形之下，西方国家却在逐渐式微。种种迹象表明，这一趋势将会继续。伴随着中国现代化的进程及其全球影响力的日益增强，中国是否会复制西方的道路？如若不然，中国又将以何种姿态立足于世界舞台？通常认为，任何一种文化背景下的行为方式都需要溯源于其根深蒂固的基本架构。那么，应该如何解析这些架构？它们又如何影响中西方两种体系的运行方式？显然，这些并不是新出现的问题，但希尔顿·L. 鲁特（Hilton L. Root）采用了全新的研究方法，即复杂理论，并将其置于政治经济学的范畴进行了深入探讨。

首先，让我们来了解一下复杂理论应用于经济学研究的背景。在 1870 年之前，经济学研究主要关注两大问题：一是经济运行中的资源配置问题，即在同一市场内、不同市场间或贸易伙伴间，产品和服务的数量及价格是如何确定的。二是经济体系的架构问题，即随着时间的推移，一种经济体系的架构是如何形成与演变的。自 1870 年以来，随着新古典经济学的发展，对资源配置问题的研究普遍采用了数理模型分析，进而摇身成为 20 世纪经济理论的主流。由于数理分析方法的局限性，经济体系的架构问题逐渐脱离了经济学理论的核心范畴，转而由政治经济学家所独揽，后者主要通过案例研究和定性推理方法进行分析。至此，经济学理论也愈发远离了适应、调整、创新、制度建构与结构性变革等重大议题，遑论经济体系与制度的起源，以及制度的变迁。

时过境迁，作为一种全新的经济学研究方法，复杂理论被用于解析经济体系的建构问题，一门全新的学科——"复杂经济学"随之应运而生。传统的经济学理论将经济行为视作一种动态均衡，其中的理性行为人面对的总是可以清晰界定的问题，完全可以采用演绎推论的方法进行分析决策。复杂经济学理论则认为，经济体时刻处于动态变化的过程中，其中的经济主体为了应对持续变化的环境，也在反复变换其合理化的选择方式，其结果是不断迭代、日益复杂的经济模态。如此周而复始的结果，使得经济体不再是一台井然有序的机器，而变成一个持续演变、永远处在重构过程中的复杂系统。复杂经济学为我们描绘了一个伴随着历史变迁而持续演变的世界，这更接近于政治经济学而非新古典经济学的范畴。

在此书中，希尔顿·鲁特试图运用复杂理论来分析经济体是如何随时间而演变的，并回答了一系列体系架构的问题，包括：一种经济体系是如何形成的？历史机遇和选择如何奠定当下的可能性？经济体系的构建方式是如何决定其韧性、促进其创新与构成要素间相互协同的？本书内容聚焦于经济体的构成要素及底层架构之间的相互联系与相互作用，并考察其最终对整体行为方式的影响。相比机械而僵化的传统经济学理论，此书的风格则更具灵动性。

其中，鲁特运用网络理论着重分析了欧洲与中国在历史演进中出现的异同。欧洲政治经济的组织方式属于"小世界网络"（Small-World Network），其构成要素为数个主要的中央枢纽，并通过血缘或联姻的方式相互松散地联结在一起。而中国的组织方式则以顶端的中央作为核心枢纽，然后与下属层级形成辐射状的链接。这种架构有助于快速传递来自核心枢纽的信息和指令。正如鲁特所述，虽然欧洲政经体系在执行效率方面稍逊一筹，但能够在外部的冲击之下保持较强的韧性，可在确保其基础架构稳定的同时具备吐故纳新的功能。经历了16世纪的宗教改革以及多次战争，虽然过程艰辛，但欧洲社会基础架构并没有遭到严重破坏，社会网络与政经制度在短时间内仍能得以复原。相比而言，中国的政经体系则更凸显其稳定性，历往朝代亦可延续数百年，然而一旦处于核心枢纽的中央遭受冲击，其破坏力将快速传递至各下属层级，导致整个体系土崩瓦解，使举国上下陷入一片混乱，结果则是经年累月的战争与生灵涂炭。

鲁特在此书中指出，一种经济体系存在多个层级，传统经济学理论固守的微观层面（经济人）和宏观层面（经济体系）已无法准确解释当下的政治经济现象。为此，他将多层级的网络结构引入经济学的分析过程，从君王统治阶层，到封建贵族或高官阶层，到低级官吏阶层，再到各大家族、商业团体以及个体。所有层级通过法律、行政、宗主、契约等体系与机制相互联结、彼此协同，而且所有这些机制也在不断因时而动、应需而变，周而复始，持续迭代。从复杂理论的角度出发，他所关注的不只是一个经济体内的组成要素及其表现形态，而重在剖析一个多层级、多线路的网络结构。这种体系化的结构不仅用来调适底层的个体行为，并对更高的层级形成制约，而中间层级则发挥了承上启下的关键功能。作者紧密跟踪历史进程，论证过程突破了传统经济学的理论框架，展现了极高的现实性与创新性。

此书第二章对复杂理论做了精彩阐述，为读者更透彻地理解经济体的韧性、适应性与创新性提供了全新视角。第十章归纳了全书的主要结论。其他章节则详尽地阐述了两种截然不同的网络结构与构建社会稳定性的关系，包括西方自由主义的兴起，欧洲的政经网络结构对科学技术发展的促进作用；后续章节则着重分析了中国近年来的崛起、全球化以及全球稳定性问题。整个分析过程由表及里，始终围绕网络结构问题徐徐铺展开来，包括维持其运行的制度规范、层次构造及其演变路径等。第五章集中阐述了中世纪日耳曼习惯法（Germanic Custom）与罗马法（Roman Law）的融合。二者汇聚而成的法律体系为自由民主思想、未来创新以及远洋贸易奠定了基础。因其独立于中央集权的控制与利益集团的干扰，对统治阶层的武断专制形成了有效钳制，故而有利于将旨在推动社会进步的变革渗透到整个政经体系之中。反观中国,传统的儒家思想与法制体系制约了创新与变革,其轴辐式的网络结构注定了中心的稳定性与社会性的革新两者不可兼得。为了确保系统的稳定性,不仅变革无法广泛付诸实施,甚至变革的苗头也被扼杀在襁褓之中。在轴辐网络结构中,为适应僵化的环境因素,变革通常只能悄无声息地缓慢推进,这种操作层面的修补不足以带来根本的改观,随着内部矛盾的持续积累,最终难以挽救整个体系的瓦解和社会混乱。

鲁特别具一格的分析方法颇具洞察力,尤其是其提出的"经济体系的基本架构决定其呈现形式与结果"的论断,为读者开辟了一个独特的视角。他所发现的不同的网络构造与其内部核心要素运行的关系,有助于我们从历史的波澜中找到今昔种种社会现象与结果的缘起。而其中的道理亦可推而广之。

在更宏观的层面,鲁特为政治经济学的研究引入了一种全新的、非均衡的分析方法。我相信此书的出版将在政治经济学领域开启一个全新的学派,即复杂理论研究学派。

布莱恩·阿瑟,圣塔菲研究所

自　序

　　自然界，人世间，都是由一张张大大小小的网络编织而成的，这些网络彼此联结、相互套嵌，同时又彼此侵扰、相互制约。在这样一个有机的生态/社会系统中，无时无刻不充斥着混沌、分形、涌现、均衡，扰动、渗流和级联。

　　网络中的每个结点都交替扮演着被动或能动的角色，并通过一定的机制形成一个个枢纽，围绕某个或少数几个轴心不间断地运转，既而形成一个动态的系统。每个结点的活力固然重要，然而任何网络的能量和韧性水平最终取决于其本身的构造。结构化的系统不是简单的"整体"，具备良性结构的系统能够释放出惊人的潜力，并暗合亚里士多德所说的"整体大于部分之和"的哲学理念。

　　全球化推进了生产要素的跨国流动，各经济体之间形成了一张相互交织、彼此依存的巨网。新自由主义经济学派为之欢呼雀跃，认为以个体理性、自由竞争和政府放任为核心的传统经济学不仅可以蓬勃复兴，而且可以普遍适用于世界经济体系的重塑。

　　然而，进入21世纪以来，百年未有之大变局的序幕徐徐拉开，福山关于自由资本主义定于一尊的历史远远没有终结，反而变得更加分散与多元；弗里曼笔下的世界从来就不是平坦的，反而变得更加泥泞坎坷。面对波诡云谲的地缘政治角逐，以及裹挟在民族主义和后现代主义情调中全球化模态的反复变异，世界将以怎样的体制机制相互联结来保持各个经济主体的能动性，并最终合理地分享到应得的经济成果？基于线性思维和公式推导的新旧古典经济学和新自由主义理论已经无法提供令人信服的解释和答案，因此难免再次落入马克思所批判的庸俗经济学的窠臼。本书以批判福山与弗里曼的乐观主义为开端，开创性地将复杂网络理论及应运而生的"复杂经济学"作为分析框架，以人类历史五次重大变迁为背景，在对比欧洲和中国漫长的发展历程基础上，试图以全新的视角来阐释政治经济体系的建构与演进。

系统强调外部整体性，而网络强调内部结构性，将二者融会到一起来观察和对比不同政治经济体的特征及其成因，有利于建立通览全局的理性视野，从而为建设性的解决方案铺就必要的前提。

系统的复杂性表现在多个方面。首先，结点之间的连接方式是多样的，特别是随机连接、小世界连接和无标度连接；其次，枢纽本身作为一个能动系统表现出高维、非线性、分形、混沌等特性；最后，不同的连接方式决定了网状系统的整体行为模式，包括自适应、自演化、自组织、自同步和自涌现。

以系统论为指导的复杂经济理论认为，经济体系在多种要素的聚散离合驱动之下，时刻处于动态变化的过程之中。其中的经济主体为了应对持续变化的环境，也在反复变换其合理的选择方式，于是形成了不断迭代、日益复杂的经济模态。如此周而复始的结果，使得经济体不再是一台井然有序的机器，而变成了一个持续演变、永远处在重构过程中的复杂系统，正如当下正在形成的多级互联、反复裂变的世界新格局。本书吸收了马克思主义唯物辩证法的精髓，并借鉴了网络科学中的混沌理论，有力地驳斥了理性人的假定和线性的经济秩序假定。

中国成功地走出了一条独具特色的社会主义市场经济之路，展示了系统的韧性、稳定性、适应性以及创新性。然而，因为偏离了西方传统政治学和经济学理论，所以中国的治理模式和经济运行方式一直被一些西方学者质疑甚至诟病。从分析改革开放之初的"摸着石头过河"入手，到层层递进的深化改革和扩大开放的历程，本书将复杂经济学理论与中国的历史传承相结合，对中国的制度变迁以及当前的混合经济模式提供了合理的阐释，对西方的制度学派和自由经济学派对中国崛起提出的各种质疑给予了强有力的回击。与此同时，本书运用网络科学中的轴心、枢纽和结点的不同构造与演变规律证明，无论是在区域还是世界范围内，单极独霸的政治经济体系已逐渐步入日暮途穷的窘境，既不能引领集群发展，也无法壮大自身。而中国"和而不同"的优秀传统文化以及构建"人类命运共同体"的全新理念，则能够为全球无标度的动态连接和均衡的可持续发展提供有益的启迪。

本书提出，延续传统均衡理论的思路只能坐视收益递减的末路而无法解释全球经济增长的坚定步伐，纠缠于中西方制度性差异的鸿沟无益于构建互联互通的世界新格局并应对人类命运的共同挑战。本书通览中西方在全球颠覆性变革中的不同选择及其历史必然性，主张以中国经验为全球经济史提供一种经济振兴、社会发展的新路径，同时以探寻西方政经变革的特异性作为中西方互通互信的必要前提。在政策和学术界，全球秩序重塑问题构成了全球治理的核心主题，在不远的将来，其最终答案也将决定国家内外部乃至全球经济发展模式的形成、延续与变革。

在全球治理体系遭遇颠覆性变革的当口，全世界的目光聚焦于中国。本书提示，过去的成功未必是未来成功的保证，路径依赖必然导致边际收益递减。这意味着中国需要密切跟踪内外部环境的变化，继续在体制改革和扩大开放的道路上优化结构，不断提升自身的适应性，放眼未来，向更高的目标迈进。

最后，希望本书能为国民经济和全球经济的研究者以及政策制定者提供一个全新的视角，以系统性的眼光审视复杂性，以结构性的思维在不确定性当中探求适宜的发展道路。

希尔顿·鲁特（于华盛顿）
刘宝成（于北京）
2022 年 6 月 20 日

概 论

近年来,众多学者开始重新思考政治和经济史研究的叙事逻辑,以期更全面地认识历史的演进。[①] 21世纪以来,人们对跌宕起伏的世界格局愈发担忧,对以往的解决方式也失去了信心,于是新的思维和视角引起了越来越多人的关注。其中,人们的担忧主要集中于变革中的两种不确定性:一是变革的方向,即全球的发展模式日趋偏离了自由民主主义;二是均衡理论能否继续担纲解析全球变革进程的最佳框架。

全球的不确定性主要源自东方的崛起,及其与西方迥异的治理和经济组织模式。综合多种学科及研究方法,包括政治经济学、复杂系统理论、计算社会科学,尤其是网络科学,本书将以一种全新的视角来解析这一问题。本书的研究范围涵盖了众多关于历史上不同政治经济体稳定性的根本问题。例如,蛮族攻陷罗马帝

[①] Aoki (2001); Hall and Soskice (eds., 2001); North, Wallis, and Weingast (2009); Morris (2010); Hodgson and Knudsen (2010); Hausmann et al. (2011); Fukuyama (2011; 2014); and van Bavel (2016). 这些研究都或多或少地借鉴了哈耶克的观点 (1973, 1976, 1979)。

国及其行政体系的崩塌与西方现代法律制度的发展有何关系？欧洲大陆的工业化进程与其君主国的长期联盟直至消亡有何关系？为什么欧洲的资产阶级革命始终难以颠覆旧体制下的社会结构？为什么美国军队的到来能促使欧洲君主制的最终灭亡，而18世纪的法国大革命都未能实现这一目标？中国封建社会官僚对商人的蔑视与社会主义市场经济的形成以及当今新中国在世界舞台上的崛起之间有何关联？中国的崛起会损害自由市场的创新机制吗？社会组织的重大历史变迁有哪些共同特点？

后续的章节将探讨全球经济与近代欧洲和中国网状体制的联系。实际上，当我们审视历史上那些深刻影响经济发展的重大制度变革时，一个基本逻辑是将经济体视作一个相互套接的网中网。这些网状系统相互串联，形成信息接收与反馈的回路，进而反复地促进了系统的自我重构。随着系统之间的紧密联结，极端事件引发的风险必然产生放大效应，而联合抵御风险的能力也同时得到了加强。

网络科学日趋受到学者们的青睐，因为许多重大的社会议题均具有结构性网络的属性，包括流行病防治、制度创新、科学发现、社会声誉、影响和信任、信息传播（尤其是社交媒体中的谣言传播），以及金融、贸易和供应链等。但在实际运用过程中，人们常常忽略那些显性的宏观因素，比如影响朝代更替的规则、习俗和法律之间的关系、统治者对于破坏性创新的接受程度等。本书将网络科学应用于经济学的一个分支，即制度经济学，用以检验制度对长期经济表现的影响。本书旨在启发研究人员超越新古典经济学及其拘泥于制度结构的研究范畴，采用一种全新的理论框架和经济学研究工具来探究网络结构的本源和行为模式，以便更加系统而全面地把握经济社会的发展动力和进程。

复杂理论视角下的全球历史

道格拉斯·诺斯（Douglass North）将西方国家经济发展的原动力归功于制度设计，其研究成果拓宽了政治经济学与制度经济学的研究视野，并在更广泛的意义上推动了经济史研究的变革。他认为制度变迁基本上出于人为设计，呈现出一种循序渐进的"进化过程"。但他同时也指出，不能把所有的重大变革都归功于人为设计（North，1991）。制度变迁具有路径依赖的特征，同时也具有自我强化的功能。如果制度演进偏离了原有的轨道，则其本身也会自行演进，形成新的制度特征。如此一来，制度变迁的过程与收益递增相伴而生，相辅相成。例如，通过持续的适应性创新与现实检验，计算机硬件及其软件系统得以不断加速迭代。路径依赖与收益递增的特性会脱离人们本初的设计，而衍生的结果也远远超出人们的想象。这两种现象均会限制初始预设的其他可能性，二者的结合往往会引发层出不穷的剧烈变革，而不再是点滴的积累。新思想的诞生、新技术的突破及新组织的出现，都呈现出爆炸式变革的特征，例如，宗教改革、法国大革命、"阿拉伯之春"、印刷术、蒸汽机、喷气发动机、计算机、互联网和基因工程等。

诺斯同时指出，制度并不是决定经济成效的唯一因素，必须同时考虑政治组织的影响。德隆·阿西莫格鲁（Daron Acemoglu）和詹姆斯·罗宾逊（James A. Robinson）进一步提出，政治与经济因素的相互作用从根本上影响了经济史的变迁，于是他们一直试图在均衡理论框架下找出政治和制度变迁的关系。[①] 他们的研究强调政治变革是一个趋近均衡的过程，但并未充分考虑自下而上的反应，而后者才是经济长期增长的关键。相比而言，诺斯的观点则更为全面。他充分认识到政体与经济体之间错综复杂的关系，而收益递增将促进上下交织的变革进程。网络科学进一步佐证了诺斯关于制度变迁的理论架构。在缺乏中央控制的情况下，社会基层可以通过自组织形成局部的规范，进而自下而上地汇聚成一个庞大的网络结构。

即便如此，针对历史上不同政体的长期演变模式，研究者依然不肯放弃均衡理论。然而，均衡理论忽视了一个极其普遍的现象，即不同阶段的变革呈现出迥然不同的形态、强度和广度。当系统中某种代表性的因子开始发力时，系统中相互联系的各个因子将群起做出响应，星星之火遂成燎原之势，直至造成覆盖全局的改观。另外，即便长期稳定社会体系中发生短暂的变革，也不能称之为均衡。足以引发变革的诸多环境因素始终相互作用，并

---

① 阿西莫格鲁和罗宾逊创立了研究政治变革的均衡理论模型，他们认为，包括扩大公民权在内的政治变革，主要源于社会精英阶层与大众阶层在维护政治秩序、规避动乱及确保稳定性方面的资源争夺。

持续反馈与迭代，因此尝试将其中的外因和内因区分开来实属徒劳。知识、实践和规则同样处于持续的变化之中，多种因素相互交织，时而苟合，时而抵牾。在如此波澜涌动的环境下，某些局部事件或控制变量的异动能够激发一连串剧烈的波动与变革。

历史上的政体都是多层次的系统，某个层级上的变化将会直接影响上下其他层级。相较于初始的变化，该影响在不同层级间的传播既不均匀，又不连续，由此引致的变革往往是离散的。同时，支持不同系统运行的内在动力也千差万别，变革的发生机制、传播路径与影响范围存在无限可能。鉴于历史上各类政体均属于一套既独立运动又相互连接的典型网络，复杂系统理论就成为研究其制度变迁的最佳工具。

本书中，我们将对照同样有着悠久历史的欧洲和中国，从复杂理论的角度探寻这两个网络系统内在的组成要素及其动态连接的路径，并剖析其独特的网络组织结构（或拓扑结构）对创新力、适应性与稳定性的影响。通过分析两种网络结构的主要差异，可以帮助我们理解路径依赖和收益递增如何在制度形成期产生，并如何影响其政治和经济组织的变革。依靠历史学和社会学知识的积累，我们分别为两种社会结构建立了理论模型。基于多个国际机构的公开数据，本书第七至十章将着重比较两者在投资、国际合作以及国际关系决策中的异同，并集中从社会网络的角度考察驱动其体制建设与变迁的动力机制。

对比中国和西方政体，不难看出，两者组织结构的差异持续影响着其行为方式。西方政体的制度设计强调对中央集权的限制。

欧盟的制度架构是多中心的，体现了分权的基本原则，以便在平衡和监督成员利益博弈的同时，发挥联盟的跨国协同能力。每个联盟成员实行国内自治，在联盟中有权表达各自的诉求，但各自并不孤立，而是通过多中心、多线路的网络联结在一起，对内畅通合作，对外一致行动。欧盟分散的权力机制与美国的政治体制如出一辙，以此实现不同区域与机构间的权力制衡。在欧盟与美国的政治制度设计中，存在竞合关系的权力机构经由多个枢纽、多条路径相互联系，其分布式的离散网络结构使得任何结点的创新能够快速扩散。同时，结点间的连接得以持续扩散延伸，系统网络中的主要结点间的关系也在持续调整变化，但并不会危及系统的整体稳定性。

中国当代的政治制度设计与组织架构充分体现了儒家思想与中国传统政治智慧。相比欧洲政治组织结构更倾向于初级结点间的相互连接，中国则侧重于尽量减少规则制定和执行方面的冗赘，因而有利于提高执政效率。在中国特殊的政体网络中，各个结点均与一个中心结点纵向紧密相连，而横向的连接则相当稀疏而薄弱。位于网络顶端的决策部门之间环环相扣、思想统一、口径一致，形成一个高效协同的决策闭环。作为执政党，中国共产党是领导国家各项事务的核心，统领着一套囊括金融、投资、政策执行和市场准入等行政管理职能在内的市场化机制，其效率之高、延伸之广，往昔的历朝历代难以望其项背。这一当代制度建设的巨大创新，无疑在加强社会凝聚力的同时，促使中国经济更加高效地融入经济全球化的进程，并在较短时间内与西方国家平分秋色。然而，没有任何一种制度设计是完美无缺的。各结点间横向连接及可扩展性的缺失，以及层出不穷的官僚腐败问题，严重削弱了中央政策的执行效率，并对执政党的生命力带来负面影响。正因为这样，中国共产党将惩治腐败、党风廉政建设以及社会信用体系建设，作为永葆执政党生命力的重要工程。

将网络科学的分析工具用于研究社会变革，可以更深入地揭示社会稳定性和韧性的不同特征。这些特征反过来又将影响制度设计的组合方式，进而决定中西方截然不同的经济发展路径。我们能借此更深刻地理解诺斯的经济变革理论模型，包括学习效应、知识转移、创新的适应力等。我们也可以更好地理解社会发展的内在驱动力如何受到国际关系和国际政治的影响，以及一国自身的发展逻辑如何反映世界历史发展中的社会变革趋势。通过更全面描绘政体和经济体之间相互作用的网络组织结构，我们便可以更准确地衡量不同变量对变革的影响，包括收益递增、路径依赖以及对初始状态的持续影响。上述变量皆为网络结构中的关键属性，而且不断自我强化。以网络结构中不同结点的相互连接及其动态属性作为研究变革的重要突破口，将为我们揭开比较经济分析研究的新篇章。

最终，上述问题的研究也能解答人们关注的一系列政策问题：中西方两种治理模式是否原本就是截然不同的，甚至不可调和，从而因此成为全球长期冲突的根源？两者如何开展良性的互动？双方能否接受一种全新的全球治理体系，共同构建一个多中心的网络结构来平衡彼此不同而又相互交织的利益诉求，既而在避免一方独占霸权的同时实现整体的稳定性？在政策和学术界，此类全球秩序问题构成了全球治理的核心主题，在不远的将来，其最终答案也将决定各国内外部乃至全球经济发展模式的形成、延续与变革。

经济变革的动力源具有复杂性、异源性和互通性，这一貌似常理的观点却经常令那些秉持均衡理论的经济学家感到茫然不知所措。而本书则正是基于这一独特的视角展开讨论，以期挖掘其背后的深层逻辑，将政治经济学研究镶嵌进去，引向一块未经探索的宝地。

本书结构

本书分为三个部分。第一部分主要介绍与政治经济学研究相关联的学科及理论，尤其是复杂系统理论和复杂网络理论。第一章介绍了影响全球秩序的五个重要历史性变革。第二章总结了与政治经济学分析相关的网络结构及其属性，其中某些属性会在其他章节重点介绍，例如小世界网络和星形网络的形成和影响（第四、六、七、八和十章都分别有所描述）。第三章则有所扩展，简要盘点了认知网络科学和政治经济学的最新成果。前三章从复杂理论和人类行为模式的视角探讨了经济发展的历史，这部分内容的核心概念包括秩序和混乱的共存与互补、开放世界中的闭环系统、时间和进化过程的不可逆属性，以及社会各阶层秩序的网络关联性。

第四至六章阐述了网络拓扑结构（而非国家和社会的简单二分法）如何塑造系统中行为主体之间的关系，以及如何影响社会关系的形成及其发展路径。该部分回顾了中国和欧洲历史上政权演变的进程，探讨了超网络结构如何影响信息的传递，以及后者如何制约系统中不同群体的行为模式。通过回顾历史上影响深远的三大变革，包括政权的更替、法制体系的建设以及科学技术的广泛运用，及其对网络结构形成和稳定性的影响，进一步阐述了每一次变革对经济秩序变迁产生的巨大而深远的推动作用。第四章分析了欧洲社会在政权更替中所呈现的韧性，而后者来源于其法制理念与传统，由此产生的稳定性又成为其经济长期增长的重要基石。政权更替中的欧洲，众多皇室家族相互竞争，虽各自都全力谋求君临天下，但终因势均力敌而没有一家能够独领风骚。相形之下，在中国，历代王朝更替则呈现不同的特征，新的王朝建立后，统一的君主政体则凌驾于"普天之下与率土之滨"。

第五章介绍了法制体系在大世界网络向小世界网络转变过程中的核心作用。在本章中，我们从社会互动网络的视角，探析西方法制体系的演进过程，及其作为第二大历史变革所产生的社会影响，这包括德国习惯法与罗马法的结合对中世纪西方社会变迁的深远影响。西方法制体系的结构特征对其历史变迁的进程起到了决定性作用，合同法的颁布就是典型的例证。合同法的实施促使商业贸易摆脱了对血缘关系的依赖，在欧洲经济发展过程中起到了重要作用，甚至成为欧洲工业化进程的重要基础（第六章论述）。欧洲政治经济体系独特的网络结构促进了科学技术的广泛运用，虽然这些科技进步往往会对原有的社会秩序造成破坏性的影响，其中深感危机的则是那些皇室家族。然而，后者清醒地认识到商人阶层和启蒙运动中文人学士所能带来的丰厚政治资本，于是转而成为科技进步的积极拥护者，以此巩固其在整个网络体系中的地位。这些重大社会变迁赋予了西方社会一套完全不同于中国的核心制度，但如今也面临着一系列新的挑战。

最后一部分，第七至十章将话题转到当下，内容包括全球范围内的不稳定性和同时发生的两项重大变革。第七至八章讨论了中国的崛起及其具有鲜明中国特色的市场经济体系。根据现有的发展趋势，中国极有可能成为全球经济网络中最为重要的中心结点。如果能够与世界网络中的其他较小的结点顺利连接，形成一个全新的经济网络，现行的全球经济秩序和政策规则模式将会产生颠覆性的变化。中国的变化印证了三大历史变迁中的一条普遍规律，即网络结构特征最终决定思想和行为在网络中传播的途径与方式。

在第九至十章，全球化成为分析的主题，重点讨论了全球化背景下所酝酿的经济政治新秩序是否会催生一个相互连接、相互制衡的网络结构。第九章主要介绍了冷战结束后全球政治经济网络体系的重大变化，并分析这些变化所运用的方法和工具。基于网络密度和集中度两个维度，我们衡量了冷战后全球政治经济网络结构的变化，以及俄罗斯和美国在"逆两极化"进程中的相对衰落对国际关系的深远影响，即国与国之间在不同领域横向网络连接的增强，包括贸易、外交、军事和科技交流。在此背景下，传统的国家联盟体系逐渐瓦解，去中心化的全新网络结构逐步形成，这得益于全球化所带来的更加紧密的全球互联互通和更加激烈的国际市场竞争，从而进一步削弱了层级控制的结构，并促推形成相互制衡、相辅相成的国际政治经济新格局。不幸的是，那些固守霸权主义思想的老朽却依然对这一重大变化熟视无睹。不过，全球政治经济网络的复杂化也增加了不稳定的风险，任何一个结点的动荡可能在全世界范围内快速扩散。因此，仅仅聚焦某个区域或国家的兴衰，例如西方的衰落和东方的崛起，容易使我们忽略对全球动态变革的观察视域。

上述全球化所带来的变革将引发人们更多的思考。西方主导的全球治理体系将面临怎样的挑战和机遇？在东西方的碰撞中，西方的自由主义进程将面临哪些挑战？源于截然不同的社会背景与经济规则，中国日益强大的国力和其他国家做出的反应，将对现有的全球治理格局产生怎样的影响？从更普遍意义上看，中国崛起模式将促使我们重新审视市场在人们心目中的力量？

在这个愈发联通的世界，为什么不会出现全球绝对均衡的局面？第十章作为本书的总结，将复杂网络理论运用于全球政治经济领域的研究，解析了网络结构及其属性如何帮助历史上具有顽强生命力的政体提升其制度的韧性和适应力。除此之外，我们还将试图回答另外一个问题：稳定是否只能依靠自上而下的中心化管理结构？从历史演进的角度来看，随着全球影响力的分散和美国绝对实力的衰落，铁打宝座、轮流坐庄式的中心化时代一去不复返了，全球互联的网络结构将会呈现完全不同的形式。随着国家之间的联系日益增强，各国原本自控的领域亦相互交织在一起。在一个更加复杂的系统中，新旧问题相互叠加的现象更具隐蔽性，因此依靠自上而下的解决方案必然捉襟见肘。

在不久的将来，运用网络分析工具研究政治经济史问题的学者们，将会发现一片尚未开垦却意义重大的全新领地，而这往往被那些固守传统制度理论和博弈论的学者所忽略。同时，复杂理论在更多研究领域的广泛运用，将进一步促进自然科学和经济学相互借鉴、相得益彰。例如，广泛运用于自然界复杂体系研究的网络理论，能够帮助研究者更好地理解经济增长方式的突然转向和新经济行为的扩散，以便更准确地解释经济网络结构的变化。自然科学的研究者致力于探索未知领域的根本性问题，例如宇宙的起源、结构和张力，以及其中各种生命的存在形态。相应地，社会科学的研究者们可以从这些更贴近社会现实的研究方法中吸取经验，从而揭示隐藏在复杂现象背后的因果关系。

信息牵动着社会的神经系统，纵观历史上各种政体的变革与延续，无不与信息的搅动，包括传递、接收以及解读方式密切相关。鉴于信息的弥散性，人类社会的发展绝不是二元对立的，因此单纯从双因素角度来看待国家与社会、国家与市场以及网络化与层级化之间的关系，则有一叶障目之嫌。我们的研究发现，历史上富有韧性的政体结构均存在着一个普遍的特征：在庞大的网络体系内部，信息管道纵横交错，每一个结点都能够顺利地接收并准确而及时地处理来自其他结点的信息，以此维护整个网络的活力与张力。

本书部分章节的合作者包括：第五章，卡梅伦·哈威克（Cameron Harwick）；第六章，田青（Qing Tian）；第七、八、十章，刘宝成；第九章，凯文·科默（Kevin Comer）、杰克·戈德斯通（Jack Goldstone）与戴维·马萨德（David Masad）。

第一部分

政治经济学与复杂系统

第一章　全球经济史上的重大变革

二战结束之后的 20 世纪下半叶,社会科学家开始调整其基于西方发展模式建立的经济模型①,希望将其作为制定经济政策和预测未来趋势的指南推而广之,以使全球的经济增长和制度建设纳入一条理性而可控的轨道。对此,他们完全有理由保持乐观:从 20 世纪 50 年代末开始,这些模型就近乎准确地反映了西方经济社会发展的实践。

在这段时间内,美国、欧洲及其亚洲盟国正经历稳定的经济增长,世界上没有出现经济大萧条,也没有爆发大国之间的战争(冷战的局部对峙更多存在于大国的利益代理人之间);技术的进

---

① 这里所说的西方是指,包括西欧、美国、澳大利亚、新西兰、加拿大和日本等在内的经济合作与发展组织(OECD)成员。19 世纪末,西方在全球 GDP 中所占的份额超过了 50%,到 20 世纪 60 年代末,这一份额达到了 60% 以上的峰值。日本在经济上属于这一集团,尽管其政治背景存在分歧。

步带来了更高的收入、更广泛的社会流动性,以及公民健康和整体生活质量的提高。在此背景下,社会科学家希望加强双边和多边援助,以便推广其全新的国际发展模式,也就不足为奇了。他们认为,现代化进程所引发的变革,将进一步带来收入的增加、全社会成员健康状况的改善、全球市场的开放与合作,以及更广泛的多元化和包容性。作为历史的终结,世界将迎来一幅民族国家大融合的壮丽图景:自由市场和有限政府既各司其职又彼此融合的运行机制,将缔造出一个至为高效的理想社会秩序。

尽管有些人言过其实,声称"9·11"事件彻底改变了世界,但2001年的恐怖袭击起码使人们恍然大悟,意识到世界远没有之前想象的那么平和有序。从那时起,我们看到恐怖袭击在欧洲、亚洲、中东和美洲地区大有愈演愈烈之势;战争、大毒枭伙拼、贸易战、军事侵略、种族冲突和其他人为祸端,导致汹涌的国际难民潮,大批民众流离失所;2007—2009年席卷全球的金融海啸堪称是1929年经济大萧条以来最严重的一次经济危机;苏联解体后,浓缩铀和其他核材料的黑市应运而生。更为显见的是,发展中国家的民主进程每况愈下,世界主要经济体中的民粹主义情绪潜滋暗长,开始抵斥自由贸易和全球化的理念。

21世纪以来的20来年,跌宕起伏的全球变革令从事社会科学研究的学者们瞠目结舌,主要是因为他们依然在刻舟求剑,希望继续通过修补其经济发展模型来描绘一个行将趋同的理想世界。然而,他们却在现实世界四处碰壁,其模型已经无法预测全球经济发展的新格局。事实上,这些模型的有效性仅限于接近或处于均衡状态的封闭系统。他们之所以认为现代化能够造就一个趋同的世界，是因为他们深信全球政治经济体系会义无反顾地向某种均衡状态演进。

事实证明，自由民主政体未必能够与经济发展相向而行，更难融合成一种均衡状态。经济繁荣也伴随着民族主义的偏狭，夹杂着不断加剧的宗教暴力、核扩散和战争风险。这种现象在威权国家和成熟的民主国家一样风行一时。在飘忽不定的世界格局中，不同发展模式的趋同与融合似乎遥不可及。毋庸置疑，国际社会绝不会熔成铁板一块，不可能统合成某种庞大而单一的世界秩序，所以也不能依靠均衡模型进行微调和管理。相反，国际社会自始至终是一个开放的、适应性的复杂系统，其动力机制不仅比我们想象的难以预测，而且时刻都受到剧烈的周期性波动和一系列变革因素的影响。

西方当代的社科思想常常言不及义，总喜欢把"全球化"、"世界秩序"、"现代化"和"发展模式"等概念串联到一起，将之当作一组意涵互通的近义词。然而，一旦认识到国际社会是一个复杂的自适应系统，我们就必须思考这一复杂系统所蕴藏的动力机制。随着压强的增大，这种动力机制会骤变为临界条件。这也是本书的要义所在：究竟如何认识变革过程的本质——是机械的还是有机的？

复杂系统理论大大开阔了我们的眼界，其中，常规的网络分析工具集合了许多概念，包括模仿、羊群效应、自组织临界性和正向反馈等，均有助于加深我们对自然演进和自组织变革过程的理解。最为重要的是，我们意识到系统的整体行为取决于其独特的网络结构，我们沿此思路可以向纵深发掘不同系统之间的行为差异。如果研究者忽视了网络化的互动模式，他们就无从把握诸如信息、观念和技术等变量的传播路径，同龄人、朋友、邻居和熟人关系对决策的影响，行为的转变以及爆炸渗流的作用（Jackson，2014）。在接下来的章节中，我们将运用复杂系统的思维方式，借助网络模型的分析工具来解析经济历史上的重大变迁，特别是中西方迥异的发展路径。我们将探讨中国如何在全球范围内构建其领导力，而西方世界如何设法维护其自身的全球影响力。面对未来的风险，我们将解读其背后的原因并探讨应对的方案。

自古至今，那些亲身经历每一次大变革的人很少意识到其广度或重要性，这意味着很难在个体或微观层面发掘大变革的线索。然而，我们可以启用自适应性复杂系统的理念来分析以往的变革，从而能够更深入地观测其内在动因并预测其未来的演进趋势。

本书研究了世界经济史上的五次重大变革，并试图将复杂网络系统理论应用于经济发展史的研究，其中特别关注网络拓扑结构及其对亚洲和欧洲社会不同发展轨迹的影响。中西方在未来的科技竞争中究竟谁能更胜一筹？围绕这一热门话题的争论，人们始终莫衷一是。不过，本书第四至六章将复杂网络系统理论应用于历史问题的研究，将帮助我们识别其中的关键变量，用新的思路来推测未来的发展格局。

第一节 经济转型中的系统网络结构

网络动力如何决定每个系统的稳定性表现？这是经济转型研究中的一个关键问题。在第四章中讨论的第一次重大变革集中于作为社会组织核心要素的贵族王朝统治，重点考察了其平波缓进的形成过程和分崩离析的成因。历史上，王位的继承问题对欧洲和中国的经济发展均关系重大，对社会和技术资本的深度积累和扩散也有着极为重要的影响。各地变革的起因和规则不尽相同，但往往与王朝的更替或接续相伴，因此呈现出间歇性的特征。

西欧、俄罗斯和中国的君主制尽管有不同起源，但均经历了上千年的统治，然而却在20世纪初不约而同地走向衰落。为理解确保王朝统治长期持续的韧性，我们深入研究了其共同演进过程中宏观与微观层面密切交织的各种关系。宏观、微观系统各自遵循一套独立的法则运行，两种法则不可能同时界定——界定其中一个，未必能界定另一个。研究复杂系统的科学家普遍认为，许多系统表现出类似的大标度行为，尽管其微观描述可能差异显著。

第二次大变革（详见第五章）源于日耳曼习惯法和罗马成文法融合而形成的西方法律体系。西方法律体系创设了确保义务履行和权利保护的适应性机制，使民众能在日益复杂的经济生活中达成合作，解决纠纷。法律体系的演变暗合了布莱恩·亚瑟对技术革新的描述：每一次技术革新不仅创造出新性能和新用途，衍生出一系列支持性的新技术，而且为新的组织、交换、分配和维护方式敞开了机会的大门。每一次重大的技术突破既是诸多现有技术融合的产物，又为相关的支持性技术创造了生成条件。同理，随着新的法律规则或裁决机制的引入，经过重构的法律体系也会不停地派生出新的支持性规则。与此同时，社会关系也随着新的法律规范而调整和变化。因此，西方传统法律体系可以说是一个自创造的系统。

实际上，西方法律体系的成型要早于欧洲传统民族国家的出现，并对后者起到了催化作用。作为在欧洲大陆文化、经济和政治精英当中不可或缺的亚文化，由来已久的规则意识促进了日耳曼习惯法、罗马法和教会法的融合。① 如同教会，西方法律体系在更广泛的网络系统中起到了枢纽作用。它随着体系的密度不断增强，同时伴随着关键的经济社会发展进程，成就了欧洲文明的独特风貌。

西方法律传统在公元1050年至1150年间就已基本定型，当时的欧洲邦国林立，是一个由数百个不同的政治单元汇聚而成的集合。在这一时期，多种因素造就了欧洲的形制特征，包括在西班牙的第一次和第二次十字军东征②，贵族阶层与主教之间的争权夺利，在中心城市不断扩大的商业活动与市场竞争，乡村地主的权

---

① 罗马法的起源可以追溯到公元前5世纪，当时颁布了《十二铜表法》，它是古罗马国家立法的纪念碑，也是最早的罗马法文献。

② 从711年伊斯兰征服伊斯帕尼亚（现在的西班牙）到1492年格拉纳达（伊比利亚最后一个伊斯兰国家）的衰落，再到基督教王国的扩张，伊比利亚半岛的领土争端跨越了大约780年。

力结构,妇女问题以及性别制度的重构。① 其中,法律伴随着社会进程,在经济上促进了独立商人阶层的崛起以及城镇和私营企业的涌现,在政治上推动了君主制国家的形成。鉴于法律的权威性和公正性以及在处理纠纷中的效率,各利益相关方对法律的信任和依赖日渐增长。封建领主通过诉诸法律来约束皇室贵族独享的特权,并限制其在公共事务中的自由裁量权,商人雇佣律师依据合同法来保护自身的权益,规避商业风险,并确保其所在的城镇不受封建领主的控制。君主妄图断章取义,可以抽取罗马法的原则部分以规避成文法和习惯法的约束,从而攫取绝对的权力,包括永久的征税权和对农户的司法权,如同享有自治权的领地一样。这一伎俩一开始就遭到了民权拥护者的抵制,他们同样援用罗马法中关于所有权的条文来指斥君主的非法行径。最终,底层的农民也团结了起来,为争取自由和解放,运用法律武器来反抗封建领主的压迫。

在历史进程的每个阶段,法律都起到了至关重要的作用,法律在社会中的地位不亚于其实质内容。新结点的增加可以实现整个网络系统的动态扩张,这是西方社会结构的一个重要特征。基于这种特性,法律在一个小世界系统中取得了枢纽的地位,进而与其他主要枢纽相互建立多重连接,包括由皇室、贵族地主和主要贸易中心的精英分别组成的网络。作为一个超越统治阶级意志、

---

① Herrenfrage 是一个现代术语,用来描述 11 世纪和 12 世纪性别体系的重组,将女性排除在禁欲神职人员的机构和职业之外。参考 McNamara(1994)。

服务于广大社会利益的枢纽，西方法治传统持续而深刻地融入整个欧洲小世界特性的网络系统之中。

法律理论与社会现实的融合过程为西方法治传统持续增添活力，也正是法律超越政治并对立法者及政府问责的理念，为西欧释放出巨大的经济潜能。总而言之，以清晰的规则确保权力的顺利交接，并确保精英阶层信守法律，是西方经济保持快速增长的两大基石，也是其独特发展格局的主要成因。欧洲的法治传统生成了一种规制君主与精英权力的独特功能，保障私人财产不受强权侵犯的法律体系铸就了人人争创财富的动力机制。法治化的道路每拓宽一步，无一不显现出收益递增的效果。

将经济自由与政治自由联结到一起，是西方企业、市场和经济制度形成的基础，包括创办或加入企业，通过商品购销获利，进入相关行业，开展经营活动，测试或任选不同的创意，等等。同时，资产按照既定的税率纳税，并确保不被罚没。每一种自由的获得都归功于政治和宗教权力的让渡，而这也促成了第三次大变革的涌现。

我们可以从17世纪70年代的历史轨迹中观察到这种企业与自由权的结合所孕育的第三次大变革，即在18世纪后期真正开启的工业化生产方式（Mokyr，2017）。第六章所述的工业革命，通常被简单地理解为生产工具或手段的进步，然而作为重要的社会思想背景，崭新的社会和文化观念在鼓励科技创新方面也意义非凡，包括民族国家的形成，以及遍布整个欧洲的公民社会的出现。在经历了近两千年缓慢的增长和技术改良之后，工业革命极大地加快了城市化的步伐和总体财富的积累。生产方式的巨变与欧洲的网络结构紧密相关,新的网络枢纽可以在其中有序地生成,而不会摧毁网络的基础结构,这与中国所发生的情形大相径庭。

这场经济大转型的动力并非线性的。事实上,转型的过程充分展示了复杂系统中有关现象的全部行为特征,即自组织临界性。它可以理解为一个由两个阶段组成的变化过程。第一个阶段,即自组织阶段,是指不受外力直接影响,自身结构和模式的形成阶段,例如,鸟类的成群结队、萤火虫的同步闪光、蜂群的协同合作以及胚胎的形成。第二个阶段,即相变阶段,发生在系统跨越一个临界点的时刻。一旦突破了这个临界点,系统整体的动力机制就会突然发生不可逆的变化。自然界中类似的例子比比皆是。地壳的构造板块始终处于运动状态,积蓄了数千年的压力会在地震发生的刹那之间全部迸发出来。自组织临界性会导致突发的系统相变,通常仅间接交互的元素突然间一起发生变化,继而延及整个系统,将系统中的所有元素搅动起来,使之相互产生影响。[①]的确,在18世纪后期,作为一种系统性的文化现象,临界性直接影响了欧洲的经济社会进程,众多元素和思潮突然间汇聚到一起,形成了一个重视创新和鼓励竞争的环境氛围。

西方现代企业是在一个创新思想受到保护的社会环境中成长起来的,其中创新与自由权利相互交织,并成为经济增长和社会

---

① Bak、Tang 和 Wiesenfeld(1987)引入了自组织临界的概念作为复杂系统的一般特征。

进步的根本动力。这种社会环境孕育了产品研发与企业组织的多样性。在整个 19 世纪，随着科学技术的发展和工业生产之间的联系变得更加紧密和系统化，西方大部分的工业研究都来自私营部门的投资。私营企业主掌握着创新过程的基本决策权，使企业成为组织资源、推动创新的基本单位。政府主导的创新一般局限于军事应用、公共卫生或粮食供应等领域。同时，这种自由明确了各方的责任。市场用投资收益来决定赢家和输家，优胜劣汰的竞争机制又为企业不断推陈出新提供了动力，也制造了压力。创新者的权利受到专利法及配套法律体系的保护，以防止非法仿冒并保护专有权的合法让渡，这意味着健全高效的法律体系对营造一个健康的创新环境极为重要。在这样的环境中，对创新的投资亦能成为资本积累的源泉。同时，对科学、艺术、文学、音乐和教育的政治管控也得以放松。换言之，随着法律体系在各个社会层面的深化，经济领域的自由与其他领域的自由权互为表里，相辅相成，包括保护工人权益的工会的兴起等。

第二节　重塑世界的复杂性变革

第四次大变革（第七章至第八章的主题）历时很短，只用了几十年的时间，且现在仍处在进行时。中国成功地从计划经济转轨到社会主义市场经济，使其一跃成为具有全球影响力的经济大国，并成为西方国家强有力的竞争对手。就其体制改革的速度和成效而言，中国的转轨在世界经济史上是史无前例的。20 世纪 70

年代末，中国领导层决心实行改革开放；90年代，着手建立市场经济体系，并力争在国际分工体系中获取竞争优势。在此过程中，当代中国汲取了苏联的教训，避免步其后尘。近年来，为加强其全球竞争优势，中国一边加强党的领导，一边大力发展数字技术和数字经济。中国的市场化改革，旨在充分发挥其特有的资源优势，并弘扬其特有的传统价值理念，以维护社会秩序稳定为前提，锐意开拓一条中国特色的未来之路，而不是按照西方世界的模板邯郸学步。相应地，中国也选择了与西方国家不同的发展路径与方法，坚持以国有经济为主体，将民营（私营）经济在企业和市场中的作用限定在可控范围。

基于其举世瞩目的发展成就，中国愈发雄心勃勃，通过向其他发展中国家提供援助贷款来扩大其全球影响力，这对西方主张的"创新+自由"的发展模式提出了挑战。中国在中国共产党领导下，在维护国内安定和国际安全的同时，通过政府的"有形之手"与市场的"无形之手"提供了包括教育、公共卫生、交通运输、环境治理在内的公共品，并制定了一套标准化的市场规则来刺激经济增长。相较于自由市场制度，中国有其独特的发展机制和成功之路。事实确实如此，在满足现代社会的需求方面，中国的农业、制造业和商业已经与西方国家不相伯仲了。

中国是否有能力将其自身的成功经验推广至全球，最终实现构建人类命运共同体的宏伟愿景？崛起的中国是否会影响并创建一套新的规则体系，与当前西方国家基于自身利益考量所构建的国际秩序分庭抗礼？中国能否在参与国际治理中成为规则制定者的角色,切实建立一套有益于全人类的发展模式?正如前文所述,当今世界的稳定性在很大程度上取决于中国的崛起将如何影响和主导全球资源和信息的流动,以及如何在整个国际秩序网络中应对与西方国家乃至全球的潜在冲突。

抛开东西方的冲突以及中国的全球影响力是否会在国际关系体系中引发共生性的变革,第五次大变革(第九章和第十章)正浮现在世人面前:一个多极互联的世界格局正在形成,因此极易受到来自任何角落的意外冲击。中国正处于深刻的转型阶段,整个国际关系网络结构呈现区域一体化的态势,相邻国家的贸易、外交、军事和金融日益紧密地交织在一起。第五次大变革刚刚拉开序幕,但对全球经济格局的改观将产生巨大而深远的影响。俄罗斯和美国在这次变革中的相对滞后,中国、印度、德国和日本的经济成就,对这一变革起到了推波助澜的作用,冷战时代以两极世界对垒为特征的世界格局被多极化发展趋势突破。

冷战期间,两大阵营内部的国家可以共享系统网络资源,在贸易、外交及军事等领域密切合作,而两大阵营之间的成员,联系是单线的、零星的。然而,自21世纪伊始以及在此后的数年中,我们看到越来越多的国家致力于建立跨国乃至跨区域的伙伴网络,尤其是中国以"一带一路"倡议为蓝图,广泛地延伸到拉美和非洲的经济建设当中,这在之前一两代人的脑海中是不可想象的。正是这种以经济合作为纽带而形成的日益紧密的横向联系,以及由此产生的复杂依存关系,大大提升了中国的全球影响力。同时我们也注意到,全球范围内的贸易、外交和军事等领域的合作越紧密，互动越频繁，整体系统发生动荡的随机风险就越高，源头可以是系统中的任何一个结点。

全球化将世界各国紧密地联结在一起，其中蕴含的波动性和不确定性需要新的思路和新的应对方案。甚嚣尘上的民族主义情绪是需要高度警惕的危险源，无论是引致脱钩还是激化某些国家间的冲突，都将掣肘应对全球化问题所急需的国际互信与合作。鉴于经济增长对全球互联的依赖性，我们将在第十章探讨为何有必要将摒弃民族主义提上全球合作的议事日程。

当今的全球变革呼唤新的理论和方法，这已成为全世界的共识。以全球视角为主题的研究项目和课程已经从大学扩展到高中阶段，但传统的社科教育体系依然步履蹒跚。即使增加了多学科的课程内容，但对于全球变革进程和影响的分析尚不尽如人意。原因很简单，即使过去一个世纪中在风险和不确定性领域最卓越的经济学研究成果，也无法让我们准确地认知将面临的时代挑战（Root，2018）。

若要全面理解一场重大变革，我们必须将关注点从微观层面上的特定主体，无论是个体、组织、国家或政策干预，转向这些主体之间的动态交互。这并不是对传统经济学研究方法的全盘否定；相反，这正是致力于解决传统经济学常常忽视的社会大变革议题。经济理论研究的重大进展通常与机械物理学中平衡模型的应用相关。统计物理学中的相关模型被广泛应用于具有多重自由度的系统研究，这一研究方法同样得到了本书的借鉴。

本书力图在基础学科中探寻有关人类及其社会行为的理论、

分析工具和方法，故而将专注于全球发展的政治经济学提升到问鼎复杂适应性系统的新高度。我们希望提供一种全新的视角，使人们能够一览这五次重大历史变革的全貌，并洞见其内在的运动机制。对此，标准的经济学假设和传统的制度经济学框架已然陷入管窥蠡测的困境。这个新的视角将使学者和政策制定者更好地理解过去，超越常规的研究范围，放眼识别更漫长的变化周期，以便应对当今世界所面临的多维且互联的风险与不确定性。

第二章 经济增长、形式及自组织结构

第一节 全球经济的复杂系统属性

经济学研究中,通常将经济体视作一个多层次的复杂系统,某一层次上的变革将会改变另一层次上变革的路径选择。在复杂理论中,即便个体自行罗织或主动嵌入某种网络,它也需要根据新的规则以及相邻主体的预期反应不断进行自我调整,从而形成新的行为特征。这类持续进行的主体适应发生在网络系统的各个层面。早在1974年,弗里德里希·哈耶克(Friedrich Hayek)就在诺贝尔奖获奖感言中提到,在如此起伏不定的环境中,研究的挑战在于将经济体理解为一种"复杂的建构"。虽然"复杂系统"这一术语在当时尚未定型,但哈耶克敏锐地洞见了复杂性结构的本质,指出其特征"不仅取决于单个组成元素的属性及其行为的相对频率,还取决于各个元素之间的互联形态"。

论及传统社会的改变,为什么一种网络结构比另一种网络结构呈现出更大的自由度？根本性的变革，例如革命，如何相对迅速地引发社会组织的多个层次同步响应？复杂理论告诉我们，个体通过发挥自组织的适应力进入互联互动的网络，是为了进一步增强对环境变化的适应性。自然界中的自组织现象比比皆是，例如鸟群和鱼群的编队，蜂巢和水晶的构造，其行为模式最终均取决于主体层面的自组织及其在系统层面所创建的结构之间的关系。

政治经济学分析中的制度与均衡

创始于19世纪的一般均衡理论在经济学界掀起了一场革命，并在20世纪达到了鼎盛。理论家们将不同主体间的决策问题以及经济结构的形成与演变问题搁置一旁，也无意问津协同创新、集体行动、信息回路和长周期的经济变迁等宏大课题。于是乎，以研究这些课题为己任的政治经济学家逐步淡出了人们的视线。均衡理论普遍将变化中的宏观环境假定为常量，集中关注诸如就业、消费、分配、生产和价格等资源配置问题。然而，那些在微观层面上和短期之内用于资源配置的工具和数据，并不适合描述一个经济体结构的形成过程。基于实证研究与学术直觉，部分学者勇挑承前启后的重担，继续关注那些能将不可逆转的过去与不确定的未来联系起来的重大变革，但其研究成果尚难进入经济学的主流。

政治经济学始终关注权力和财富的分配问题，故而能够在社会科学领域坚守自己的一席之地。但作为经济学的一个分支，对经济史的研究却一步步落入机械化和简单化的窠臼，多数学者仅探究那些可以用术语和模型来解决的问题。约翰·梅纳德·凯恩斯（John Maynard Keynes）和哈耶克之间关于国家与市场关系的大辩论，并没有成为引领当代政治经济学发展的研究框架。诸如合法性这类对政治经济学至关重要的话题，已经淡出了经济学研究的视野。经济学家们认为市场可以通过微调达到正和均衡，这一观点让历史学和社会学研究所秉持的伦理原则黯然失色，而曾在经济学分析中占据中心地位的政治经济学本身也被迫退居二线。为求得均衡而刻意剔除不平衡因素，成为解释变革和制定政策的主要分析手段。

针对政治经济学的边缘化，德隆·阿西莫格鲁、阿夫纳·格雷夫（Avner Greif）、道格拉斯·诺斯、詹姆斯·罗宾逊、约翰·沃利斯（John Wallis）和巴里·温加斯特（Barry Weingast）等学者在其著作中开始探寻补救的办法，他们运用经济学的核心理论和博弈论对经济行为的论述，简化了微观经济学的假设，着重研究主体行为和制度在经济增长中的作用。他们认为，多数情况下通过市场间接互动的经济主体是同质且理性的，这些经济主体完全有能力预判其行为的风险和回报。

有一种观点在制度经济学中占据了中心位置，即制度具有向稳定或均衡状态收敛的内在倾向。今天，政治经济学中的制度研究，在解释政治、经济和社会大变革方面发挥了重要作用。带着制度即均衡的概念，该学科逐步回归经济分析的主流，其中对"模式"的探索通常意味着寻求系统随着时间推移而不断趋向的均衡、平衡点或静止状态。① 一个经济体被假定要么处于均衡状态（或均衡区间的某个位置），要么处于运动状态，或者正快速朝某种均衡状态移动。② 该假定存在3个基本属性：（1）主体行为的一致性；（2）作为动态变化结果的稳定性；（3）一旦达到均衡，经济主体就缺乏改变其行为或系统结构的动机。

制度经济学家格雷夫和克里斯托弗·金斯顿（Christopher Kingston，2011）认为，支持上述分析方法的共识正在转变。他们指出，"近来越来越多有关制度的研究将动机理论置于分析的中心，从而内生了'规则的执行'……该观点关注有目的的主体之间的交互如何构建系统结构，而结构又反过来赋予了每个主体维护该结构的行为动机"。鉴于系统的宏观要素由微观变量集合而成，系统中跨层次的连通是顺理成章的。

均衡的制度设置理论使我们能够观察到，追求自利的个体如

---

① 在经济历史学家道格拉斯·诺斯的原始命题中，制度是"人类设计的、塑造人类互动的约束"和"游戏规则"。这种洞察使新制度经济学的早期工作聚焦于外生约束（或关注外生约束，给出理性选择的"博弈形式"）。但显而易见的是，作为游戏规则的制度本身并不能通过法令约束行为。诺斯的制度作为规则的理论并没有应用均衡的概念，尽管这在他的游戏规则中是隐含的。制度是一种战略纲领的均衡概念，其中以规则为基础的制度是激励人们遵循某些行为和实践的机制，它与最初的命题有着天然的关联。根据扩展理论，"行为规律性"是创造和维持制度的内生动力（Shepsle，1979，2006）。

② 例如，为了理解经济增长，经济学家寻求一种均衡，即一个经济体的人均资本存量、人均实际国内生产总值（GDP）水平和劳动效率都以相同的比例增长。一旦资本产出比等于其均衡增长平均值，经济就处于均衡增长轨道上。

何根据外部环境的约束，通过制定、改变和执行制度规则开展互利合作。假以时日，随着规则的制度化，尤其是在针对违规行为的惩罚机制建立执行之后，个体间的交互将趋向一种整体的社会均衡，其中遵守制度的设定（游戏规则）符合每个个体的利益。由此产生的结果是一种主体层面的均衡，进而转化为一种制度化的整体系统均衡。选举制度，议会或国会制定的法律，规范贸易往来的合同法规，均属于规则制度化的范畴。从这种由主体层面的均衡演变而来的系统性均衡中，我们可以观察到系统层面的稳定性。①

然而，当研究一个复杂的历史现象时，在主体层面使用均衡分析方法，并不能揭示政策选择和主体动力如何与系统网络或宏观层面的变化过程产生关联。例如，在内生的制度变革中，革命或政变的威胁被认为是产生宏观变革的微观动力，然而，除非全面渗透至整个宏观环境，否则这种动力不太可能持久。在多层次系统经历分裂或振动冲击之后，其不同层次间网络连接的形式将决定新的制度能否得以构建并延续。历史社会学家尼尔·戴维森（Neil Davidson）在一项关于资产阶级革命的研究中指出，"在充满冷漠和敌视的环境中，但凡孤立的起义，都会在外部弹压和内部

---

① 哲学家弗兰克·欣瑞克斯（Frank Hindriks）和弗朗西斯科·瓜拉（Francesco Guala）呼吁将这两种方法结合在一个框架中，指出所有社会成员都认同的行为规律很难从规则中分离出来，说规则是多余的、只有行动才重要是不现实的。他们坚持认为，承认制度如何帮助参与者达到协调和节省认知努力的均衡规则方法，比将制度作为规则或将制度作为均衡方法更可取。

叛离的双重夹击之下偃旗息鼓"。① 当变革在系统层面达到不可逆转的程度之前，其向前推进的步伐时刻面临挑战。因此，包括 16 世纪后期的荷兰以及 18 世纪的法国等欧洲国家，旨在建立共和制的民主革命可谓千折百回，很快在周边君主国的强烈干涉之下宣告失败。② 由此可见，如果不改变欧洲的宏观权力结构，共和制革命就会举步维艰。单一国家的革命运动能否实现不可逆，很大程度上取决于其所处的国际环境。

拿破仑深谙此道，这就是为什么他在 1812 年敢冒着牺牲一大半军队的风险入侵沙俄。用他的话来说，欧洲的权力结构是由贵族王室编织而成的一张巨网，并以其作为枢纽与整个欧洲大陆的藩属公国建立紧密的联系。拿破仑坚信，若想传播法国大革命的基本价值并巩固其影响，唯一的途径就是摧毁旧结构中遍布各处的枢纽，然后才能建立一个新的治理结构，让自己成为整个网络的轴心。他担心，如果不彻底粉碎旧的网络系统，得以残存的少数几个枢纽就可能联合到一起卷土重来，重建被摧毁的其他枢纽，将革命拖入危险境地。（假如拿破仑取得了成功，他很可能会建立

---

① 戴维森认为，社会革命包括社会/技术关系的彻底变革。
② 在荷兰，尼德兰联省共和国（1581—1795 年）通过从奥兰治家族选出的一名总督与皇室保持联系。荷兰人在反抗罗马天主教西班牙腓力二世（他们的合法世袭统治者）（1568—1648 年）之后，退出了整个欧洲的皇室制度。叛乱导致荷兰共和国（联省共和国）的形成，这是现代欧洲最早的共和国之一。荷兰国家议会试图找到一个合适的皇家新教保护者，但没有成功。联省共和国最终决定选举一位有名无实的领导人。1806 年，荷兰恢复成为君主立宪制国家。

一个像中国那样的治理体系。)①

拿破仑失败后发生的事情证明他的观点是正确的。沙皇尼古拉一世统治下的沙俄成为19世纪欧洲的禁卫军,并帮助奥地利最终镇压了1848年匈牙利爆发的起义。沙皇治下的臣民主要是斯拉夫人,但他把自己的利益与同为君主的奥匈帝国统治者裴迪南皇帝的命运捆绑在一起,而全然不顾其治下臣民的利益。欧洲1848年革命的失败在更普遍意义上证明,除非能够改变系统整体的网络结构,否则囿于单一国家内部的颠覆性变革最终难以修成正果。

随着政治经济学再度受到重视,并进入更宽阔的学科领域,一批新的研究成果陆续浮出水面,但这些成果并不能冲淡本书的开拓性。针对该领域的研究进展,本书提出了一个值得深度思考的问题:继续沿用理性行为人的假设,简单地转换同类均衡模型的应用场景,是否构成振兴政治经济学研究的唯一途径。例如,在消费者风险的标准均衡分析中,对逐渐变化的外部环境的反应可以用线性序列方法进行研究,典型的经济主体(如消费者、家庭)将对连续的线性趋势做出反应。传统的假设是,经济变革周期通常是由经济行为的调整缓慢累积而成的,然而,经济主体做出的风险规避决策,既不能预测也不能消除宏观经济动荡对其全部资产的冲击。

布莱恩·阿瑟针对特定地区研究了经济聚合效应的递增现象,

---

① 托克维尔(Alexis de Tocqueville)指出,18世纪末的法国经济学家赞赏中国当时的中央集权政治结构和贤能官员治理模式。

结果表明,一般均衡理论给经济学研究留下了有待解答的重要问题,即当用动态的眼光进行观察时,通常会发现经济系统存在多种均衡状态,并且实现均衡的方式是不确定的,而随机出现的小事件可能将系统引向飘忽不定的均衡状态。

对风险的均衡分析,无法预测某些大变革的出现及其阈值,或受这些变革和阈值影响的主体行为。因此,它无法对不时出现的巨大变革进行准确解析,更无法达到促进社会变革的目标。① 剧烈的变革不一定需要源于外部形成的冲击,系统内部产生的动力足以具备同样的作用。事实上,从一种稳定状态到另一种稳定状态的转换具有很强的规律性,正如有序的系统因难以预料的主体行为变化而陷入混乱的状态。② 经济主体对其创造和组成的系统运行模式做出反应,并导致宏观环境发生变化,进而引发新环境的适应和反应。③ 随着经济主体在原有行为基础上引入新的元素,经济体的形式和变化将是无穷无尽的,这些变化在经济系统中以一定规律产生影响,使其实际上处于一种非均衡的状态。

---

① 经济学中阈值的例子是具有多重均衡的动态系统模型。
② "制度变迁"一词在生态学中经常使用,它描述了一个系统的结构或功能发生的巨大、突然和持久的变化。
③ 与此类似,哈耶克经常批评主流经济学将竞争的概念局限于对均衡状态的描述。他与奥地利传统一样,怀疑均衡的效用,理由是它排除了生产结构变化的可能性。均衡分析最小化了创新的作用和创业企业家的重要性。充其量,它只把结构转型的源头视为外生的。在一个平衡系统中,任何一个个体都没有理由采取不同于其他个体的行动。相反,哈耶克坚持强调竞争是一个过程而不是结果;他提出了另一个概念,即竞争带来新知识的发现,有助于消除错误,而不存在任何系统性的均衡趋势。

第二节 复杂系统的变化过程

如果自然界中复杂系统的演变可以用类似线性变化的过程来描述，那么研究这些系统的科学家也会同样运用均衡理论来分析其中的变化，然而事实上，他们并没有这样做。对于理解主体如何因应千变万化的外部刺激而反复评估并不断调整自身的行为，以及如何创造和改变其共同的外部环境，均衡理论的假设所能提供的帮助是极为有限的。

复杂系统理论试图考察不同的自组织主体和网络之间在微观和宏观层面的相互作用，用以解释制度和模态（模式和行为）的产生机制。主体在适应集体行为模式的同时，也在改变系统中其他主体的决策规则。即使系统中现有运行规则仍在发挥作用，系统的复杂性也将伴随其内部的动态变化而被放大和强化。因此，当现有规则最终发生改变时，罪魁祸首不一定是外部冲击。[①]

相比之下，对于描述复杂系统的动力学特性，均衡理论虽然

[①] 当专家们被他们错过的事件超越时，当他们常采用的参照系是寻找产生平衡的稳定平衡时，我们总是感到惊讶。政策规划者很少拥有具有足够数据的长期时间序列来描述替代状态之间的变化或检测临界点的来源。他们很少有数据来捕捉过渡时期的关键变革过程，部分原因是现任政权的管理者根据自己寻求稳定的优先事项收集数据，以监测稳定系统的绩效指标。同样的推理有助于解释为什么在能够改变市场、组织和现有公司的产品上找不到数据，无法对尚不存在的市场进行分析——这就是为什么为评估现有市场的颠覆性创新前景而收集的数据往往对那些主导现有供应链的公司没有什么价值。

简约，但流于肤浅，研究者容易忽略能够解释引致重大变革的内部动力因素，即复杂且动态变化的网络结构及其结点的交互作用。如此便犯下了研究工作的大忌——信息的丢失。[1]

即使表面上存在长期的稳定状态且变化是短暂的，也并不意味着系统达到了均衡。历史上得以长期维持的制度设置无不呈现复杂且动态的系统特性，其中蕴含的被社会所接受的认知与规则也时刻处于动态变化之中。因此，为了更好地理解复杂系统在触发临界点后的运行方向，无论是处于繁荣抑或崩溃之中，我们仍需要更仔细地观察其网络结构的细微变化及其呈现的规律[2]，尤其是网络结构的韧性，这是我们需要认真研究的系统层面的重要属性之一。微生物学家戴维·钱德勒（David Chandler, 2014）和生态学家克劳福德·斯坦利·霍林（Crawford Stanley Holling, 1973）认为，网络结构的稳定性则是另一个重要属性，并且他们已证明复杂系统的稳定性和韧性之间存在某种动态平衡关系。尽管系统中的主体往往无法认识到这种平衡的存在，但后者将左右前者的认知和行为模式，甚至在前者消亡后依然有着旺盛的生命力。

霍林认为，"韧性决定了系统内部各种关联关系的持久性，其

---

[1] 即使没有违反系统稳定性所依据的宏观规则，系统也可能发生转换。例如，文艺复兴改变了人们对个人与自然关系的看法，宗教改革改变了人们对教会和神的看法，但建立在世袭君主制基础上的社会稳定体系直到20世纪才消失。

[2] 即使是地质构造，看似稳定的物理系统，在地震等临界事件发生前也会出现波动。

矢量反映了该系统吸收状态变量、驱动变量以及参数变化的内外部冲击,并仍然保持总体不变的能力"。因此,韧性作为一种系统属性与指标,可以准确地衡量一种制度设置能够承受的最大扰动,以及做出反应以适应新的内外部环境的能力。在此基础上,霍林等人进一步细化了对韧性的定义,其中包括:现有状态发生变化前,可被系统吸收的扰动程度,以及扰动产生后,系统的恢复速度。[①]

在均衡状态被打破,致使系统表现异常的情形下,如何理解系统的适应性反应?这是物理学和生物学研究共同遇到的一个难题,同时也是当代经济学在政策研究方面所面临的重大挑战。幸运的是,作为跨越自然科学与社会科学的研究方法与成果,复杂系统理论与网络理论将为深刻理解系统的适应性提供有力的帮助。我们已经知道,经济体系是一个复杂系统,两者有着共通的五个属性。

(1) 作为复杂系统的经济体系存在多个层次,也就是说,它由多个子系统有序地相互联结组成。作为一个子系统相互嵌套的层次结构,整个系统由多个简单或复杂的子系统构成。系统研究的关键是确定一个子系统嵌入更大的系统中的方式与层级,以及这个过程所形成的子系统之间的边界与相互约束关系。

---

① 霍林和环境科学家兰斯·冈德森(Lance Gunderson)进一步将弹性和稳定性之间的区别与复杂系统的制度动力学联系起来。

（2）经济体系作为复杂系统的宏观结构属性有别于其微观层面。宏观指的是系统的全局属性，不同于系统在微观层面的行为模式。同时，系统在宏观层面的属性不总是微观属性的简单加总。

（3）经济体系是一个"开放"的复杂系统，其组成要素之间相互依存，各自的功能和行为模式无法轻易与其所在的环境相分离。不同于实验室中开展的控制实验及其理论模型，开放性的复杂系统能够更好地反映真实的世界及其动态变化。在实验室中，人们可以设计实验，其中变量也是可控的，可以独立于其他变量运行。在复杂系统的现实世界中，我们无法实际控制影响系统的各种变量。

（4）经济体系是一个由网络以及相互套接的网络组成的复杂系统，子网络内部及其之间产生的变化最终会影响整个系统的行为模式。[1]

（5）经济体系的演进是间断式的，表现出相变动力学的特征。系统越复杂，其组成要素之间的联系越紧密，某些极端事件重构所有主体交互方式的可能性就越大。

运用复杂系统的理论框架解构经济体系，能够帮助我们更好地理解经济体系的结构是如何形成并演化的。伴随着整个系统的

---

[1] 关于确定经济体与其他复杂适应系统共享的全部特征范围的早期作者，见 Arthur（2014）；Beinhocker（2006）；Johnson 等人（2017）。

演变，其中的经济主体也会改变其行为模式，而后者的适应性变化也会对整个系统的演变产生影响。接下来，我们将集中讨论经济体系作为复杂系统的五个属性，从而理解其运行机制。

（1）作为复杂系统的经济体系存在多个层次。

在复杂系统的研究中，层级的定义有别于社会学家的认知。复杂系统的研究者认为，层级主要反映复杂系统由相互关联的子系统构成的方式与相互之间的关系。赫伯特·西蒙（Herbert Simon）指出，"我所说的层级，并不是指科层方面的权力结构，尽管它也存在于复杂系统之中，而更主要的是指子系统间相互关联、相互套接的组合形式"。尽管层级间的关联属性异常复杂，我们仍然可以将其抽丝剥茧，层层解构至最基本的构成元素，从而更好地观测其基本属性与网络结构。

复杂系统往往由大量相互作用的要素组合而成，在研究过程中可将其以一定的标准进行解构和分析。例如，在分析社会系统时，我们可以将其按照核心家庭、家族、社区、村镇、城市和国家进行解构；在研究植物系统时，可将其以青苔、森林、区域生态系统和全球生态系统进行划分。通过将复杂系统解构为不同的层级，我们能够更细致地观测其子系统在不同层级所呈现的独特属性、运动规律、系统动因与影响范围，以及组成要素间相互作用的机制。在微观层面，系统中各主体因其所在层级的不同而呈现差别的属性与行为模式。即使系统的运行规则保持不变，当主体之间发生聚合或与其他集合之间发生互动时，规则的应用方式也将相应地产生适应性变化（Simon，2000）。

然而，在运用西蒙的相互关联、相互套接的网络结构分析框架时，需谨记，复杂系统的不同层级是通过信息传递与反馈机制紧密关联且相互作用的。仅在某个层级上研究该子系统的网络结构特征，而忽略其与周围子系统的相互作用，将严重制约甚至误导对其系统属性的认知。例如，当复杂系统中的某个子系统遭遇突发动因的影响，其产生的震荡将沿着网络路径快速传递至与之相关联的其他子系统。这样的例子在现实社会中比比皆是，例如，在金融系统中，不同金融市场间紧密的互联性（如债券、股票、保险市场）会让系统中某个子市场所面临的严重但看似孤立的问题，迅速蔓延至整个系统的其他部分，要么造成严重的交易风险，要么在一家资不抵债的机构突然被迫清算其金融资产组合时引发一系列信贷违约，从而导致整个信贷市场的崩溃。

此外，在探寻复杂系统的属性方面，我们需要警惕一叶障目的倾向，因为越是深入微观层面进行分析，就越难以把握系统的一般属性。对此，物理学家保罗·西巴尼（Paolo Sibani）和亨里克·杰尔德托夫·詹森（Henrik Jeldtoft Jensen）指出，"拘泥于极其微观层面的分析，虽有助于捕捉每个组件的细微动态，但其研究价值往往最低"。"在热力学研究领域，真正有价值的系统研究仅需观测为数不多的几个主要变量……并在此基础上，运用统计学方法，归纳系统共有的属性，而不是深入研究系统各组成要素的特性。当我们的系统研究视角逐渐拉大，系统的网络属性也将如拨云见日般显现出来，这种现象也被称为'涌现特性'"①。一个发达的现代经济体也属于涌现类型的一种：其系统属性是所有社会要素整合的结果，但无法从对其单个要素的观测中得以认知。就像一场球赛属于多人合作与博弈的涌现，而不是每位球员各自单打独斗的结果。在整个经济史上，起到决定性作用的是哪些大型系统和大规模的变革？这也是本书关注的重点。

（2）经济体系作为复杂系统的宏观结构属性有别于其微观层面。

一直以来，自然科学家反对用一些所谓的基本定律来重构整个系统。菲利普·安德森（P. W. Anderson）在《科学》杂志上发表的著名文章《多即不同》（More Is Different）中指出，"对称破缺"普遍存在于自然界的层级结构中。他解释说，随着自然系统不断扩容且日趋复杂，其形成初期所具备的对称性早已难寻踪迹；同时，"系统整体的属性也与其组成部分的特性截然不同，后者的简单加总也无法呈现前者的全貌"。因此，在复杂系统中，"将系统属性简化为几个基本定律，并不意味着能够依靠这些定律重构整个复杂系统的网络结构"；相反，复杂系统中每个层级都应当运用归纳的方法进行定义并识别其属性，这通常需要运用特定的分析工具。

安德森所说的"多即不同"是指，在复杂系统各部分的微观

---

① 涌现描述了一个系统获得其单个组件不具备的新结构和行为的过程，行为是指网络中各个结点所表现出的机制的各个组成部分。

细节中无法观察到整体的属性。正如罗伯特·阿克斯特尔（Robert Axtell）在对大样本微观主体的研究中发现，系统宏观属性的动态特征与其组成要素的动态特征截然不同，因而很难将其简化为单个变量进行研究，并通过简单线性回归的方法复原其本来的面貌。这一判断将有利于我们分析解读变革与传统之间的关系，其中整个系统的基本特性并未随着组成部分的改变而改变。在法学家哈罗德·伯曼（Harold J. Berman）看来，这正是西方法律传统形成过程的鲜明特征。

暴乱频仍构成了西方历史的特征，政治、法律、经济、宗教、文化和其他社会关系、制度、信仰、价值观和目标体系一再推陈出新。这些重大的历史变革从来就不存在完全的对称性，但依然具有一定的模式或规律可循：

每次重大变革都在整个社会系统中引发了根本的、快速的、剧烈的以及持久的改变。

每次重大变革都深受其基本法律体系、历史传统以及对未来不确定性担忧的影响。

每次重大变革都需要超过一代人的努力才有望修成正果。

每次重大变革过后，都有新的法律体系诞生，其中充分体现了变革的主要目标，并随之改变了西方法律传统，但最终又成为西方法律传统的一部分。

西方的重大变革受到历史传统的深刻影响，教会法的世俗化是伯曼对于这一论断的典型例证。正如我们将在第五章中所论述的，公元 5 世纪便开始修订的教会法，在经历了多个世纪的发酵与蓄势之后，最终对欧洲国家建设世俗法律体系产生了深远影响。与之类似，欧洲历史上所有轰轰烈烈的民族革命，包括英国内战、法国大革命、布尔什维克革命以及西班牙内战，都将矛头指向了冥顽不灵的罗马教廷；独具西方特色的宗教改革和启蒙运动吹响了反抗教会专制的号角。英国的约翰·威克里夫（John Wycliffe）和波希米亚（现为捷克一省）的扬·胡斯（Jan Hus）同时在多个欧洲国家为宗教改革奠定了基础，并随之几乎在整个欧洲蔓延开来，最终在近一个世纪后的 1517 年对德国产生了革命性的影响。另一方面，启蒙运动成为美国、法国和英国改革的基石，并推动了工业化在西欧和北美各国蓬勃发展。国际共产主义运动的思想诞生于德国，1871 年巴黎公社运动点燃了共产主义革命的火种，1917 年十月革命最终彻底改变了俄国的政治经济制度。

伯曼经过观察发现，欧洲历史上的重大革命都具有两个相关的特征：一是民族革命具有更广泛的国际影响力；二是革命的基础几乎同时出现在多个国家，从而引发了蔓延整个宏观体系的变革。哥白尼、牛顿和爱因斯坦开创的科学革命，实质上得益于西方法律体系的变革所创造的外部条件。

不过，伯曼提醒我们，"从 16 世纪开始，虽然欧洲各国的法律制度日益凸显出民族性，淡化了欧洲一统的色彩，但仍然保留着西方法制的基本特征"。无论原有治理体系、法律制度与社会规范如何改变，其基本的结构与形式都得以延续。其中一个典型的例子，是我们将在第四章详细论述的在欧洲历史上延续上千年的君主政体。由此我们可以发现，虽然表现形式消融在长期的变革过程之中，但其基本的架构与秩序至今却依然清晰可见。换言之，即便系统的整体结构发生了变化，我们也能在其新的网络结构与特征中发现历史传统的踪影。

西方法律体系的构建是一个不断吐故纳新的过程，然而，其发展的历史路径决定并制约了其变革的广度与深度。正如我们将在第四章至第八章中所看到的那样，战争（作为社会发展进程最暴力的撕裂）扫除了社会系统中制约变革的传统残余，并以此赋予变革更充分的合法性。即便如此，原有的部分基本规范仍然得以在新的环境中继续发挥影响。

2007—2008 年席卷全球的金融危机，致使包括央行、次贷机构与股票经纪公司在内的大批金融机构接受调查，濒临破产，或被其他机构抄底收购，然而整个金融体系的基本架构仍然保持完好无损。这场危机并没有改变原有的金融体系，但在系统内改变了金融交易的监管框架。可见，并不是所有社会系统中的相变都会导致崩溃，有时原有活动方式的失灵会催生新的活动方式，但统辖系统的基本法则仍然有效。

实际上，一个十分稳定的系统可能在主体或微观层面发生波动。在这方面，社会系统与其他复杂系统没有差别。阿克斯特尔指出，尽管在微观层面存在剧烈的震荡和可变性，但复杂系统往往展现出长期的平稳性和总体的稳定状态。他认为，社会进程"在活动主体层面总是表现为不断的相互适应、策略调整与共同演进，而在宏观层面却呈现相对稳定的状态"。他对拥有 1.2 亿雇员的美国私营经济进行了基于主体的全口径计算，从中发现，尽管主体层面不断进行适应性调整，但总体层面却一直保持着平衡分布。即便每个阶段都有数百万雇员更换工作，也有大量新的企业诞生，企业规模和劳动力的流动规模却几乎是恒定的，新生企业的存活概率也基本维持不变。这与自然科学中的现象颇为相似，例如人体中的病毒和细菌，其数量和比例在生命周期的不同阶段要经历多种动态平衡。与之类似，森林中的狐狸与兔子，各自的数量也会在繁育周期经历多番此消彼长的变化。狐狸数量增多会导致兔子数量减少，这反过来又将限制前者数量的进一步增加，直至达到两者数量的相对平衡。而这一切微观层面发生的动态变化并不会破坏整个森林的生态系统。正如上述细菌在生物体内的进化过程以及森林生态系统的例子所示，将一个系统组成部分的变化进行简单加和，无法推导出在宏观量度上历史演进的一般理论。

（3）经济体系是一个"开放"的复杂系统，其组成要素之间相互依存，各自的功能和行为模式无法轻易脱离其所在的环境。

开放性是一个有机系统的基本属性，其中的组成要素，无论多么微小或初级，都与周围的环境进行交互，吸收并传递信息、资源和能量。在细胞或原子层面，系统开放性的影响相对容易理解。然而，随着系统的体量不断增大且日益复杂，受多种因素影响的开放性也更加难以观察。

社会学家无法在实验室里复制开放的系统，更不可能控制来自系统内部或元层动力对试验的干扰，从而排除微观环境因素的随机影响。同理，虽然有关最佳治理实践的信息在全球广为流行，但制度变革的进程鲜能一帆风顺。其中原因亦可归结于安德森提出的"对称破缺"。在制度变革的进程中，某一制度演变路径的完整"记忆"很容易遭到随机事件破坏，效仿者因此很难按图索骥。生物学领域也有大量类似的例证，除去电影《侏罗纪公园》中天马行空的想象，现实中，科学家们几乎不可能仅用 DNA 样本再造已灭绝的物种。先不论是否能成功完成 DNA 测序并获取完整的基因链信息，要在基因信息基础上孵化出同样的生命体，科学家们也需要准确复制其营养条件和成长环境，这一物种毕竟绝迹太久了。正如人们曾经试图克隆复活猛犸象一样，终因无法复制原生母体的生长环境而一无所获（Bhullar 等，2015）。

另外，因为制度结构会发生漂移，有时会远远脱离其原本的功能，甚至完全超出原初的想象或认知，所以其结构与功能之间最初的联系往往难以辨识。对于任何创新、制度与规范而言，其全部功能通常在问世之后许久才能被释放出来，互联网的发展便是一个典型的例子。与之类似，在欧洲历史上，财产权和结社权脱胎于同时也偏离了关心集体而非个人福祉的宗教传统。同样，旨在确保贵族血统纯正和有序承袭的封建传统，以及维护基督教国家政治稳定的制度安排，衍生出了对女性继承权的规范。

相比经济学家最初的设想，界定经济发展的基本制度要复杂得多。首先，制度深嵌在所处的环境当中，它本身也是一个开放的系统。其次，随着制度的变迁，其内存的初始条件的记忆也会不断流失，以至于难以准确地描绘制度的模态。正如西巴尼和詹森所指出的，"对复杂的动态系统进行准确描述相当困难……因为它始终处于变化当中,人们很难全面掌握其内部因素发生的交互作用"。经过多次的反复,主体与结构的关系最终可能完全背离了主体的初衷。

早年的进化生物学仅关注单一有机体的内在属性,发展至今,进化论不再简单地用于研究特定物种或者有机体的内在适应性,进一步打破了单一有机体和物种以及物种与生态的界限。正如构成有机体结构的细胞与同一生存环境中的其他细胞交互影响,很大程度上受制于不断变化的网形互动结构,人类社会发展所遵循的政策和制度也要面对适应性的挑战。随着系统变得越来越复杂,其特性也愈发突出,从而更加显著地区别于其他系统。同时,由于主观因素受到初始条件的影响,人们很难摆脱对先期决策的路径依赖,这也降低了优化制度设计的可能性。[①] 因为难以按照事件的顺序反推至系统的初始状态,所以我们无法断言特定制度形成的确切原因。

生命的进化发端于单细胞,最终在环境的刺激之下通过突变形成生命体,并继续进行代际传递。正如自然生态系统中很难找到一种完美的物种,开放的复杂系统也同样无法实现最优的解决方案。任何一种特定的物种——鹰、海豚、狮子、大象,甚至是人类——都不可能被饰以完美的桂冠而成为其他物种在其特定环

---

① 系统理论不同于复杂的自适应系统理论,系统理论寻求建立所有系统共有的一般特征或规律。复杂的自适应系统可以表现出广泛的独特动态行为,因此,目前还没有复杂系统的理论。

境中模仿的目标。任何特定制度的适应性和演进,就如物种的进化,是由其与环境的关系所决定的。当今生物学研究工作者普遍认识到,负责生长器官和生命体的细胞,其动态交互都会受到细菌和寄生虫之类外部主体的干扰,所以大多数生物学意义上的突变实际上都是有害的。

(4) 复杂系统是由网络以及相互套接的网络构成的。

历史上任何一种政治体制都是由各类要素相互交织而成的复杂系统,其中蕴藏着数量庞大的社会子网络,网络结构也始终处于动态演变之中。因此,复杂系统理论可以为研究者提供得心应手的工具。运用网络科学的研究方法,我们能够将复杂系统形象地简化为相应的网络结构图,其中的结点代表其组成要素,连线代表要素之间的关联关系。这将有助于研究者识别网络要素交互配置的基本属性,以及由其导致的特定模式、行为和涌现性。当代网络科学集中研究网络结构的形成及其对系统行为的影响,以期从网络的共性中寻求化繁就简的规则或者具有统计意义的特征。在下一节中,我们从世界经济史中选取了大量实证案例,尝试运用所罗列的分析模型来推断其复杂系统的网络化运行规律。

当然,从严格意义上讲,实体网络不同于社会网络。互联网就是一个由路由器和计算机连接集合而成的实体网络,而与之对应的万维网则是一个服务于信息传输的社会网络。类似地,股票交易平台是一个实体网络,而股票市场则是一个社会网络。尽管两者之间存在根本的差异,一个实体,一个虚拟,两种网络形态都可以通过标识其组成要素（称作"主体"）以及要素之间的关联关系加以图示。其中，作为组成要素的主体用结点或交点表示；结点之间用线条连接，以代表其关联关系，称作"棱"；根据棱是否以箭头表明关联关系的指向性，该网络图示又被分为有向图和无向图两种。

社会网络由大量自由运转的结点（或主体）组成，为适应其所处的环境，这些结点将以某种形式相互组合，即以特定的模式自组织形成网络结构。结点间的交互模式决定了网络的结构，即"拓扑"。某个结点与其他结点相连接的数量称作该结点的"度"；任意两个结点间的距离，由构成两者间最短路径的棱的数量来表示。

当然，绝大多数图形仅起到示意的作用，而且局限于静态的规则网络，而对于动态的随机网络则束手无策。尽管如今的数字化模拟突破了平面和静态两个瓶颈，呈现了立体仿真的效果，但仍然难以全面呈现现实社会中网络的复杂性。

不过，既然历史上的政治体制是由社会关系构成的网络，我们起码可以通过研究网络结构找到影响网络行为的重要因素。了解主体如何交互，便可推断网络的结构；了解结构，便可推断信息传递的形态，从而归纳出网络的集体行为模式。例如，一个社群的主体之间，其联结的紧密程度将影响合作的类型，包括对不当行为的抵制以及彼此协同合作，这对于社群的经济表现也至关重要。采用网络分析来理解主体交互关系，包括信任、合作、宽容、沟通、商品与服务的分配，以及创新的传播，已被越来越多的经济学家所熟知。

在接下来的章节，我们将深入探讨在复杂系统的形成过程中，那些从根本上扭转社会组织及其关系的重大结构性变革，包括民族国家的诞生、法律体系的构建以及破坏性创新的涌现。在欧洲的模式中，主体自组织形成的拓扑结构决定了系统变革的方式。具体而言，在面临突发的大规模的破坏性冲击时，它能够适应性地吸收变革的动力，降低系统的波动性，继而实现共同演进。反观中国的模式，其设计理念在于通过中央集权来统一执政理念。同时，作为一种治理手段，其管理模式也能够通过自上而下的调控来协调政策和落实政策。在我们讨论社会网络系统的第五个共通属性之前，即中欧两种经济体系和复杂系统间断性的相变演进过程，我们将首先考察导致两者出现结构性差异的内在逻辑。

第三节　复杂系统的网络特征

在形式迥异的网络中，可以发现类似的结构。例如，万维网的结构由大量相互连接的枢纽（网站）组成，类似的网络结构也存在于交通系统、图书馆、连锁店以及上流社会的姻亲体系中。自然界中千奇百怪的现象都有着内在的相似性，这是因为其网络结构都具有非随机的特性。虽然许多现象背后的机制和逻辑还有待进一步发掘，而理解网络形成的规律，能够为构建社会系统理论提供重要的启示。为此，理论界提出了随机网络、无标度网络（非均匀分布）及小世界网络等网络模型。

如图 2.1 所示，在厄多斯 – 瑞利（Erdös-Rényi）所建立的随机网络理论模型中，任意两个结点随机连接，结点的度量分布呈二项性，而且形态对称，没有长尾，因此罕有大密度连接的枢纽型结点。随机网络的延展性极强，但其平均路径长度（所有结点间线段的平均值）相对较短。当然，这类随机的网络结构不太可能存在于现实世界中。在自然界或社会系统中，主体成员的行为都带有自身的目的性，很少以纯粹随机的方式存在并相互联系。然而，作为一种理论模型，随机网络是理解现实世界网络的一个重要突破口；同时，现实世界的系统网络中总是存在某种程度的随机性。

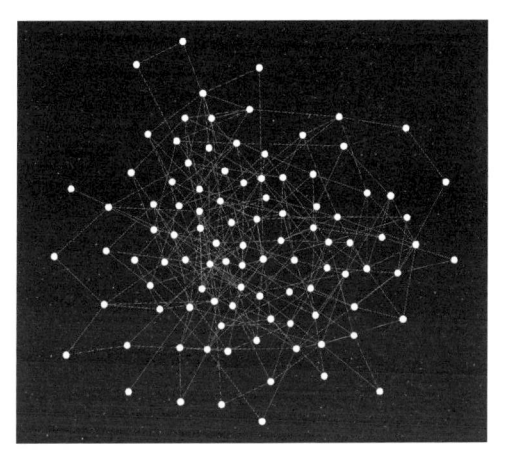

图 2.1　拥有 100 个结点的厄多斯 – 瑞利随机网络模型

注：在厄多斯 – 瑞利随机网络中，任意两个结点随机连接的概率是确定的，在上述网络中，该概率为 0.05。

更常见的情况是，自然界和社会中的网络都是通过进化过程形成的，这给了早期结点积累连接的先入优势。而且由于早期结点已经积累并掌握了更多的资源，它们对新结点也更具"吸引力"，从而增加了建立新连接的可能性。这种优先依附机制会导致网络具有强烈的倾斜分布，一些长期盘踞的大型轴心与许多其他结点保有盘根错节的联系。① 无标度模型已被用来描述这种网络。

无标度网络的度量分布遵循幂定律，这意味着其体量的增长会按照恒定的比例扩散。图 2.2 描绘了由巴拉巴西－阿尔伯特（Barabási-Albert）模型生成的无标度网络（Barabási 和 Albert，1999）。该模型显示，结点的增长和优先依附关系可以形成无标度网络，表明这两种机制可能是其拓扑进化的基础。② 尽管在现实世界中很少发现具有严格的幂律度分布的完美的无标度网络（Broido 和 Clauset，2018），但网络中大型枢纽的存在以及网络形成的演进过程，都有助于分析网络的行为，并揭示其动态的过程。

---

① 当我们说一个度分布是偏斜时，我们是将其与正态分布进行比较，正态分布具有对称的钟形曲线并与随机网络相关联。即使在随机网络中，有些结点的度也比其他结点高。在具有高度偏斜度分布的网络中，找到具有非常高度数的结点的可能性大于在具有正态度分布的随机网络中。

② Albert-László Barabási 和 Réka Albert（1999）第一次用计算机模拟证明了幂律度分布可以通过一种称为优先连接的机制来扩大网络。优先连接指的是一个结点的增长与其当前的度相关——它拥有的连接越多，它对其他结点就越有吸引力，它将吸引更多的连接，以此类推。因此，随着时间的推移，一些结点获得了比其他结点更大的连接密度和更多的资源，从而成为大型轴心。

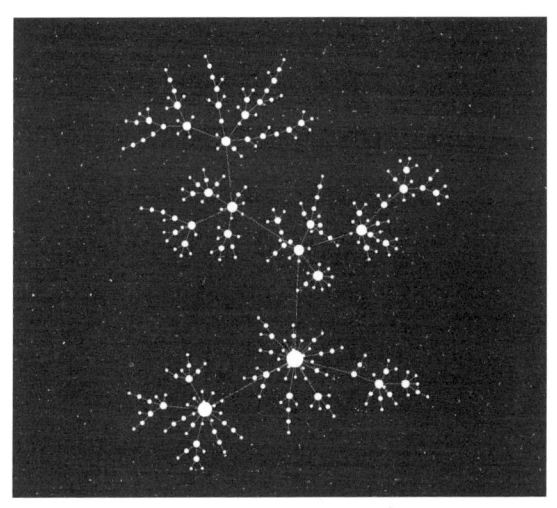

图2.2 300个结点组成的无标度网络模型

注：这种无标度网络的生成基于巴拉巴西－阿尔伯特模型（1999年），优先连接的概率为0.6。

人类的交流和互动具有局部聚集的特征。我们可能凭直觉认为，这种局部聚集会阻碍信息在整个网络中的传播。但在现实中，很多人可以省略一些步骤，很快与完全陌生的人建立联系，这属于社会网络中"六度分隔"的小世界现象。网络科学家开始使用计算机模型来解释这一现象。如图2.3所示，邓肯·瓦茨（Duncan J. Watts）和斯蒂文·斯特罗加茨（Steven H. Strogatz）通过在规则的环形网络中添加一些随机连接提出了第一个模型，以说明网络可以同时具有与局部集群相关的高聚类系数和较短的平均路径长度。这些随机连接充当了集群之间的桥梁，缩短了信息从一个结点到另一个结点的"距离"，实现了信息的传播。许多自然网络和社会网络——例如，大脑的神经元网络、朋友关系网、脸书和微信等在线应用程序,以及娱乐业的联袂合演网络——都表现出小世界网络特征,即高聚类系数和较短的平均路径长度。

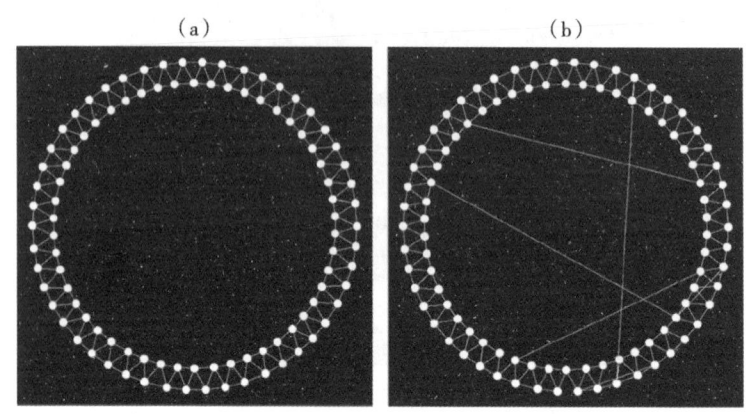

图2.3 基于瓦茨-斯特罗加茨(Watts-Strogatz)模型的规则环形网络(a)和小世界网络(b)模型

注:通过向规则网络添加一些随机连接,表明网络可以保持较高的本地连接性,并且平均路径长度也相对较短,这是小世界网络结构的两个关键特征。

人为设计的网络结构几乎总是要满足某些预期的目的,例如交通运输系统通常采用如图2.4所示的轴辐式网络结构,目的是在大范围内高效地运送人员和物资。类似地,官僚行政系统和公司组织一般采用层级式的轴辐式结构,旨在方便沟通和管理,同时也像社会网络一样隐含了权力的分配。

主体(结点)的"权重"或"重要性"体现了其在网络中形而上的中心性。衡量中心性的简单标准就是一个结点所拥有的连接数量,称为"度中心性"。度中心性可以解释为主体的直接局部影响;相比之下,运用迭代法计算出的特征向量中心性,能够根据相邻关系的密度求证主体的中心地位。例如,公司的总裁可能没有高度的中心性,在公司内部与绝大多数人几乎没有直接联系,但他通常具有很高的特征向量中心性,可以通过少数几个直接联系人与众多其他人快速建立联系。因此,特征向量中心度可以解释为主体对"全局"的影响力。另一个有用的度量标准称为"中介中心性",它表示给定结点出现在两个其他结点之间的最短路径上的频率。具有最高中介中心性的结点通常对网络内的信息流具有最大的控制权。那些如果被删除将导致网络断裂的结点称为"断点";如果删除断点,则该网络将成为两个或更多互不相连的子网络。

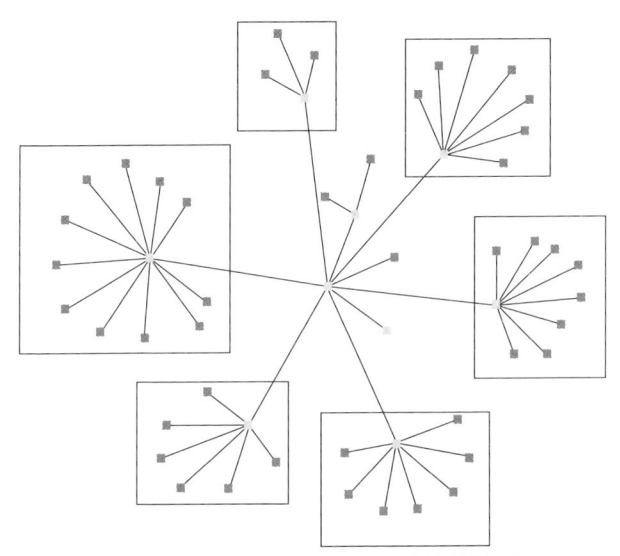

图 2.4 一个简单的轴辐式网络结构模型

注:在轴辐式网络中,众多结点中通常只有几个是直接连接的,这与无标度网络形成鲜明对比,后者的大型轴心具有大量连接。

虽然结点的中心性可能意味着"权重",但网络集中性的概念描述的是"权重"在网络中的分布。网络的集中性可以简单地通过结点中心性的变化来衡量。在社会组织系统和其他人为设计的网络中,星形网络是最为集中的,一个参与者支配着所有其他参与者。环形网络和完全连接的网络是最分散的,因为所有的主体都具有相同的中心性。不同的组织设计可以导致不同程度的集中化,这会影响权力的运行机制。高度集中的网络表明某些个体处于支配地位;在集中化较弱的网络中,多个主体共享控制权。还有一种通俗的理解是,一个去中心化的网络通常更有能力应对全系统的失灵,而社会组织的多中心模式(例如,美国或欧洲式的制度结构,或东亚的混合制度结构)具有稳定性和适应性的特征。[①]

网络的结构或拓扑直接影响信息在网络上的传播渠道和方式。无标度网络中存在大型枢纽,小世界网络中集群之间存在为数不多的桥梁和较短的平均路径长度,可以促进信息流动[②],有助于将来自网络任何部分的信息传播和扩散到网络的其他部分。在星形

[①] 社会学家林顿·弗里曼提出了中心性的概念,对于网络的发展至关重要。
[②] 尼莎·马西亚斯(Nisha Mathias)和文卡特什·戈帕尔(Venkatesh Gopal)使用计算机模型来说明如何在最大连接性和连接成本之间做出选择——可以看作是物理网络中的电缆或电线数量,或者在社交网络中与许多中间人交流所花费的精力——可能导致网络结构的各种倾向。星形的轴辐式结构模型,例如由几个大型枢纽机场构成的典型航线网络,可以满足旅客想要最大限度地减少换乘次数的需求,因此偏向于最少化的布线。当旅客想要最大限度地减少里程时,就会采用一种具有长桥梁连接和较短平均路径的小世界网络结构,因此倾向于最大化联通性。我之前曾讨论了历史上政权制度中最大连接性和最低连接成本之间的权衡。

网络中，信息可以通过中心结点迅速传播到网络的各个部分，但中心结点也可以控制是否传递来自其他结点的信息。类似地，网络中的断点可以帮助信息在不同的部分传播，但它们也可以控制信息流。

当然，现实世界的网络很少完全符合这些理论模型或形格，许多网络可能兼有我们上述所探讨的多种特征。然而，理论模型和形格可以帮助我们推断其构造的原则或规律，即使不能明确它们的起源点。如果我们知道交互作用的模式，我们就能推断出网络结构将如何演变。

第四节 东西方迥异的系统结构

参考前一节的理论模型，我们可以得出一些关于历史网络及其行为的推论。中国古代的官僚机构和皇权结构，构成了一个旨在促进辽阔帝国进行行政管理和治理的网络。如图2.4所示，它属于分层级的轴辐式结构，与现代公司的管理网络非常相似。我们将在第四章和第六章探讨核心枢纽（皇帝和朝廷）是如何与其他重要结点（尤其是官吏）联系在一起的，这些结点本身就是局域的轴心。这种网络结构使皇帝能够统辖科举取士、军队调遣、官吏任免、刑狱刺察等各种治理职能，并协调礼乐民俗、地方士绅、宗教僧侣和外交关系。可见，这是一个高度集中化的网络，皇帝处于层级的顶端，具有最高的特征向量和中介中心性，同时也是一个核心断点。网络的这些特征对中国历朝历代的信息流动和创新，以及王朝的稳定性和活力都有着深刻的影响。

相形之下，西方体系中的权力结构大不相同。欧洲一直葆有由民间社群制定规则的传统，罗马帝国灭亡后形成的权力关系网络是通过自组织的方式逐步建立起来的。欧洲的权力在王室和贵族豪门中更加分散，随着时间的推移，通过婚姻和交易相互联结，最后形成集群。虽然没有一个王国强大到足以控制其他王国的地步，但随着财富和资源的积累，一小撮世袭的王侯逐渐扩大了统治区域。他们继续扩充联结的范围，以巩固自身作为网络轴心的地位，并按照自己的意志为在集群之间的交互搭建桥梁。因此，欧洲权力结构兼具了小世界网络和无标度网络的特点。

我们解构了欧洲王室之间的姻亲网络，以表明这个网络的确是具有小世界网络和无标度网络特征的混合体。我们将在第四章和第六章中探讨这些特征所造就的行为如何有别于中国的体系。欧洲的网络特征使其在宏观层面上更加稳定，来自网络任何部分的信息不需要通过中心结点就可以流向网络的其他部分，这对协调和传播潜在的突破性思想具有重要意义。在这两个系统中，关键角色的高度中心性是其收益递增的一个来源，因此可以理解，这些强大的角色无不希望维护其网络的长治久安。

这就使我们得出经济系统与复杂适应性系统共通的第五个整体属性。

第五节　变革临界点与相变

（5）复杂系统的演进是间断式的；转变可能是突然的，表现为断断续续的事件。

一个网络的内部行为、功能和信息传输的持续共同演化，再加上与越来越多其他网络的联系，会达到一个阈值，那时任何规模的突变都会导致激变或者相变。在自然界中，相变能以多种形式发生。水冻结成冰或沸腾成水蒸气，气体变成冷凝液，癌细胞发生转移或熔岩变成岩石，这些变化都属于相变。再举个例子，冬天的一个池塘在几个小时的时间里完全结冰，冰晶突然同时出现在整个系统中，达到了自组织临界度的变化阈值，"从某种意义上说，系统的所有成员都相互影响"。在生物学中，当变化超过特定阈值水平时，会产生先天性遗传缺陷的风险。经济体系也不乏相变的先例，其中包括1929年大萧条时期全球贸易的崩溃和2007—2008年国际金融危机。

正如生物学中各种食物链、大脑、细胞、遗传和神经网络可以产生诸如灭绝、流行病、突变和转移等相变一样，宗教派别、社交媒体和民权运动等大型社会网络所蕴含的动能，均可以促成舆论、时尚、技术和信仰扩散的相变。从小圈子中的礼尚往来转向以明确规则为基础的大规模合作，都可视作社会网络的相变。

相变可以改变系统的拓扑结构,而拓扑结构本身又框定了其内部组件的交互方式,于是将生死存亡的命运交给了扰动的考验。系统承受扰动冲击的韧性取决于其自身的拓扑结构以及冲击的力度。如前所述,如果关键轴心已被移除且其余结点无法重新连接,则相变可能导致系统瘫痪。

网络演化:经济转型和政权更替中渗流或级联的作用

系统内部发生的变化使其达到临界状态或变化阈值的临界点,是经济史上值得研究的一个根本性问题。[①] 为了更好地理解这个问题,我们必须清楚,系统组件的自组织促进了网络结构的形成和演变,就像系统的结构决定其行为一样。拓扑(结构)和行为(流动)是此处的关键概念,并且都与不同类型的相变有关,这些概念同样适用于经济系统的演化。

物理学家和数学家得出了结构变化和流动变化之间的重要区别;前者称为渗流,后者称为级联。渗流可以影响结构,级联可以影响流动和结构内结点的行为。渗流没有流动,但它可能是未来发生级联的先决条件。渗流和级联是来自自然科学的模型。我

---

① 稳定系统的变化可以用正态概率分布来描述,该正态概率分布表示为钟形曲线,曲线上的最高点或钟形顶部是一系列数据中最可能发生的事件。所有其他可能发生的事件在最可能发生的事件周围均等分布,从而在峰值的两侧创建了一条向下倾斜的线。

们的实验将在历史案例研究的实验室里进行①,目标是使用一套来自自然科学实验室的模型,来帮助我们揭示历史性巨变的决定因素。

在现实情景中,很难将渗流作为实验来观察。它的静态联通性是通过格子模型来描述的,而格子模型甚至在有机系统或社会管理系统中都不存在。② 那么,社会网络中巨型集群的形成与渗流和导致级联的数学网络动态有何共同点?正如我们将看到的,在经济转型中,结构和行为的流动表现出不同的动态特性。渗流阈

---

① 可以使用许多科学分支已经熟悉的计算能力来详细描述代表历史政权的军事、政治和经济力量的重要网络。前现代中国和欧洲社会网络的长期重建,即第四至六章的主题,取决于刚刚开始量化的资料来源,例如历史学家尼古拉斯·塔克特(Nicolas Tackett)对中国唐朝精英进行的数字增强网络分析(2014)。位于维也纳的奥地利科学院中世纪研究所拜占庭研究中心的约翰纳斯·普莱泽尔·卡佩勒(Johannes Preiser-Kapeller, 2015)使用计算方法来探索历史发展过程中以前未知的模式。该研究所在许多案例研究中将可视化、网络和定性分析工具应用于中世纪的社会和空间网络。在"中世纪地中海和近东地区的复杂性和网络"项目中(Preiser-Kapeller, 2015),该研究所提出,统治者在一年内的更迭会增加统治者在接下来 5 年内更迭的可能性,例如,在拜占庭帝国解体前夕,政治精英的动乱永久性地削弱了帝国。第四章讨论了稳定继承规则对长期经济增长的重要性。最终,借助来自历史资料的数据,例如信函、家谱、条约的签字,古代议会中的角色召集以及军官的委任,对结构进行模拟,将阐明思想和意见如何在整个社会中流动。即使没有准确的历史政权网络连接的数字图表,我们也有数以千计的同时代人和历史学家的记录观察,可以帮助我们确定政权的稳定性和适应性变化的特征。

② 渗流相变可以通过创建一个巨大的系统范围内的集群来改变系统的结构,许多研究者都发现了渗流相变现象。随着各个组成部分逐渐相互连接并形成越来越多的集群,系统本身在宏观层面趋向临界点;在这个临界点上,结点形成了庞大的连接集群,新的连接同时出现在系统的各个层面,直到每个结点都连接到其他结点。中国的崛起是否会导致国际关系体系的系统渗流相变呢?

值的关键点在于，当远程的某个结点或枢纽首次与一个大型的集群相联时，一个单一事件（例如，一项推向市场的发明、一条疯传的推文）就会产生催化作用。突尼斯一个年轻人的自焚事件成为"阿拉伯之春"的导火索，就是一个鲜活的例证。[①]

所有重大的社会变革都需要改变原有的连接路径，即某种形式的渗流相变，然后才能开启席卷式的蔓延之势。对于这种现象，网络结构的重要性要高于特定影响变量的独立活动。换言之，网络对扰动影响的承受力比扰动本身的规模更加重要。所以，网络结构是影响思想和行为传播的首要因素。牢记形式先于功能的概念，就掌握了理解网络拓扑特性的第一把钥匙。

我们可以把渗流看作是网络拓扑结构（形式）上的变异，这些变异产生了对新思想或行为的敏感性，进而导致了全新的社会制度（功能）。一旦结构转型得以稳固或稳定，表现为剧烈行为变化的级联就会发生。当中国的改革开放政策进入稳定轨道的时候，全国上下空前活跃起来，大批的公务员陆续放弃"铁饭碗"，纷纷"下海"经商，个人、企业和各级政府都争先恐后地追求经济效益。渗流体现了系统内在元素互联方式的变化，政治经济学中也有类似的情形。事实上，我们可以说，渗流造就了最有历史意义的相变，催生了全新的社会制度。这种长期的世俗变革符合马克思主义的社会理论，即社会经济变革领先于政治和意识形态的重

[①] 当平均程度增加到1时，就满足了渗流阈值的条件，并且当达到一定密度的连接时就会出现渗流阈值。

新定型。或者更通俗地讲，生产力的发展决定了与之适配的生产关系。马克思主义本身，及其政治和意识形态的新模式，在工业化重塑的全球格局中得到了快速的传播。

在欧洲，生产单元的相互连接不断生成新的网络，既而开启了近代经济的持续增长模式。多个局域的网络一再聚合，最终形成了一个庞大的网络集群，将遍布欧洲的实业家及其企业囊括其中。显然，工业化不是一蹴而就的，既不取决于离散的事件或零星的技术投入，也不是由第一台蒸汽机启动的。这是一个结构性的转变，但是没有一个临界点——找不到导致系统雪崩的第一颗沙粒。从这个角度来说，连接日积月累的数量和质量才是关键，而非某一特定的契机或偶然的事件造成的冲击。①

导致人类社会信仰和行为变迁的渗流最早可以追溯到公元前一万年左右，新石器的普及引发了世界范围内的第一次农业革命，人类社会的生产方式自此从狩猎和采集食物转变为土地耕作，标志着经济结构的变革。中世纪早期的一场小范围的农业革命发生在北欧，土壤改良和三圃轮耕制使这片重黏土地区能够养活更多的人口；当资本回报率超过劳动回报率，封建领主更有利可图，因此他们更愿意加大对农业技术的投入。18世纪英国发生的另一场农业革命与工业化密切相关，同时也促进了大规模的城市化。

---

① 卡罗莉·迈克（Karoly Mike）2017年讨论了经济理论在经济发展中的作用，并强调，在宗教、科学和艺术等方面基本上不依赖经济的制度可以对生产和交换过程以及对创新的响应能力产生重大影响。

这又一次改变了资本与劳动的关系，并重塑了社会关系的结构和信息扩散的方式。类似地，我们可以回顾11世纪早期到14世纪，在以农业和农村为主导的环境下，商业的扩张促进了意大利城邦的繁荣，促使人们重新认识人类与自然的关系。这些人文主义思想得以在勃艮第腹地生根发芽，并快速传播开来。① 但是，就像农业革命和工业化一样，亚里士多德的逻辑究竟在何时扩散到一个临界点，以至于将中世纪的欧洲带入文艺复兴时期，从而在人们的观念里确立了人在宇宙中的中心地位，这一点没有任何确切的答案。由此可见，信仰、习惯或行为方式的转变是一个持续的级联过程，通过级联所积累的成果需要新的结构接纳，而在新的结构定型之前，人们可能并未意识到这种渗流的现象。

级联解释了什么？

级联比渗流更容易辨识，因为其过程通常具有可用于精确定位和建立序列的离散时间元素，并且它们在离散时间范围内发生，因此可以被记录。我们可以通俗地把级联理解为一系列的连锁反应，人们能够清晰地识别和记录其中的导火索以及连锁反应发生的顺序。在流行病学中，除了追踪从最初的感染（零号患者）到

---

① 与历史上其他可识别的时刻不同，例如，在维滕贝格教堂的门上钉上的《九十五条论纲》（每年作为宗教改革日纪念）、柏林墙的拆除、埃及解放广场的推文或传染病原发病例的出现，我们无法确定文艺复兴时期或启蒙运动的确切开始时间。但它们何时被命名、何时首次出现在学术文献中，还是可以确定的。

爆发（渗流相变）的时间进程，控制的焦点集中于相变之后发生的级联，即疫情在人群中的蔓延。级联现象频繁地出现在社会进程当中。我们可以大致把宗教改革的始点追溯到马丁·路德（Martin Luther）的《九十五条论纲》（*Ninety-Five Theses*）从拉丁语翻译成德语并印刷发行的时候，就像我们将"阿拉伯之春"的革命浪潮或"我也是"反性骚扰运动（#MeToo）溯源到特定事件或特定推文。① 诸如时尚潮流和思想观念（例如关于同性婚姻的社会道德规范）的转变，以及对科学主张或发现的宽容和接纳等，都属于与级联相关的问题。级联往往在扩散升级或者达到高潮的时候才会引起人们的关注，例如一场突如其来的暴动或者重大社会革新的成败。

如果我们将网络结点想象成个体，并设想一场社会运动或疫情在其社会网络中传播，则可以更轻松地看清沿网络结构扩散的传播级联。② 在社会进程中，级联效应被看作是骤然发生的剧烈变革，例如人们期待已久的改革，柏林墙的倒塌或是苏联的解体，电报、电话、广播、电视和 Wi-Fi 等新型通信技术的快速应用，或

---

① 1517年10月31日，路德把他的《九十五条论纲》钉在了维滕贝格万圣教堂的门上，这一著名的情节很可能是杜撰的。但我们知道，他的思想迅速传遍德国甚至全欧洲。这场传播开始于1518年1月，路德的朋友们将他的《九十五条论纲》从拉丁语翻译成德语，之后这一论纲被印刷并以小册子的形式广泛传播。

② 传染病是否传递给邻居将由概率规则确定。可以通过确定在暴发高峰时感染的最大百分比的结点进行统计研究，这是我与物理学家爱德华多·洛佩斯（Eduardo López）探讨得出的。

者蒸汽机、内燃机以及最终的喷气发动机在交通运输中的应用。传染病学提供了大量级联的例子，一个单细胞对宿主的入侵可能会苟合成一种新的病毒，该宿主作为病毒的携带者又可能通过接触传染给其他人，使疫情就此蔓延开来。这说明，一个可识别的事件能够引发另一个突发事件，从而形成级联效应。北极冰川融化可能标志着一连串全球环境崩溃的首次爆发；建立大型的基础设施，例如胡佛水坝，可以引发一系列的连锁反应，包括移民、投资和交通线路，乃至整个地区经济结构和生态系统的重塑；诸如全世界都翘首以待的高能量电池和自动驾驶之类的新技术的应用将引发一系列或级联的互补性创新。不过，尽管在社会过程中级联可能比渗流更容易观察到和被理解，但是它不能用于描述隐藏在重大变革背后潜移默化的动因，例如文艺复兴、启蒙运动和欧洲的工业化。

当一个结点的故障导致相邻结点发生故障时，也会发生级联失效和崩溃，甚至造成整个网络瘫痪。这类故障常见于电网、金属疲劳和食物链中，通常会造成系统停摆或废弃等恶果，如大范围停电、灾难性事故或物种灭绝。每个故障都假定一个给定的结构，这是故障蔓延的先决条件。制度改革，例如从计划经济到市场经济，也可能以级联的形式发生，其中一项改革会迅速激发其他改革措施的跟进。

复杂网络中的外生性与内生性

相变发生是因为系统内的自组织达到了临界状态。达到某个阈值后,山坡上的积雪会引发雪崩,沙子的增加会导致沙堆的坍塌。增加的雪片和沙子都成为系统的一部分,而不再是来自外部的冲击力。更进一步讲,系统结构的变化不一定会彻底改变或消除其内在动力,所以地震之后还可能发生余震。另外,系统的变形又会引致外力刺激的变化,就像散落的雪堆或沙堆所接受的地心引力是不同的。这同样适用于动态的经济体系,在没有外部刺激(尽管传统经济分析的均衡系统模型需要引入外部刺激)的情况下,经济体系的运行会"由于内部因素交互作用"而出现临界点。当经济呈现高增长的势头,投资者会踊跃投入资金,而当投资达到饱和状态所呈现的短暂繁荣——趋近或达到临界点,往往会给投资者带来更大的诱惑;接下来,一路盲目乐观地追加投资,就会使经济体系远离均衡的状态,进而触发金融危机。而且,表面上恢复平静的金融危机仍然存在余波震荡的风险。然而,当系统出现严重破损时,那些深受其害的个体通常会到系统外部寻找解释,而对自己所扮演的破坏性角色和非理性预期视而不见。

对于经济学家来说,存在这种盲目性,部分原因是他们把个体层面的均衡误以为系统层面的均衡,而忽视了特殊和一般或者部分和整体在变化过程中的差异。尽管微观层面与宏观层面的运动方向保持基本一致,但是两者的刺激反应方式以及运动速度可能大不相同。在社会场景中,微观层面的个体仅根据局部的知识采取行动,而对其行动与全局的交互影响几乎一无所知。渗流相变虽然正在进行,但人们在当时可能无法识别。就像构造地形的能量在亿万年中蓄势待发,而由突然的地震释放出来一样,经济史上也曾发生过多次相变，而演变成一种临界状态也需要长时间的酝酿，有的甚至超过普通人的生命周期。分别在文艺复兴和启蒙运动末期发生的科学革命是由知识精英引爆的，这股力量在中世纪基督教神学中就已显露端倪，法律在政治上的独立性可以追溯到欧洲漫长的封建制度中，农业产量增加归功于英国的工业革命。连同欧洲王室对女性继承权的强化以及中国皇妃后宫制度的正式确立，凡此种种的重大历史变迁，其突破临界点之后的样貌都是显而易见的，但其具体的开端和润物细无声的演进过程则难以把握。因此，如果局限在主体层面，以微观均衡的视角来观察历史，我们就难以发现隐藏在相变背后的运行机制，更难观察到多种因素交互影响的同步性。值得注意的是，在一个旧政体被新政体取代之后，原有体系虽然已经分崩离析，但仍然有大量遗留的元素渗透到新的体系之内。这些元素又与新的元素交互影响，直到将这个新的政体推至新的临界状态。

显然，统计物理学的工具不能用来精确预测社会相变的发生，比如政权更迭、网络信任崩溃、种族暴力爆发、时尚潮流或新技术的爆炸性变化。但即使不能量化这些社会相变背后的规律，我们也可以对这些现象进行分类，为尚未探索的社会组织模式开辟重要的研究前景。

在不同的环境中，相变虽然在临界点上可能出现具有共同特征的典型事件，但实际上它们的运行方式几乎没有一致性，因为每个系统都不可能复制其他系统的复杂空间和时间结构，而主要是依靠自我驱动进入临界状态的。

第六节　全球经济史中的颠覆性变革与系统结构

传统经济学的研究方法拘泥于狭义的因果关系，尤其强调外部刺激与内在反应之间的关系，而运用复杂网络理论对经济史的研究则需要问津网络拓扑和网络行为之间的联系。严格来说，系统演化的结果并不取决于其结构的外生性。外生性是否存在以及产生何种影响，取决于我们在哪里划定系统的边界。在复杂的系统中，没有什么是独立存在的，因为系统始终是开放的。现在已经清楚了特定网络拓扑（例如小世界）的特征，但是触发这些特征显现的原因尚不明确。小世界属性从何而来？较短的平均路径长度（那些较密集的局部连接）是对扰动的响应，还是个体的预期行动起了作用，从而创建了较短的路径，为可能的环境变化制造了条件？即使无法解释为什么欧洲是一个小世界网络治理结构，而中国却是一个星形网络治理结构，我们仍可以推断，这些差异将导致采用不同发展模式的国家走上不同的道路。

为了找出其中的临界规律，我们应该着眼于网络的全局或整体属性。"民主"和"威权"总是潮来潮去，而同一类型的政权兴衰表现出高度的同步性，几乎同时诞生或者集体消亡，例如，二战之后许多殖民地国家在短时间内相继独立，20 世纪末社会主义阵营中各社会主义制度相继分崩离析，21 世纪的颜色革命席卷了阿拉伯世界。时尚、风格、思想、规范和合作模式同样表现出同步性，其原因蕴藏在一个更大的问题当中，即网络结构及其内部的行为流是如何通过进化过程萌生、分形、互动、共同进化以及分化的。

对于标准社会科学模型无法解决的问题,网络科学为之提供了解决的手段。它使我们能够认识到系统变化的非线性,从结构和行为变化之间的联系入手,来解释经济变化的过程。照此思路,我们可以更深入地把握当代政治经济学中两个极其重要且密切相关的现象:东西方的大分流,以及中国当代前所未有的经济转型对全球的影响。

问题解决与网络结构

网络结构对集体行为的影响在很大程度上属于尚待探索的领域。经济体中的结构性规律在哪些激励因素影响下发生涌现?高阶依存关系对网络结构内的各个连接起什么作用?我们依靠经济历史中的因果机制,而不是简单的因果关系来研究各种网络结构对于个人和集体解决问题的方式有何约束或促进作用,以及解决问题的方式反过来又如何影响结构。结构作为一种解决集体信息共享问题的方式,也是人们针对环境进行自我调适的依据。为了解决局部优化问题,人们必然要在连接幅度与连接成本之间进行权衡。在经济研究领域,系统结构、变革过程和主体行为之间的关系,迄今仍属于一片未经开垦的荒地。尽管如此,我们甘愿冒险开启一段拓荒之旅。幸而,我们已经掌握了基本的概念框架和分析工具,这可以帮助我们以新的视角重点考察和对比中西方在社会经济发展过程中所展示的平行动态和路径差异的形成机制。

第三章　人类行为演化与政治经济学

在网络经济学领域，有不少文献采用现场实验、实验室实验和计量经济学等方法论述了不同类型的扩散，如行为、观点、思想、时尚、知识、创新和疾病的传播等。有关网络形成的理论研究了重复博弈背景下的行为模式。从更为实际的角度出发，研究发现，社会体系中，官方机构一旦失灵，民间的社交网络便会填补这一空白，在广泛的社会活动中发挥协调作用。现场实验帮助研究人员更深入地理解了个体和群体的关系问题，例如，个体为何要加入某个群体？他们如何受到社群内同伴的感染、监督、强制并与之共担风险？

正如第二章所述，在复杂系统中，不同类型的连接模式，如小世界连接和集中化连接，代表了不同的信息传播路径。对连接模式的理解可以进一步分解为两个相关问题：一是结构的形成以及与网络拓扑相关的连通属性，这正是前一章的主题；二是行为层面上的联通性，即每个主体的行为如何对系统内乃至整个系统中所有其他主体的行为产生影响。

我们知道,最成功的扶贫政策和做法就是引入同侪互励机制,以促动目标群体自行变革,而不是简单地为其提供经济援助。无论在什么样的文化背景之下,以加强能力建设为基础,以改善社区整体福祉为目标,通过鼓励同侪相互监督与效仿推动社群自力更生,恰如中国一度大力提倡的"比学赶帮超",诸如此类的组织方式永远是推动区域发展的最佳方案。中国有句老话,叫作"得民心者得天下"。我们将在本章探讨扶贫、职业教育、创业、司法改革、环境治理和儿童福利等社会议题。不难发现,只有切实开展为大众赋能的政策改革,才有望达到改善社会整体福祉的目的。我们还将了解到,那些降维到局部,用于改善小群体生存条件的政策措施,会削弱整个系统应对环境变化的能力。

第一节　历史演进与变革

冷战结束后,弗朗西斯·福山(Francis Fukuyama)宣布历史已经终结,民主政体和市场经济必将风靡全球。在当时,其论断的确得到了大量实证的支持,而且一度被奉为至理名言。作为社会主义阵营核心的苏联正在摇摇欲坠,瑞典的社会主义陷入了结构性危机,法国的社会主义徘徊在奄奄一息的边缘,而日本、菲律宾、韩国和泰国等亚洲国家的民主制度得到了巩固。1989年发生的各大事件似乎都印证了这样一种逻辑,即自由民主是转型国家的唯一发展方向,而其世界舞台上的对手们正在被一一击溃。①

然而,人们只需放眼那些快速发展、高度互联的发展中国家,就会对福山的论断心生质疑。这些国家的政治改革进程往往滞后于市场主导的经济增长,许多高速增长的经济体和现代化进程中的国家并没有径直过渡到西方式的民主制度。这表明,政治民主与市场经济两者之间的联系并没有那么紧密,甚至可以说是内在目的论的——不存在直接的因果关系(Root,2013)。"历史的终结"如同流行病一般散播开来,其影响之恶劣,可以从美国如此亢奋地向全世界兜售其认定的现代化模式和愿景中窥见一斑。美国不惜实施军事干预手段,但最终以失败收场,同时也为自己的冲动付出了高昂的代价。

事实证明,"历史的终结"这个概念有悖于我们对自然系统的基本认知。自然系统存在于按照时间序列排布的框架中,时间轴

---

① 在宣布历史将终结25年后,弗朗西斯·福山在《华尔街日报》(2014)上撰文承认,世界还没有达到"历史的终点"。他认为,纯粹唯物主义的国家发展模式可以在一定时期内释放出强大的增长动力,但如果就此忽略了人类个体追求获得承认和自我表达的内在渴望,那么这些模式最终将失去吸引力。即使崛起中的中国也会朝这一方向靠拢;演进的过程比最初的预期更加漫长,需要经过多代人的努力,但发展趋势仍然是不可逆转的。他就此得出结论,任何政体无论如何有效地满足人们的物质需求,如果对个体全面发展的普遍需求熟视无睹,其对世界舞台的影响也将是暂时且有限的:"以市场为基础的全球经济秩序与民主的传播显然是相辅相成的。民主总是建立在广大的中产阶级基础之上,富裕的、拥有财产的公民数量在世界各地迅速膨胀……一旦社会进入工业化进程,社会结构就会开始发生变化,从而激发人们对政治参与的需求。"

创造了规制世间万物形成的依赖路径，包括各人类族群在生存和发展过程中所形成的规则体系。在不同时间尺度上运行的社会、政治和经济进程均积蓄了巨大的惯性势能，可能在很长一段时间，甚至几十年内都难以调和或克服。在数据处理中，接收新数据所耗费的时间会使整个系统内容发生改变。在基于主体的模拟中，一个参与变量的时滞将会影响系统中其他所有的主体。具体来说，即使最初在概念上平等的两个主体，假如其中一个投入系统的时间落后于另一个，那么它们之间的关系将会改变，理论上的平等地位不复存在，这将影响它们随后相处的环境和结果。① 政治学家约翰·帕吉特（John Padgett）和沃尔特·鲍威尔（Walter Powell）认为："在短期内，行为人创造关系；在长期内，关系创造行为人。"如果没有时间对行为与结构的塑造，那么所有的有机体都会是相同的，而正是在时间的作用下，每个有机体、每个生物、每个地方、每个国家、每种哲学都各有千秋，进而促进了全球的发展。实际上，这种多样性或许才是人类持续进步的核心驱动力。

第二节　全球联通的演化特性

越来越多的证据表明，全球政治经济并非只朝一个方向发

---

① 一个例子是维尔弗雷多·帕累托（1848—1923年）所描述的"富者愈富"现象，这种现象在基于主体的模型中已经被观察到，例如糖域模型（Epstein 和 Axtell，1996）。

展。在一些所谓自由民主乏善可陈的国家，人们的生活水平也能日益提高，有的已经达到了工业化国家第一代人曾有的水平。①沙特阿拉伯、俄罗斯、新加坡和土耳其等国家，与西方国家的经济差距正在缩小，但在自由民主或人权方面的差距依然没有改变。在中国，中国共产党一党执政的体制非但没有因国民收入的持续增长而削弱，反而进一步得到了巩固。不仅如此，中国以其在国际法和国际组织中举足轻重的地位转而问责自由主义价值观的合法性。苏联解体后成立的大部分独联体国家却再次落入威权主义的窠臼；某些伊斯兰国家结束了独裁统治，但并不意味着多元民主会成为它们的首选；政治伊斯兰在经济开放的土耳其找到了避风港，土耳其为整个中东地区树立了新兴民主国家的样板，但多数国家却无法走出一条自由经济和政治民主平行发展的道路。那些混合政体缺乏民主制度的基本特性，如多党竞选、集会结社、司法独立和媒体自由等。它们依然没有拆除威权统治的藩篱，离自由国家的定义相去甚远。此外，新兴中产阶层表现出对威权制度的容忍，对政治平等的怀

---

① 宏观经济和民主数据一直在朝着相反的方向发展。2000—2016年，随着贸易的增长，非经合组织国家的GDP在世界的占比也在上升，而且增速一直高于经合组织国家。其新生儿死亡率一路下降，预期寿命显著增加。然而，在一些增长最快的经济体中，公民自由度在下降，法治指标和政治权利发展停滞不前。某非政府组织报告称，截至2017年，全球自由度连续12年下降，于是打消了人们对经济和政治同步发展的信心。报告总结道："2017年，世界各地的政治权利和公民自由度降到了十多年来的最低点。"

疑，以及对环境恶化的漠然。

主流政治经济模型可以解释一些全球趋同现象，但无法解释为什么实现现代化有多条不同的备选道路。这些道路中存在许多民主和威权主义的变体，主流理论到底遗漏了哪些治理模式的微妙之处呢？

发展的驱动力：交互、协同和特化

在一个互联性日益增强的时代，世界究竟会发生怎样的变化？这不仅是研究当代全球政策的一个关键问题，也是研究自然界生命系统的科学家们所要解决的问题。对于一个开放市场，广泛渗透到政治经济学分析中的微观视角仅能窥见一斑，而难知全豹，至少不足以用来解释长期的历史变化。事实上，开放市场的运行模式和文化现象更符合进化生物学中生态位构建理论的逻辑。

微观经济学假设在一个由许多行为主体组成的市场中，竞争将推动所有商品趋于最优；如果产品提供者因无知或低效而无法满足市场需求，就会在竞争中被那些睿智且高效的企业所取代，市场于是得以进入良性循环。照此观点，不同部门与最佳实践之间的偏差将被竞争消除，导致所有公司、行业和社会都将向同一个目标进发，直达类似于生物学家所说的"适应峰值"。

然而，生态位构建理论着眼于种群（基因型、物种）能够开发环境资源的整套生物特征①，在这种新理论视角下，进化生物学不再固守适者生存的传统理念。生态位构建的逻辑揭示，在紧密联系的生态系统中，生长导致变异，同化与异化并存。追求生长的动力为物种合作创造了机会，并促成了捕掠、寄生、共生等行为的多样性，这种看似无效或次优的策略体现了生态弹性。在自然环境中，寄生物与其宿主的共生是可行的，甚至更有利于宏观系统的稳定。所以，大自然往往通过异化来保障其生态弹性，而不是引导万物都追求一种最优模式。

这种自然生态系统中生长发展顺序的概念与微观经济理论中对增长的解释形成了鲜明的反差。确实，交互作用加速了所有参与主体的生长，所以最有利的进化策略不是消除而是增加多样性。一个物种一旦在生态系统中确立了自身的地位，则相应地为其他物种开辟了另寻生存策略的进化空间。该逻辑可以用于微观经济的推演，即增加多样性有助于市场规模的扩张。

计算机科学家和进化生物学家斯图尔特·考夫曼（Stuart Kauffman）将生态位构建理论应用于社会组织研究。为了解释单一行业内的发展过程如何影响众多其他行业，并引发像工业革命这样的巨变，考夫曼假设，"一个经济体中的商品和服务为发明新商

---

① 在全球经济中，一个类比可能是韩国出口导向型的财阀，它们自然而然地产生于前现代韩国的社会结构之中。这些企业集团的形成和运营模式，体现了一个国家如何通过加强其本地制度的独特性来获得全球竞争力。某些制度和文化特征，可以将在国内因寡头垄断取得的盈余收入转化为全球的竞争战略和产品。

品和服务创造了机会，新的商品和服务反过来又将过时的商品和服务逐出经济体，整个系统于是发生了转型"。同样，"新物种，如同新商品和服务，为更多的新物种提供了生态位，并为未来发展创造了无限的可能"（Kauffman，1995）。随着全球化的发展，全球市场相互关联，市场规模随之扩大，创新因市场参与者对资源的竞争而不断涌现，这将推动市场参与方式从适应性走向专业化和差异化，即生态位构建——通过新能力的创造引入新的发展策略。"一个领域的创新终会影响到其他领域，产生新的创新反应，从而进一步丰富了多样性"①。

生态位构建理论由四部分组成。第一，在位者和新来者之间形成新的关系。第二，在一种环境下的优化策略移植到另一环境之中未必能实现最优。② 随着联通性和适应性的增加和扩散，每一个额外的生态位都可以促进新的互动和交流，以及新生态位的产生。第三，在生态系统中，局部资源分布的变化会影响整个生态系统的后续演变。第四，种群内的发展（微观进化）可以影响系统层面的变化（宏观进化）。

---

① 考夫曼提出了一个关于生态系统如何协同进化到混沌边缘的假说。在一个协同进化的过程中，"每个有机体都专注于眼前和局部来调整其适应度景观的结构，并同时受到其他有机体适应性运动的挤压和牵引，以至于整个生态系统就好像在一只看不见的手的作用下协同进化到一个混沌边缘的平衡状态"（Kauffman，1993）。

② 当各具特色的物种争夺资源时，它们都必须进行策略调整，以确立维持各自生存的生态位。

所有基于主体的环境中,优化将受到拓扑约束

根据生态位构建逻辑和一般的进化理论,一个主体或种群在其栖息的生态系统中处于何等位置,以及在何处算作其适应性攀爬的起点,是关乎其生长能力和样貌的关键一环。① 为了研究一个系统的演化,生物学家经常利用基于主体的进化模拟系统,称为"适应度景观",以可视化的方式观察一个种群的"存活力"如何根据环境的拓扑结构发生演化,而这种拓扑结构又是根据环境内部的相互作用构建的。景观的最高点代表主体的最适应层级,主体在更大的景观或环境中与其他种群共享生态位空间,而在局部区域内追求最高点,以规避自身的生存风险。

生物学家根据演化的进程来描绘适应度景观,范围从平缓到极度崎岖。从高出"地平线"之后起算,崎岖的山峰代表局部的适应高峰,而山峰之间的深谷代表最低的适应度。在平坦、开阔的地平线景观中,所有路径都通向最高峰,平缓景观上的种群无论选择何种适应路径,都将走向同一个终点。②

很少有种群能够在适应度景观中不间断地看到最高峰,大多数景观都是锯齿状和崎岖不平的,存在许多不同难度的峰谷。对

---

① 在基于主体的环境中,不存在委托代理关系。这些环境中不存在某个处于中心位置的控制主体来决定或主宰最终的结果,环境是从所有主体的相互作用中通过自组织形成的。

② 这可以用富士山类型的适应峰来表示,适应度曲线在每个方向都均匀上升。

于种群，不论是国家、组织还是公司，在崎岖的道路上进行适应性提升，预测可实现的演化结果是很困难的。崎岖的景观有许多区域性山峰，而且只有部分路径才能通向适应度最高点。种群所处的景观存在着诸多条件，包括登峰的高度和范围，景观与相邻景观之间的相互作用，以及将其带入当前位置的先前行为……所有这些将决定种群在进行适应性攀登时可以采取的选择和策略。局域性高峰的攀爬情况更为常见，但是一旦踏上通往某个局域性高峰的道路，种群的发展可能会陷入进退两难的境地。打个比方，一个种群不可能为了另辟蹊径而中途折返，从局域高处再走下坡路，因为任何偏离高峰的行为，哪怕是暂时的，都会导致适应度降低，所以种群不会答应。尽管如此，一个种群还是会根据其在适应度景观中的位置就近采取一些相应的生存策略，但多数情况下只会向局域的峰顶靠拢。① 不过，他们的领路人往往会不断地巩固大家的信心——只要跟随他的脚步不停地攀登，总能在前方实现峰回路转。

把适应度景观的概念应用于制度选择和政体改革中，我们可以更为形象地理解为什么当前的制度选择无法摆脱历史的包袱。适应度景观的崎岖状态解释了为什么人们不能重新选择那条直通适应性顶峰的坦途，为什么不是每个种群都可以选择同等良好的

---

① 在生物学中，一个种群会向不定数量的方向发生分化和突变；如果突变成功占据了更高的适应峰，自然选择会将种群拉向那个方向，但是很少有突变可以找到通向最高适应峰的路径。

制度或政策来最大限度地提高适应度，为什么在不同景观上或者在同一景观上的不同位置启动的变革会产生不同的前景。不同的景观有着不同的崎岖程度，人们需要克服不同的困难，因此人们所能做的选择也不会相同。

将适应度景观的概念应用于全球政治经济，一些限制战略决策的障碍是显而易见的，而这些障碍恰恰是主流经济模型所忽视的。它还迫使我们思考，为什么更大系统的环境对局域的种群会产生如此重大的影响。其实很简单，任何政权的特性不能脱离于其生成和运行的时空环境。然而，多数微观经济模型排斥这种思维方式，一连串预设的假定将研究对象与其所在的系统中割裂开来，研究者用这种归纳逻辑推导出系统层面的属性，结果注定是脱离实际的。从适应度景观的角度进行思考，我们能够预想到为什么全球竞争不会将所有人群引向某种最佳方案，或者达到某种理想的终点，即整体的适应度顶峰。

微观经济理论在世界经济中的应用常被拿来支持这样一种预测，即在市场自由化的环境下，外部竞争将促使所有公司和国家采取相似的管理结构，达到相似的生活水平，并最终形成相似的内部治理体系。为了达到这个制高点，依照微观经济理论的逻辑，竞争将促使人们争相采用最佳的组织规范。如此一来，所有推行市场开放的经济体将逐步拥抱同一种社会价值观。我们可以将个中的期待概括为由全球中产阶级所主导的同一种效率文化和社会理想。但是，运用复杂系统的方法会得出相反的结论：市场自由主义对不同的人群提出了不同的挑战。

总之，全球发展的挑战可以用以下适应度景观的观点来描述：

在一个协同进化系统中，我们需要澄清这样一个事实，即每个物种的适应度和适应度景观都是影响其他物种适应度的因素。因此，作为一般原则，有必要将每个物种崎岖的适应度景观统合到一起来看待。这样，我们就能看到，一个物种的适应性变化必然会投射到其他物种的适应度景观上，使之发生或多或少的改变。随着时间的推移，每个物种都会在自己的景观上向上移动，进而改变其生态邻居的景观。一个物种在其景观上的任何移动，都可能会提高或降低其生态邻居在其本身景观上的适应度，并且改变其上升的通道。

（考夫曼，1993）

这种方法指出了全球化给发展中国家带来的特殊挑战，但当前的西方发达国家也必须准备好迎接来自非西方国家的发展道路在意识形态和文化领域的挑战。在理论上，面对人类的共同挑战，着眼于全球的未来发展，世界各国必须共同携手，彻底清理传统工业化和冷战时期遗留下来的那些不合时宜的规则体系。然而在现实中，任何国家都难以摆脱路径依赖的倾向，往往埋头于局部优化的目标。因此，尽管一些学者和政治家不断呼吁重新建立一套全球最优的上层建筑框架，但那将是一种怎样的情形呢？人类种群将如何分别做出适应性演进？迄今无人能给出清晰的思路和可行的方案。但这并不妨碍我们对人类的系统行为展开剖析，并采用新的视角来考察政治经济制度的过往轨迹和未来方向。

第三节　进化社会心理学的应用

解析人类的行为模式,在此基础上提供一套实用的政策模型,是国际政治经济学必须承担的一项艰巨任务。美国在发展援助方面的教训证明了这一挑战的严峻性。

哈里·杜鲁门(Harry Truman)在第二次连任总统的就职演说中提出了对外援助的倡议,他强调,如果能将"我们取之不尽的技术知识储备"转移到欠发达国家,我们能从中获得用之不竭的各种好处。杜鲁门政府的观点是"现代对外政策是实践中少数真正具有创新性的政策之一"(Morgenthau,1962)。杜鲁门想当然地认为,希望实现现代化的国家乐得复制成功国家的最佳实践,但在促进落后国家能力建设方面,其实际成就却令人大失所望。

实施计划采用了星形网络化布局,政府组织少数专家将技术资料连同操作指南分发给当地的专业团体,可惜结果收效甚微。他们发现,技术知识很难在整个系统中得到等效传播。在具体实践中,尽管他们通过双边和多边机构以及非政府组织精心配置了一整套知识传输体系,但事实证明,在一种环境中复制另一种环境下的发展轨迹是非常困难的。即使在那些已经成功移植了西方技术和管理并实现了快速增长的经济体中,经济增长和政治民主的步伐也远未实现同步。

许多学者认识到,人们认知和解决问题的方式离不开既定的地方文化、社群关系和制度规范,于是将目光投向进化社会心理学(ESP)领域去寻求灵感。他们结合政治经济学中普遍认同的有限理性命题,采用实证的方法来探究群体学习和知识获取的复杂进化动态。[①] 这一方法不仅说明了人们始终会诉诸文化自省来解决身边的问题,还解释了将战略、模式或制度进行跨文化移植为何困难。面对其他群体的解决方案,任何群体总会突出其自身的文化传统,以强化其差异性。在一个日益多元且相互联通的世界,这种进化式的学习模式无疑倍增了解决全球问题的难度。

进化生物学拓展了遗传学的原理,将其置于更广泛的种群历史和生态环境中进行考察。受此启发,生物学家彼得·里克森(Peter Richerson)和人类学家罗伯特·博伊德(Robert Boyd)合著的《基因之外:文化如何改变人类演化》一书集中探讨了社会学习的模态。他们指出,人们一方面喜欢复制而不是从个人试错中学习,因为复制有利于降低社会学习成本,节省时间和精力;另一方面,人们都具有就近学习的倾向,即选定与自身境况相似的群体进行模仿,无论对方的模式是否符合自己的最佳决策。这种状况对穷人和受教育程度较低的群体,特别是那些无力承担评估选择成本的人,更是如此。受到眼界、知识和资源的限制,他们不会贸然模仿某个陌生的行为模式,或者听取外来变革专家给出的建议。

[①] 《制度选择和全球商业》(Jupille,Mattli 和 Snidal,2013)的作者提出,决策者的制度选择反映了有限理性。

当个人或群体面对一种之前从未经历过的境况时，就近学习的倾向很容易使自己陷入慌不择路的窘境，继而无法察觉和应对更大景观上的变化。很可能，模仿在过去相对成功的模式已经落伍了。在这种情况下，里克森和博伊德提醒说："无论你的独立选择可能出现多大偏差，总比跟在那些过时的东西后面拾人牙慧要更有效。"由此可见，不同群体之间生存和发展模式的互鉴性远没有福山等学者描绘的那样乐观。无论是出于主动还是被动，照搬其他群体的模式通常会破坏自身的适应度，甚至将自身的生存条件置于危险的境地。因此，关于全球化的争论一直存在一个悖论：由地方文化标准塑造的适应性变化可能会加剧全球的分化，而试图将某一国家的最佳实践，或者将纯粹基于理性推导出来的理想模板在全球推而广之，必然会招致剧烈的排斥反应，尤其是对于那些历史传统迥异的国家而言。

有鉴于此，将进化论应用于社会系统是政治学家罗伯特·阿克塞尔罗德（Robert Axelrod）的一项开创性尝试，他的结论是，同质模仿的趋势会阻碍最优设计的传播，尽管这些最优设计表现得更为高效。当人们向最像自己的人学习时，分化成为必然。现实中，他们与其他群体的差异被保留下来，甚至被放大。

在《正向联结》（*Positive Linking*）一书中，英国经济学家保罗·奥默罗德（Paul Ormerod）解释了认知行为对捷径的偏好。面对不确定性，人们会观摩周围其他人的行为方式，以便从中找到某种启发，进而开始模仿。如此会增强网络的连接效应，同时也能降低自身的搜索成本，但是这种从众心理会使人们忽略精心的成本效益核算。由于收窄了选择范围，模仿有助于消除人们面对不确定性的焦虑，但人们很可能与更优的替代选项失之交臂，甚至导致东施效颦的尴尬。奥默罗德的理论解释了经济学家兰特·普里切特（Lant Pritchett）早期提出的一个观点，由于存在类似的内在文化和历史特征，相邻的发展中国家，收入水平也彼此趋近。

随着社会变得更加富足，次优选择的悖论却并未消失。奥默罗德告诉我们，悖论之所以持续存在，是因为市场上可供选择的商品越丰富，消费者做出明智选择的可能性就越小。面对琳琅满目的商品，人们往往无暇精挑细选，参照其他消费者的选择，就变成了自我购买决策的捷径。如此一来，最抢眼的商品，而不一定是最优质的商品，很可能成为人们追捧的对象。消费者容易被直观感受所驱使，通常根据生动而难忘的第一印象做出决定，尽管这个选择未必是最好的。无论在发展中国家还是在发达国家，这种基于有限理性的文化传播的要素大致是相同的。

局限于传统的理性人假定，全球变革专家高估了新自由主义的吸引力，而低估了中国模式的吸引力。相比之下，进化社会心理学更有助于解释为什么基于个人权利的资本主义体制，在像中国那样朝着现代化高歌猛进的社会中找不到合适的土壤。凭借其悠久的自治历史，中国积累了丰富的本土模式以指导未来的选择。制度的适应性特征也能说明，中国经验可能会对其他发展中国家具有重要的借鉴意义。在新兴国家追求现代化的起步阶段，相比西方模式，中国的发展模式对它们来说更容易理解和复制，这就足够了。

相反，基于复杂系统的适应性模型首先承认认知的局限性，其次要考虑到个体就近效法他人的倾向，最后要考量其在局域内与其他伙伴互动的收益。基于以上三点，我们建立起一个实用模型来解决文化的传播问题，重点阐释民粹主义趋势是如何在集体学习中产生的，如"政治伊斯兰"的兴起，弗拉基米尔·普京为何人气一路高涨，英国为何决然脱欧，以及美国出现潜滋暗长的经济民族主义。这些趋势表明，领导人往往依靠回顾历史传统来建立政治联盟，而不是依靠科学分析来探索未来的机会。

印度和中国现代化进程中的级联或渗流

进化社会心理学让我们有理由相信，经济转型的幅度和速度均具有时间和路径的依赖性。放眼全球的发展前景，先行者和后来者之间的差异将持续存在，且难以弥合。这是因为任何一种制度一旦得到采用，强大的既得利益者就会应运而生。他们一开始可能是新制度的推动者，而即使这一制度被证明是次优的，或者有更卓越的制度摆在面前，他们也会为了守护自身的既得利益而假装视而不见（Arthur，1989）。因此，政治学家保罗·皮尔森（Paul Pierson）认为，令人困惑的次优制度之所以得以延续，改革步伐之所以缓慢下来，都归因于享有先发优势的群体所获得的规模报酬一直在不断增加。

对比后殖民时代的印度和社会主义的中国，在这两个同处于亚洲大陆的人口大国中，我们很容易找到两者发展轨迹的异同。在早期阶段，中国实行了马克思主义革命，在社会主义新中国成立初期，实行计划经济，此阶段几乎完全消灭了私有经济，代之以生产资料公有制,依靠指令性计划手段实现了财富的平均分配,并且清除了缠足、妓院等旧制度的顽疾。随后的改革开放迅速将中国推向了现代化和国际化的轨道,实行市场经济机制,社会财富激增,人们的生活方式也发生了翻天覆地的变化。然而,从日本、韩国借鉴而来的株式会社和财阀模式,助长了大企业的垄断行为;模仿美国的资本运营模式,虽成就了少数人的财富神话,但加剧了居民收入的两极分化,因此兼顾效率和公平的改革必然进入深水区。另外,随着中国的治理模式日渐成熟,领导中国事业的核心力量中国共产党将日益强大,在可想见的未来,中国国内不可能产生另一个能与共产党争夺执政党的党派。持续的经济成就一再验证了一个基本事实,即中国共产党最了解中国,这是确保其一党执政的首要条件,既而进一步巩固了其在国家内政外交事务中的绝对领导地位。既然中国一直在收获政治、经济、外交以及科技领域的红利,它没有理由改弦更张,去接受改旗易帜的另一套治理体系,这将进一步凸显中国与西方自由主义价值观的分野。

与中国不同的是,印度是采用非暴力不合作的方式取得独立的。后殖民时代的发展轨迹也说明,历史的演化轨迹和国家初始阶段的状况为其后期的发展打上了深深的烙印,这种惯性只有在剧烈的冲击之下才可能发生扭转。印度在独立之后颁布的宪法明确取缔了基于种姓、宗教和出生地的歧视行为,然而在实际的社会生活中,种姓制度的遗痕仍然非常顽固。首任总理贾瓦哈拉尔·尼赫鲁继承了英国殖民者的政治遗产,立志建立一个亚洲最大的民主国家,但他始终未能使印度成为其他邻国政体的榜样。

为了确保国大党战胜其政治对手，尼赫鲁很快背离了这个长期目标。他为了充实国大党的票仓而不惜利用手中的恩庇侍从关系，决然放弃了创建人人平等的新型社会体系的宏大构想。国大党决定俯身拉拢地方的众多实力派达成政治结盟，结果强化了根深蒂固的社会等级关系和恩庇侍从主义。时至今日，印度大部分人对公民的基本权利和义务仍然是陌生的。与中国那些干练而强势的官员相比，印度的行政官僚缺乏责任心和进取心。从以乡村为单位的基层政治贿选和其他传统的利益互换模式，到中央层面的拉帮结派，全国上下的腐败之风已经成为印度政治和社会生态的痼疾。

中国和印度两国的现代化经验表明，在转型的早期阶段，制度的结构性变革会与其内在的文化体系迅速融合。成功的经济转型，如中国从计划经济向市场经济转型，类似于级联模式，只有首先改变底层的网络结构，才能促发系统性的连锁反应。上千个政党参与国会选举的印度，直到1991年才不得不推行市场化的改革，但成效不明显，进展相当缓慢，至今未能形成与其人口规模相称的工业基础。在解决社会等级制度和人力资本的建设方面，印度采取了戒急用忍的态度，而中国的社会主义改造是疾风骤雨式的，虽然采取了渐进式改革模式，但改革开放后经济发展速度相当快。中国从改造经济体的基本结构入手，由此触发的级联效应使人们的观念和行为焕然一新。国际贸易和国际投资的激增进一步说明，中国的改革开放赢得了全世界的认可，尽管与之合作的伙伴有着千差万别的政治理念和文化背景。

为什么地方多样性会阻碍全球公共政策的优化

长期以来，西方所谓"良政善治"模式一向被视为发展中国家跻身发达国家行列最佳的路径，但这种模式在解决一些新兴经济体发展失控和政策失灵的问题上显得力不从心。由于各个国家或地区的政治、经济和社会发展状态与速度存在巨大差异，将本国（或地区）的发展进程对标全球的"最佳实践"是不现实的。然而，一些激进的学者和政治家仍然热衷于树立最佳政治和社会组织的标杆，并鼓动所有国家展开竞赛，将其标杆作为放之四海而皆准的标准公式来纠正那些他们认为的"低劣"政策选择。

如果我们将经济视为一个复杂的系统，那么一个国家的某些客观指标（如GDP、透明指数、公民社会参与度或法治程度等）是否超过了另一个国家，就变得无关紧要了。没有任何一种单一的特性、策略或模式可以解决所有的局部优化问题，而且硬性调整局部的适应度未必能引起全局的结构优化。如果所有国家都以相同的标准定义效率并以相同的政策追求效率，譬如所有国家都投资于相同的新产业，那么一种健康的基于分工与专业化的多样性发展格局就会遭到破坏，这不仅违背了绝对优势和比较优势的国际贸易原理，而且会危及共享而稳定的全球经济生态。

第四节　预防性混乱：全球断裂中的经济机遇

近年来，反全球化的聒噪日甚一日，学术界和传媒界每天都充斥着对全球经济一体化国际秩序的围攻。保守主义和民粹主义风声正劲，它们希望将全球化彻底撕裂，将各个国家拉回到自力更生的孤立状态。这股拒绝国际合作的舆论旋涡体现了一种普遍以邻为壑的焦虑情绪，其背后并不存在某个蓄谋已久的策源中心或指挥部，也没有一系列标准的机制和政策来推进多个国家之间的一致行动。各国领导人都强调要提升自身的综合实力，以巩固其政权的合法性与加强本国在国际事务中的影响力。他们愈发关注于发掘国内的资源、文化和制度优势，以便在参与全球经济的过程中发挥动态的协同效应，同时更加自如地应对来自外部的不测风云。为此，美国退出了一系列国际合作组织，甚至以"美国优先"的原则与传统的战略合作伙伴展开了斤斤计较的零和博弈。经过耗时近10年的谈判，印度最终还是拒绝加入旨在推动亚洲经济一体化的《区域全面经济伙伴关系协定》（RCEP）。中国对当前国际局势做出"百年未有之大变局"的判断，并在此基础上提出了以国内大循环为主体、国内国际双循环相互促进的"双循环"理论。可见，对于任何集体决策和行为过程，复杂理论和系统理论中的典型现象，如路径依赖、习惯绑定、对初始条件的敏感度、自组织、涌现、正负反馈以及模仿学习等，无时无刻不在发挥着牵动作用。

领土、人权、移民、宗教、种族或财富分化等矛盾，无一不是导致世界文化分化甚至分裂的因素，试图采用整齐划一的成功模式来解决这些矛盾无异于天方夜谭，柏拉图的《理想国》没有在世界的任何角落落地生根。可行的解决方案必须考虑到全球每个国家社会和文化所特有的先决条件，治理的艺术在于设计一个与现行社会关系相容同时又兼顾未来发展的规则体系。国家之间再细微的差异都可能对政策结果产生巨大影响，例如，对钢铁工业的投资在韩国取得了成功，但在铁矿石资源充沛的尼日利亚，振兴钢铁产业的雄心却变成了黄粱一梦，原因在于那里至今还没有在善治问题上建立起基本的道德共识。阿根廷的国家发展银行倒闭了，但拥有相同章程的同行却在东亚得到了蓬勃发展；格莱珉银行的小额信贷和社区银行业务在孟加拉国取得了成功，但在邻国印度却举步维艰。

为避免将长期的历史变迁降维为自由主义和非自由主义价值观之间的冲突，进化社会心理学在政治经济学中的应用为此提供了一个新的思维框架，它可以让人们更好地理解每个社会何以各具特色，并最终启发人们在不同经济和社会发展道路上追溯其创造力的本源。尽管全球的关联性加强了，但国家发展以及人民追求自由和尊严的方式却更加多样化了。全球化将推动国家间在合作规则界面上的融合，但在治理模式和生活方式领域却释放出更加丰富的多样性，这是全球化发展的一个基本常识。展望未来的世界格局，发展中国家不可能亦步亦趋地模仿发达国家的模式，发达国家也不可能自以为是地将教科书式的规范灌输给发展中国家。各个国家，无论大小与强弱，均将作为全球系统的主体，通过自主性的微观变革，以各具特色的姿态相互联结到一起。

实际上，期望所有国家都采用相同的全球化模式，这种观念本身便携带有破坏性的种子。一个同步的世界经济只能在有限时间内减少波动，市场的同步增长很可能导致市场同步失效。随着全球经济的一体化，一个经济体的失败可能会像雪崩一样席卷整个世界经济。2008年的国际金融危机殷鉴未远，而且仍然像幽灵一般在全球徘徊，以寻求新的突破口。当时美国抵押贷款支持证券的失败在全球范围内产生了放大效应。中国的金融市场和汇率政策因为与全球市场相对脱节，致使其逃过了全球经济衰退的劫难，并且依然能保持与伙伴国家同步发展。同样，这场危机对印度的冲击更加微乎其微，因为印度与国际金融市场几乎处于绝缘状态，只是其国际贸易的水平无法与中国同日而语。

什么样的全球一体化可以减少经济危机的蔓延？自由主义是否可以扩充其包容性，在尊重多元政治、经济和文化模式的同时，使多个国家在相互信任的基础上自愿合作，共同挖掘新的发展契机？这种想法类似于一种多元投资组合，只是规模更加宏大。一个经济体初始条件的不足，可以通过多元化的投资组合得到弥补。这需要针对不同的经济部门、行政机构以及对外联结的管道进行重新布局，以减缓对某些薄弱环节的依赖，进而加强整体抵御内外部冲击的韧性。当然，该策略仍然需要在风险与收益之间做出权衡，因为国家旨在控制风险的举措往往会抑制企业和个人投资的积极性，从而减少创新和冒险所能获取的潜在收益。最佳的平衡点或许存在，但极其难以把握。

实际上，这个最佳平衡点就隐藏在各国拒绝接受统一发展模式的"断裂世界"中，其中的裂缝或许正是酝酿未来复兴和创新契机的处女地。许多国家在国内民粹主义的推动之下，或者仅仅出于现实的必要，坚持独立寻找适合自己的解决方案。它们或许能在局部找到那个自以为是的最佳平衡点，但若将这些方案汇聚到一起，却不一定构成防止未来全球经济整体崩溃的最优方案。

第九章将运用空间阶层理论考察世界近现代发生的一些标志性的历史变迁，例如冷战时期的两极世界向多极世界的过渡、多边合作向区域一体化的延伸，以及南北贸易的失衡向再平衡的转换等大趋势。二战之后的民族独立运动终结了殖民时代的宗藩关系，冷战之后的多极化打破了国家之间的阶层分布，全球政治经济变成了一个多个主体平等互联的生态系统。正是这种国家主体的平等性和互联性，才促使越来越多特色各异的"物种"竞相争夺资源。为此，它们必须调整策略，准确找到各自得以存活与发展的生态位。与以往的任何时代相比，这个转型期是高度透明的，全球生态系统中任何一个主体的任何举措都是清晰可见的。为提高自身适应度起见，个体有了更加充分的客观条件，可以准确对标高阶的榜样进行模仿，但成功的物种往往依靠对自己生态位的保护而存活下来，而不是按照另一个物种的生存策略照猫画虎。用生态系统的运行法则来审视人类社会的生存之道，一个多元的世界秩序会更具吸引力，也更具现实意义。然而，有一点是不容忽视的，认知的进化普遍是以实现主体所在的局部最优为目标的，即便多元主体分别实现了各自最优的目标，也不足以让我们共同掌握应对全球系统性挑战的工具组合。

第二部分

政治体制的历史变迁

第四章　欧洲与中国政体的网络结构：
稳定性与韧性之辨

在这一章中，我们将探讨世界历史上的五次重大变革之一，即欧洲和中国历代王朝的继承制度。与罗马帝国、奥斯曼帝国和莫卧儿帝国等盛极一时的政权不同，中国和欧洲的历代王朝均建立了规范的王位继承制度，以实现明确有序且无可争辩的权力过渡。中国上古时代的王权采用任人唯贤的禅让制，奉行的宗旨是"天下为公"；自公元前两千多年的夏朝伊始，夏王启开辟了延续数千年以来"天下为家"的世袭制。欧洲则从公元9世纪开启了漫长的王朝统治。① 正如法国中世纪学者马克·布洛赫（Marc Bloch）所指出的，经过世俗权力与教会的反复博弈，神圣王权的

---

① 与整个西欧惯例一样，英国君主以世袭的方式继承王位，但直至1216年亨利三世登基之前，有关世袭王权的争议仍持续不断。这一争议在整个英国历史上从未完全被解决，持续引发着争论。这场无休止的争论本质上源于1066年诺曼人对英国的征服，它建立了一个新的皇室血统。

性质也发生了演变。"不再像早期日耳曼民族那样，神圣王权的公共性已经消逝殆尽，如今已完全集中到最古老的家族手中，其首领变成了王位唯一的合法继承人，既而掌控了翻云覆雨的绝对统治权。"（Bloch，1973）

在比较经济史的研究中，一个不争的事实是，历史上的欧洲是由众多领地组成的离散且相互竞争的邦国组成的，与历代由单一王朝统治的中国有着根本的差异，这也注定了欧洲与中国有着截然不同的发展轨迹。本章结合网络科学的最新研究成果，将进一步说明为什么离散的政治格局并不足以解释欧洲政治体制变革的动力。在中国历史上的地缘政治格局中，不同政治势力同样相互对抗与争斗，其结果往往造成对社会秩序的严重破坏，进而导致系统性崩溃，而这种现象很少出现在欧洲的历史变革中（Andrade，2016）。然而，中国在每一次社会巨变之后，随着基本社会秩序的重建，王权统治与深受儒家经典影响的官僚体系也随之回归复位。

中国与欧洲历史上的政治制度都属于多层级的复杂系统，其中不同类型的等级制度并存且相互交织，从而催生了跨层级的变革进程。这些多层级环境中的力量交互影响且协同演进，构成了复杂系统的超网络形态，也产生了系统级的动力机制。超网络是一个系统中各种元素共享的连接方式，其结构可以是轴辐式的（星形），也可能是离散型的。在这里，我们看一下中国和欧洲两种截然不同的政权结构，它们都是围绕着世袭王朝的主线演变而来的。① 因其多标度的特性，一个社会系统可以有多重的超网络并存，本章将集中讨论其中的一个。教皇制度是遍布欧洲的另一个平行的超网络，并与世俗王权紧密联结，与日臻完善的法理体系一道，共同支撑着欧洲的上层建筑。皇室权力的合法性依赖于教会的确证，而教皇的地位则需要众多君主的协力维护。

本章提出了两个核心主张。其一是方法论，即长期的历史变迁模式最好要置于系统的层面进行研究，尽量摆脱拘泥于个体行为模型的传统均衡框架。其二是实证分析，通过对比中国的轴辐式超网络和欧洲的离散型超网络，证明它们不同的连接模式，形成了各自应对间歇性社会经济转型的能力。

我们将展示中国和欧洲不同的超网络结构如何在各自的发展中发挥重要作用，并导致系统层面的稳定性和韧性的差异。一方面，我们把稳定性定义为一个系统的组件及子系统在整个网络发生故障的情况下恢复原有功能的能力。另一方面，韧性是指系统

---

① 中国被认为是世界上持续时间最长且高度统一的政治体。欧洲则演变成为一个个马赛克式的民族国家，其人口、文化、语言以及历史都各不相同。作为一个社会、经济和文化系统，欧洲是由相互独立的多个部分组成的，这些子系统保持着不同的语言、传统和习俗，并彼此联结。但是，它们有着统一的历史渊源，这一点至关重要。由于子系统间持续不断地交互作用，所以我们有理由将欧洲本身视为一个宏观系统。更重要的是，欧洲王室联姻的历史传统，构成了维系共同体连续性的纽带。这一体系本身具有赫伯特·西蒙所说的"可分解的"系统特征，即每一个组成部分的短期行为近似独立于其他任意组成部分的短期行为，但从长期来看，任一组成部分的行为总体上都依赖于其他所有组成部分的行为。因此，在讨论区别于中国的特征时，我们将欧洲这个整体而非其中某一国家作为相应的对照单元。

自身适应和吸收巨大的、间歇性的局部压力并进行自我改造的能力。我们发现，韧性的强弱与轴心以及关键枢纽的数量成正比。如果整个系统仅由一个轴心控制，其稳定性会大为增强，但韧性则会严重削弱。

直到最近，研究制度变迁和经济发展的学者才认识到，社会制度的产生、适应和演变的核心问题，与长期以来的神经学、生态学和物理学等不同领域的自然科学遥相呼应，因为政治、经济、文化等社会人文体系，与自然界的生态系统一样，都属于复杂的适应系统。于是，人们开始将这一理念应用于社会科学研究，以识别系统的微观和宏观组件如何彼此连接并交互作用。

第一节　欧洲与中国的超网络结构

沿着历史的脉络展开分析，可以让我们更加深刻地理解微观层面的异动与系统稳定性的关系：在一个复杂系统中，个别主体的异动或者多个主体在局部的互动，大到国家疆域的变化、王室的兴衰，小到地方的游行示威、法律规范的调整，并不一定会破坏超网络结构的总体稳定性。就欧洲作为一个超网络而言，即便某一个或几个特定的国家内部发生动荡，其宏观的韧性仍然可以保持不变。超网络就像歌剧的舞台布景一样，无论角色如何变换，剧情如何跌宕，它依然能够保持静若止水。然而，超网络中的其他组件或子系统可能会在交互作用之下发生演变，例如，第一次世界大战就对欧洲皇室的姻亲体系造成了重创。

欧洲的王朝反复更迭，邦国之间攻伐频仍，任何地方随时都有可能遭遇异邦的入侵。然而，欧洲王室之间千丝万缕的超强关系网，为整个欧洲大陆提供了超越民族国家的连续性。只有当所有的主要枢纽被移除后，其联通性才会被瓦解，韧性才会消失。中国的超网络则表现出惊人的稳定性，一姓一家的王朝大多各领风骚数百年，每当走上穷途末路，全国上下兵戈扰攘，混乱不堪；而在江山易主之后，其超网络又以世人熟悉的轴辐式结构再次复原，即使换成北方少数民族的统治也不例外。制度的稳定性取决于超网络的结构，即系统中的主体、枢纽与轴心三者之间的连接方式，而不是依靠局部影响的积累，或者主体层面的简单聚合（Johnson，2013）。

超网络结构和韧性：以欧洲为例

正如我们看到的那样，中国和欧洲的政治构架各有利弊，这已在数个世纪的社会文化演变中得到了证实。欧洲政体的韧性在于王朝统治覆盖整个大陆版图的互联性，这些王朝形成的超网络结构弹性十足，即使某一王室突然受到重创，也不至于造成整体动荡的局面。某一王室的倾覆仅意味着网络上的单个枢纽失灵，而其余的枢纽会迅速行动起来，通过自组织重新调整网络资源，以填补系统的裂缝。例如，金雀花王朝、都铎王朝和斯图亚特王朝以及哈布斯堡王朝虽都陆续进入历史的尘封，但王朝的统治模式仍然得以存续。这种在避免系统层面崩溃的情况下重新配置的能力，是欧洲发展轨迹长期保持连续性的动力之源。

因此，欧洲文化的延续性在于其小世界网络的联通性，这是一个由许多小结点组成的层级结构。这些结点由几个较大的枢纽连接在一起，这些枢纽本身又与少数较大的枢纽相互交织。在这样的网络中，如果一个枢纽遭到破坏，一时散落的结点不会长时间陷入孤立状态，它们将投入积极的搜寻，就近与一个相邻的枢纽进行连接。由此可见，即使在极端的压力之下，欧洲作为一个庞大的系统，其行为也不是完全随机的，而是能体现系统的韧性。

就像大公司的首席执行官一样，欧洲的皇室将各个子单元联结起来，以整合许多离散的功能。这种由分散而互联的枢纽组成的网络结构，赋予了欧洲适应环境变化的能力，使之经受住了种种破坏性事件的考验，实现了多主体、多区域的共同进化。中世纪的基督教会在促进王室宗族的持久延续方面发挥了关键作用，它反对一夫多妻制，并禁止近亲通婚（限六服血亲关系），唯有贵族、皇室以及后来的商业精英除外。这一禁令巩固了核心家庭的观念，切断了普通大众依靠血缘和姻亲形成地方亲族势力的源头，却为上流社会的贵族豪门留出了长期掌控权力的空间。直到19世纪，基于对优生学的认知，民族国家普遍认同对亲族通婚的限制，并将强制执行的权力交给了世俗当局。

公元5世纪，高度集权的罗马帝国分裂后，欧洲经历了第一次灾难性的崩溃。随着帝国制度的终结，欧洲大陆的统治模式发生了剧烈演变。在接下来的几个世纪，日耳曼人主导的封建制度逐渐盛行，欧洲国家通过多番的结盟、合并与分立，形成了以契约为基础的众多主权单元。至高无上的权力中心已经荡然无存，邦国、王室以及领主的势力此消彼长。王室政权频繁移宫易主，没有任何一个枢纽能够做大到足以赢家通吃的垄断地位。所幸的是，权力的转换并没有造成大面积的生灵涂炭。

尽管主体层面的微观格局一直波澜涌动，体制功能一再调整，技术也在不断革新，王室内部不停地钩心斗角，王朝之间也相互掣肘拆台，但这个由王公贵族统治的超网络却在多股势力的平衡当中保持着牢不可破的韧性。由来已久的姻亲传统并没有消解哈布斯堡王朝、波旁王朝和霍亨索伦王朝之间的明争暗斗，各王朝彼此之间时刻都在挖空心思，处处设法遏制对方的觊觎之心。每个枢纽所建立的小世界网络不一定是高度稳定的，但分布在一个更大的系统之内与其他枢纽共存，却能经受住这些变化的考验。这种网络结构起到了保护作用，使系统不至于随机失效。由于所处的生态环境始终未能遭到重创，欧洲相互联结的君主政体作为统治阶级的上层建筑，历经千年的风风雨雨，仍然表现出顽强的生命力，因为它们在延续传统的过程中表现出对变化的适应性。

此外，这种超网络虽在稳定性方面有所缺损，但它获得的是韧性，即容纳和吸收巨大间歇性压力的能力。通过其分布式的"网状结构"，它能够积累足够的冗余，以实现其余枢纽之间的沟通，从而畅通行动和思想的交互传播。即使在主体层面间或发生异动，系统的宏观结构也不会遭到破坏。

欧洲的权力网络

图4.1汇总了14—20世纪欧洲王朝的姻亲关系网。该网络表现

出小世界网络和无标度网络的混合特征,其分布高度倾斜,但有几个大的枢纽长期存在于无标度的模型当中,尽管没有呈现完美的幂律分布(见图4.2)。它还表现出小世界的特征,因为它的平均最短路径长度与随机网络相当,但聚类系数要高得多(见图4.1)。

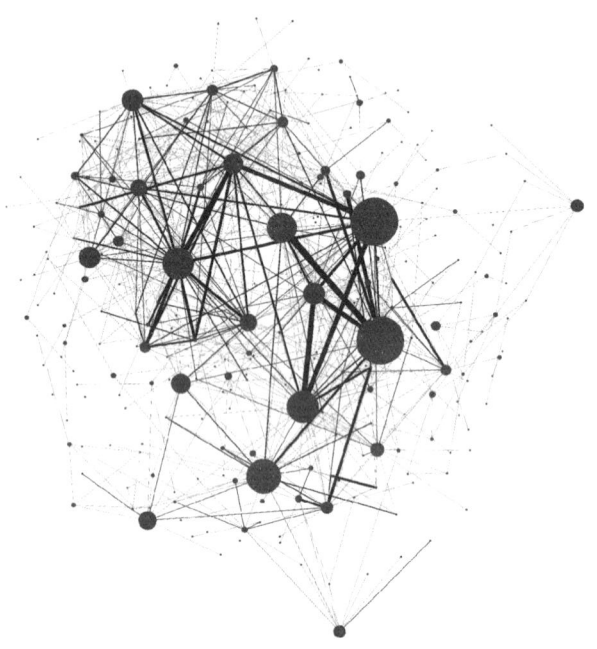

图4.1 从14世纪到20世纪欧洲王室之间的姻亲网络示意图

注:当两个王室之间联姻时,就形成一种优势。线的宽度代表两个王室之间的通婚数量(1~92)。结点的大小代表其程度,即与之有婚姻关系的家族数量(0~41)。该网络包括239个结点和622条边线,不包括自我循环(同一家族成员之间的婚姻)。结点还包括贵族、教皇、主教。主教和教皇应该保持独身,但有些纯粹为了结盟的目的而生儿育女,这些也包括在结点之内。姻亲关系类似于一个小世界网络。上图是运用Python软件生成的100个具有相同数量结点和边线的随机网络,并计算每个模拟网络的聚类系数和平均最短路径长度。这个网络的平均最短路径长度为3.3857,与随机网络的3.4844相当,但相对于随机网络聚类系数为0.0218的特点,其聚类系数要高得多,为0.2010。

(a)

线性标度上的程度分布

(b)

对数标度上的程度分布

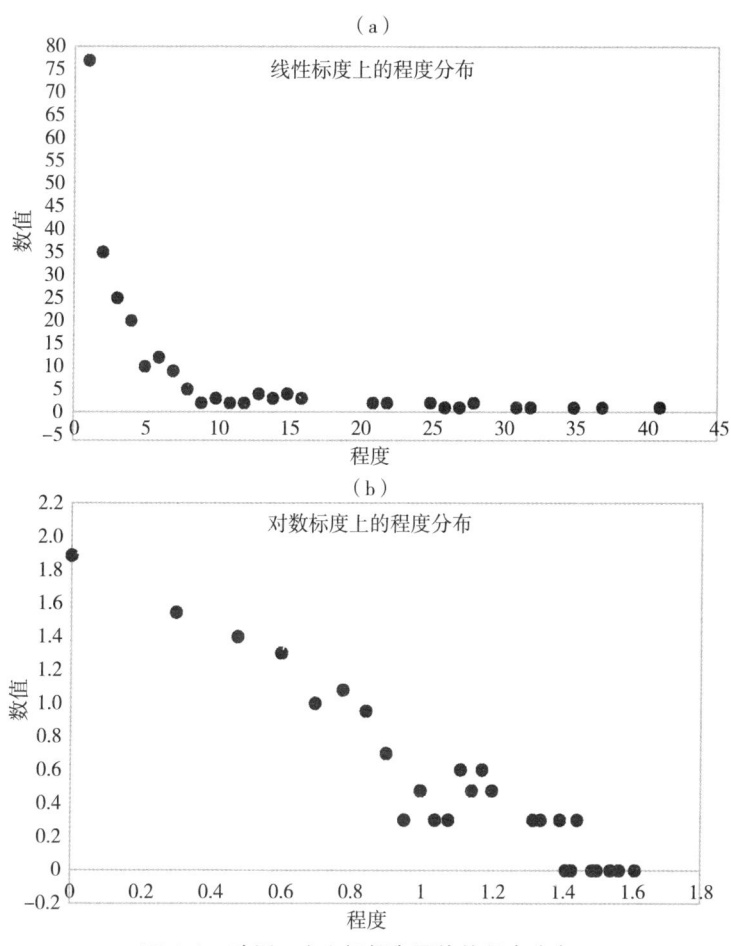

图 4.2 欧洲王室之间姻亲网络的程度分布

注：图 4.2 中，（a）表示在线性标度上，（b）表示在对数标度上。该姻亲网络在某种程度上类似于无标度网络，无标度网络的分布高度倾斜，严格来说，它有一个长尾，遵循幂律分布。

这个网络分布图形有助于解释我们为什么选择从分散化的角度来描述欧洲，而忽略其非主流的以轴心为起点的交流模式。在这个网络中，通往大型结点或枢纽的信息渠道是高度倾斜的，少数紧密连接的枢纽将小结点串联到一起。基于如此的网络结构，只有多个枢纽同时遭到摧毁，系统才可能发生崩溃，否则幸存的枢纽之间会继续保持沟通，进而重塑连接的路径。

超网络结构和稳定性：以中国为例

在封建王朝时代，中国的政权属于典型的以皇帝为轴心的轴辐式治理结构，这种超网络的优势在于信息从封建帝国的一端传递到另一端具有极高的效率，但也更容易使国家受到大规模冲击的重创。在兵荒马乱的年代，欧洲的多重连接模式有助于增强整体的韧性，部分连接处的增删不会危及全局的稳定，而且只要调整少量的随机连接，就能改变其余结点之间的路径长度。相比之下，在中国，除了作为主干的官僚体系，其余的连接纽带稀疏而零落。由于系统的适应性较差，中国经历的变异较少，但在表面上维持超级稳定的同时，也会因高度僵化的制度管控而酝酿出全面崩溃的风险。

在中国，王朝的崩塌会对社会和经济造成广泛而严重的创伤，为了抢占权力中心，接踵而至的军阀混战更是使整个国家雪上加霜，王朝重建的过程也因此相当漫长。不过，中国的王朝体制总能东山再起，变化的只是端坐龙椅上奉天承运的主人而已。从这层意义上看，这种体制表现出的是稳定性，而不是韧性。（回顾一下，韧性取决于轴心的冗余度，而中国只有一个中央轴心。）当代汉学家尤锐·派因斯（Yuri Pines）解释："中国保持了漫长而连续的历史轨迹，其独特性并不在于它的王朝坚不可摧。它经历了数次严重的崩溃，然而就在同一片土地上，它却总能屡屡复活，而且新王朝的功能结构与其前身几乎别无二致。"为什么这种结构会反复出现，成为帝国重建的首选？我们将在第六章详细讨论。

生态学家和其他研究复杂适应性系统的学者普遍使用韧性的概念，其定义在此同样适用。韧性是指宏观系统消解子系统干扰，从而维护其自身运行规则和程序的能力。与此同时，超网络层面的韧性也塑造了微观系统的能力，即制度。这种制度的稳定性是中国和欧洲在宏观层面上的共同特征，但在微观层面上，中国经历的变化要少得多。证明欧洲系统更富弹性的是，其超网络能够经受住局部变革的剧烈冲击而仍旧保持总体上完好无损。

第二节　中国和欧洲结构：稳定性与韧性的权衡

在欧洲和中国的超网络中，都存在着稳定性和韧性的利弊权衡。如前所述，就欧洲而言，无论是在众多政治辖区之间的沟通渠道还是在机构的设置当中，这样的权衡之一被称作冗余。国家系统的韧性通常取决于其网络分布的结构对突发事件的适应能力。然而，在小世界网络结构的悖论中，欧洲被证明是既高度不稳定又高度有弹性的。[①] 其巨大的不稳定性源于系统中存在通过自组

[①] 在 Newman, Barabási 和 Watts (2006)、Barabási (2003) 以及 Strogatz (2003) 中，他们讨论了小世界网络的联通性对于系统整体韧性的影响。

织形成的为数不少的小网络，由于难以统一管理，所以系统内部的一些重大事件容易破坏甚至消除一个或多个枢纽；而其韧性则源于各个小网络的自主能动性，以及小网络之间的密集互联性。

相比之下，中国的轴辐式治理体系有其独特的优越性。对于一个庞大而统一的封建帝国而言，上下级政府机构之间保持政令畅通，是维系皇权统治的生命线，这正是每个王朝都重复这一统治模式的原因所在。罗纳德·伯特（Ronald Burt）对社会网络的研究解释了集中式（轴辐式）网络为何优于分散式网络。他认为，集中式网络有助于提升高层的决策能力以及决策的执行效率，在信息获取、计划安排和监督实施方面，有利于节省精力、时间和资源成本。

在中国，网络的结点和连接线路简洁明了，中间不存在过多的冗余，信息流向轴心的效率得以大幅提高。皇帝不需要煞费苦心来维持对利益集团的影响力，而是凭借森严的皇威，一纸"皇帝诏曰"足以令所有臣民俯首听命。皇帝作为中央决策者，还可以在轴辐式结构之外另设专门的机构进行明察暗访，为其通风报信，并保留一定的资源来犒赏那些维护其统治网络的宠臣爱将。深受儒家思想的影响，中国知识分子根深蒂固的"学而优则仕"的价值观念，以及科举考试制度也为皇权提供了源源不断的优秀人才储备，使其可以随时吸纳新的影响力集群，以扩大和巩固帝国的统治网络。

对于任何政权而言，无论在其超网络的稳定性和韧性之间如何权衡转换,最终目的必然是确保江山永固,代代相传。但是,由于适应性价值大相径庭,欧洲的无标度网络系统中,作为冗余的底层社会储蓄了大量的稀缺资源,但同时也帮助宏观系统提高了韧性;反观中国金字塔式的结构化网络系统,土地、优质的人财物乃至奇珍异宝大多掌握在作为轴心的中央手中,皇权的旨意能够顺利传达至社会基层,官僚体系具备强大的执行能力,但高高在上的皇帝也会因不谙民情而面临曲高和寡的尴尬,甚至存在被官僚机构架空的危险。

数千年来,中国属于典型的家天下,每个同姓朝代独享金銮宝殿的时间从几十年到几个世纪不等。如果王权崩塌,天下大乱的局面往往在所难免。由于几乎所有的枢纽都与王权有联结,轴心一旦停摆或缺失,整个政体就会六神无主,面对极端混乱的状况束手无策。各个散落的结点就像孤岛,相互之间无法沟通。每个朝代的崩塌都会使中心彻底丧失功能,与之配套的附属统治体系也必须重新建立。来自内部的叛乱和来自外部的入侵会导致很长的衰败周期,其间的吏治会退化或完全消失,频仍的战乱会导致人口锐减,基本经济和社会环境急剧恶化。这一切也暴露了庞大的帝制王朝在体制上固有的脆弱性。

第三节 欧洲王朝与军权的持久性

在欧洲,特定政权的治理能力似乎远不如中国强大,因此也容易受到外族的攻击或征服。这种在邦国层面的不稳定性使整个欧洲显得松散而脆弱。然而，贵族阶层的小世界网络结构是整个系统连续性的源泉。在这样的小世界网络中，大多数较小的成员（结点）本身并不与许多其他成员连接，但正如下文将提到的，少量的高连接性的枢纽四通八达，不仅将许多结点串联在一起，而且与其他枢纽也保持频繁互动。其政治势力来自它们与其他枢纽的连接长度，而不是与众多小结点的连接密度。

欧洲是一个小世界的网络

英国的工业化体现了小世界网络惊人的连续性，原因在于它在贵族的权力与新兴工业精英的勃勃雄心之间建立了微妙的平衡。即使生产力和经济基础一路高歌猛进，全国上下并没有发生戏剧性的恶劣事件，其生产关系和上层建筑也没有发生颠覆性的变革（Southern，1953）。"经历了700多年的时移世易，贵族却成功地维持了他们的权力"，历史学家赫克斯特（J. H. Hexter）指出，"在此期间，几乎所有其他东西都发生了变化，且相当剧烈"。直到第一次世界大战之后，贵族阶层才随着君主政体的式微，逐步丧失了在英国社会中的显赫地位。

王室家族在整个欧洲呈扇形分布的演化扩张，使得各地区和系统之间有了多种联系，继而成为超网络活动的一个典型例子。当第一次世界大战在1914年爆发时，君主统治着大多数欧洲国家，几乎所有的王室成员都在某种小世界网络中沾亲带故。维多利亚女王的直系后裔蝉联了英国、丹麦、希腊、德国、挪威、俄国和西班牙的王位，为她赢得了"欧洲祖母"的美誉。工业化在社会和经济领域引发的深刻变化,并没有阻止欧洲的君主们巩固其国家权力和神圣同盟。①

在欧洲,只有法国和瑞士游离在作为主流政体的君主制之外。第一次世界大战中,法国是以共和国身份参战的,瑞士则一直置身事外。历史学家阿诺·迈耶(Arno Mayer)在一项关于欧洲旧秩序终结的权威研究中写道:"除了法国,国王仍然是欧洲政治体系中君权神授的'中心人物'。"他指出,"即使在法国,古老的君主制虽然在 1789 年至 1793 年的大革命期间被宣布在法律上予以废除,但它仍以狂飙之势反复卷土重来,并以多种形态延续了一个多世纪"。在 19 世纪,有四次复辟君主政体的努力都失败了,而法国的保皇派还是得到了整个欧洲大陆传统势力的广泛支持。

皇室王朝的集合,作为一个散布在整个欧洲的超网络,形塑了欧洲国家的领土演变,并为整个系统提供了秩序。如果仅仅看到这个系统离散的一面,而罔顾不同规模的结点之间的交流模式,如此的研究框架注定是不完整的。然而,大多数关于欧洲国家建设的学术研究都集中在民族国家层面,强调国家层面的竞争关系,而忽略了整个系统的构造及其微观层面的联结与互动。

---

① 维多利亚女王在欧洲皇家网络结构中的重要性源于与她祖先间的高度关联性,最值得一提的便是国王乔治三世。自 1939 年以来欧洲所有的世袭制国王都有同一个祖先,即奥兰治亲王,约翰·威廉·弗里索(Johan Willem Friso)。

皇室之间的姻亲网络

值得注意的是，在中世纪晚期，大约公元1500年，欧洲由500多个不同的自治领地组成，这些主权或准主权管辖区基本上属于独立的政治单元。然而，无论欧洲的封建社会如何支离破碎，任何城镇或村庄都不能在法律上宣称自己隶属于一个以上的王国。尽管欧洲邦国之间相互倾轧，各自必须在巨大的压力之下不断地更新政治、经济和军事结构以壮大竞争实力，但在拿破仑之前，从来没有一个僭主敢声称自己拥有王室地位。直到20世纪初，主宰欧洲舞台的皇室王朝都可以一直追溯到中世纪早期的日耳曼王国。许多独立的势力也曾脱颖而出，短期内雄霸一方，但最终都难成大器，这足以证明君主制的传统力量何其强大。即使登上了权力的顶峰，也没有人甘冒天下之大不韪，斗胆声索王室头衔。如前所述，其中一个原因在于，王权的神圣地位深嵌于有关世袭继承的法律和习俗之中，二者始终能够保持共同演进。在欧洲大众的心目中，王室是神旨的化身，只能由最古老的家族首领代代相传。布洛赫强调，"没有一个封建领主，无论他多么不可一世，胆敢撼动宗教神权，问鼎最神圣的膏立仪式，唯有国王和神父才有资格配享这种圣礼"。君权神授与天职世袭的信念如此深入人心，以至于任一国王的薨殁，都不会动摇王国的存立。

八九世纪的日耳曼王国为西欧的政治演变奠定了基础，并确立了中世纪欧洲和现代欧洲的分野。布洛赫指出：

因此，欧洲的政治版图在封建时代即初现了轮廓。……由来已久的疆域之争浸透着墨水和鲜血。……延续至今的一个最突出的特点在于，各个王国的领土范围虽然消长不定，但王国的数目却无甚变化。

王室之间这种千丝万缕的联系，或远或近，或亲或疏，构成了欧洲大陆的历史奇观。通过精心设计的通婚协议罗织起来的小世界超网络，造就了一种确保王权稳定的战略生态，促推了民族国家的生成（Sharma，2015）。随着时间的推移，在很大程度上依靠教会的庇护，特别是其对长子继承权和女性继承权的支持，各种政治实体和公国统统被收拢到少数王室麾下。王室继承的核心理念，构成了将各股分散势力连同它们的地盘统合到一起的主要驱动力。战争始终是一把双刃剑，可以导致政权的整合，也可能造成进一步的撕裂，对于社会进步同样具有加速或延迟的双重作用。但回头来看，欧洲最大的进步是通过王朝的积累实现的，例如英国、法国和西班牙的统一。① 相形之下，神圣罗马帝国的日耳

---

① 例如，一条贯穿卡佩王朝（987—1328 年）和瓦卢瓦王朝（1328—1589 年）——卡佩王朝小儿子的分支，到波旁王朝（卡佩王朝的另一子系分支，统治到 1792 年）的连续线，使法国君主得以统一法国。王室联姻曾是 1438 年至 1740 年间哈布斯堡王朝扩张的主要手段。查理五世统治的哈布斯堡帝国作为当时 16 世纪最大的政治实体，很大程度上是王朝继承延续的结果。低地国家的统一则是王朝继承的一次意外。王朝继承延续的逻辑同样也存在于哈布斯堡王朝统治下的奥匈帝国（1867—1918 年）这个多语言、多文化且超过 5 000 万居民的国家中（Brenner 等，2003）。

曼领地直到18世纪后期才开始实行长子继承制，这种延迟可能就是导致其不断分裂的原因。

王室联姻的法律框架是产权和政权相结合的产物，涉及财产转移与政权交接的法律、规范和习俗，均依循这一框架衍生而来。公共权力和财产交织在一起，使国家元首的职位得以代代次第相传。最重要的是，这一传统在整个欧洲大陆久盛不衰，超越了地域、宗派和政治界限，从英国一路蔓延到俄国。

在欧洲的文化和意识形态中，教廷具有强大的凝聚力。教会的建构属于欧洲大生态中的一个平行超网络，其独立地位确保了追求正义的权利成为西欧价值体系的一部分，因为教会坚决主张，即使对于最卑微的仆人，任何君主都不能剥夺属于他们的公正权。[1]

皇室婚姻是欧洲国际关系体系及其变幻的中心支点，每一桩婚姻都直接或间接地涉及权力的转换。王室之间的高度联结和竞争，推动了国家的形成，并持续在地缘政治中发挥关键的调节作用。"由王朝继承制度所决定，欧洲王室核心成员的生老病死和婚丧嫁娶驱动了欧洲的权力分配和再分配。"（Sharma，2015）从中

---

[1] 在某种意义上，教皇复杂系统的形成与帝制时期的中国十分相像，教皇处于轴辐式系统的中央，掌控着欧洲大多数的政权竞争，也掌控着皇室间的联姻。他拥有傅油施膏的神圣特权，能够以上帝之名将世俗权力合法化。不过，教皇的神权依靠的是宗教信仰的力量，因而无力控制世俗政务。中国的皇帝作为龙的化身，集神权与君权于一身，扮演了双重角色，令同样作为权力中心的欧洲教皇难以望其项背。

世纪到第一次世界大战爆发前夕,通婚是确保、维持和扩大名门望族统治权力的主要手段。社会学家查尔斯·蒂利(Charles Tilly)说过一句脍炙人口的名言:"战争造就了国家,国家又造就了战争。"而欧洲的情形则与之相反,主要国家的生成应归功于王室的积累与扩张。概而言之,现代欧洲的地图是王室联姻的结晶(Brenner 等,2003)。①

悖论:适应不良的制度韧性

王室继承本身并不是一个超网络,而是一种制度,通过这种制度,王室的超网络得以延续。② 王室网络可以从三个维度来解释:第一是规则维度(或家规),尽管更多是约定俗成的,而不是明文规定的,但它框定了王室财产的传承方式;第二是均衡维度,即由自我强化行为形成的战略博弈;第三是身份维度,王室的身份不仅具有国家的象征意义,而且其地位本身就是一种制度,对集体意识和社会秩序具有调节甚至主宰作用。我们已经讨论了前两个问题,只有第三个问题有待讨论。

稳定的系统能够以反馈循环和路径依赖的形式产生意想不到的长期后果,但一个系统的韧性也可能内含适应不良的缺陷。例

---

① 纳撒尼尔发现,"迫于竞争和经济压力,皇室家族最终放弃了联合共治模式,在各自为政的条件下,转而采用了一种垂直的世袭王朝结构,同时恢复了领土的不可分割性——进一步明确了各自的势力范围。随着王朝割据的形成,欧洲进入后加洛林王朝时代,开启了王权由单一继承人世袭的政治制度"。

② 此处的超网络指的不是某种制度,而是指皇室间的关系。

如，虽然王朝的继承促进了欧洲大陆的领土和行政整合，但它也是战争不断的导火索。

霍林和冈德森指出："假如一个韧性十足的系统会造成这样的后果，那它还具备完美的条件吗？"请记住，复杂系统的韧性是吸收和恢复扰动的能力；在面临巨大的扰动时，变量会转移和移动，但系统仍能保持对结构的控制力和自身的修复力。就欧洲而言，直至第一次世界大战前夕，君主制始终维持了作为政治权力的基础地位。然而，一个世纪以来，随着区域和全球的工业化进程以及资本主义的勃兴，欧洲的社会结构早已今非昔比，君主制的韧性反而阻挡了政治生态与时俱进的车轮。20世纪初期，封建王朝为维护其领主地位，不惜将战火烧遍大半个世界，证明欧洲传统社会秩序的韧性已经蜕变成了对大众福祉的破坏力量。

欧洲的统治精英与军国主义

1914年德国和英国之间爆发战争时，德国的君主（德皇威廉）和英国的君主（乔治国王）是表亲，乔治国王和俄国的沙皇尼古拉也是表亲。既然欧洲王室（王朝）之间拥有如此亲近的血缘关系，为什么战争仍然不可避免呢？

君主是军队的功能性和象征性的领袖，而战争是社会精英获取头衔和荣誉的晋身阶梯，也是王国重新界定势力范围的决定性工具，军事实力于是成为传统社会秩序合法性的根基。因此，约瑟夫·熊彼特（Joseph Schumpeter）在《帝国主义与社会阶级》一书中解释说，帝国主义在欧洲大陆的发展归因于君主制常年好战的本能,它的遗产包括"战争机器和不甘示弱的勇气,以及弥漫着火药味的社会心理氛围,致使战争变成了统治阶级手中维持统治地位和赢得光环的一根魔杖"。

在熊彼特的论述中,军国主义、战争和帝国主义根植于欧洲的国家体系之中,因为在战争中展示的实力,是欧洲王室的表亲们各自证明其荣誉的标志,也是向平民百姓显示其血统优越感的窗口。即使在战争中,他们也遵循一定的荣誉准则,以展示对王室地位的尊重,比如避免相互扣押人质,并拒绝强行改变或支配战败一方的内部政体结构。熊彼特的见解与美国总统伍德罗·威尔逊(Woodrow Wilson)的论断不谋而合,后者对欧洲人彼此之间连年征战的倾向给出了同样的解释,并进一步认为,这种倾向永无休止,除非其精英族谱中那种"自命不凡"的癖好得到"遏制和根除"。

迈耶声称,在第一次世界大战之前,军国主义已经踏上了复活之路。为防止王权丢失,德意志帝国、奥地利的哈布斯堡王朝和沙俄的罗曼诺夫王朝未雨绸缪,相互结成同盟,并恢复将教会和军队作为维护社会秩序的坚强堡垒。在迈耶看来,欧洲的君主们更害怕国内爆发阶级运动,而不是对外战争,因为战争反而有助于他们控制社会秩序,恢复王权治下的民事和政治制度。

新世界:欧洲古老秩序的破坏者

为了解释第一次世界大战的起因,历史学家将国内的军国主义和民族主义问题与来自外部的压力进行了对比分析,包括1914

年之前的联盟体系、战争计划和潜伏的危机。1914年6月28日，弗朗茨·斐迪南（Franz Ferdinand）大公在萨拉热窝遇刺身亡。为什么像这样微小的扰动，就足以使整个国家体系卷入灾难性的旋涡？其实，欧洲的超网络结构本身就是一个合理的解释，网络科学的级联效应也为我们形象地揭示了一石激起千层浪的基本原理。在高度互联的网络中，某些结点上的扰动可以引发连续的交互式反应。对于一个由皇室家族密切交织而成的网络，某个局部的偶然事件便能够引发一连串横扫欧洲大陆的军事行动。

然而，连锁反应并不能解释为什么一个微小的扰动竟然瞬间导致了整个系统形神俱灭。因此，另一个因素变得至关重要——超网络本身的结构发生了改变。

长期安定和平的社会政治环境促使美国的实力和国际地位一路扶摇直上，由一个边缘角色摇身一变，跃升为西方政治体系的主要轴心，进而设法围绕其民主"普世"主义的理念推行一套全新的世界秩序。第一次世界大战之后，作为当时最富有学者气质的一位美国总统①，致力于在全球推行和平与民主理想的威尔逊，并不满足于仅仅在幸存的欧洲皇室家族中重新分配战利品，而是试图利用美国新生的强势地位来改造幸存下来的王室格局，以压制欧洲一贯的尚武习性和帝国主义野心。此举改变了网络主从关系的逻辑，催生了新的组织和区域共同体。他说服盟国，合力拒

---

① 威尔逊总统是美国唯一一位兼有哲学和法学博士学位的总统，长期任教于普林斯顿大学并担任校长，在政治学、历史学和文学领域著述颇丰。

绝与任何效忠德皇军队的政府机构进行谈判。① 他坚决支持一些诸侯邦国脱离土耳其、德意志、奥匈帝国和沙皇俄国等没落帝国的统治，并认定这些国家属于新兴民主政体的典范。

在美国的努力之下，战后的和平协定旨在重新界定欧洲政权合法性的基础，并争取使之符合所有国家的民主价值观和建国理想。然而，美国国会随后拒绝批准威尔逊竭力推崇的《国际联盟盟约》，继而使美国再度倒退到孤立主义，威尔逊构建自由主义世界秩序的理想也随之功败垂成，未能实现制度化。不但没有奉行自由国际主义的原则加强国际法规和国际组织建设，巴黎和会反而上演了一场列强分赃的闹剧，战胜国暴露出赤裸裸的民族利己主义嘴脸，纷纷按照自身利益来决定和平的条件。随着德皇威廉二世的退位和贵族制的废除，德意志的政治轴心被彻底摧毁，德意志第二帝国风雨飘摇，一种动荡无序的状态迅速蔓延至欧洲全境。重塑政权合法性基础的主张与威斯特伐利亚体系确立的主权至上的理念水火不容②，由此为第二次世界大战埋下了火种。直到第

---

① 亨利·基辛格（Henry Kissinger）写道："威尔逊宣布，美国的干预并不是为了恢复欧洲的势力平衡，而是为了让世界民主享有安全的环境。换句话说，是为了让世界按照美国的榜样重塑秩序，因此迫使欧洲各国进行制度改造，以增强对政治民主的兼容性。尽管这一概念与欧洲传统背道而驰，但欧洲首脑还是将其作为力邀美国参战的代价而坚持接受了。"

② 迈耶着重讲述了"欧洲旧政体最终瓦解"遭遇的合法性危机。"1905—1914年，旧贵族阶层一再强调加强政治控制，以巩固其在物质、社会和文化方面的优越地位。"在此过程中，他们不断激化国内外的紧张局势，进而引发了导致欧洲旧政体最终瓦解的第一次世界大战。

二次世界大战结束，欧洲才完全融入由美国主导的自由主义世界秩序。

20世纪初，只有法国和瑞士以及短命的圣马可采用了共和政体。然而，仅在短短一代人的时间里，中国和欧洲的王朝世袭制便彻底告别了历史舞台。到二战结束时，比利时、丹麦、卢森堡、荷兰、西班牙、瑞典、挪威和英国虽然仍保留了王室的遗痕，但王室已丧失了实质性的行政权力。中国在20世纪上半叶爆发了两次民主主义革命，其间经历了长期的军阀混战、民族独立运动和14年的抗日战争，随后又陷入了4年的内战，直到1949年建立了由中国共产党执政的中华人民共和国才迎来了和平安定的局面。

为什么欧洲王室的政体和价值观在一战之前坚如磐石，而经过两次世界大战却突然冰消瓦解了呢？运用网络科学原理进行考察，我们可以得出两个关键的结论。第一，国家制度和精英的社会行为并不是孤立存在的，而是植根于一个更大的环境之中。第二，分散式君主制的韧性超过了其作为治国理政体系的社会效用，这可能是其在第一次世界大战中戛然停摆的原因之一。经过10多年的无序过渡，第二次世界大战的结局和全球政治边界的重新划分，是在外力的作用之下进行系统重置的结果。

尽管中国和欧洲体系的超网络各有利弊，但在20世纪初，二者几乎同步完成了从旧体系消亡到新体系彻底重建的历程。将这一现象置于全球网络的视角之下，不难看出，是支撑世界秩序的关键枢纽以及主要轴心已经形成了密切的联结，因此局部的扰动对全球系统所产生的级联和相变效应可以快速达至临界，这一现象是在过往地缘隔绝的世界中绝无仅有的。在第九章中，我们将考虑目前正在进行的另一场重大变革。国际关系的结构正在从一个通过少数枢纽连接的体系，转向一个分布更广、更加扁平的体系，其中传统概念中的附属或外围主体之间的横向连接密度正在不断增强。关于新体系的稳定性研究尚且处于起步阶段，迄今难以建模或预测。

第四节　中国王朝的衰败与更替

中国帝制王朝历时之久，是人类历史上罕见的奇迹之一，中国文化的延续更是如此。大量的文学艺术反映了文化与制度结构之间的持续反馈，其中的主题夹杂了众多社会学家、经济学家以及历史学家的见解。对于西方学者来说，这一现象一直属于未解之谜，而网络科学或许能为我们揭示这一谜团提供新的思路。

数千年来，古老的"家天下"王朝世袭制始终是中国维持社会运行秩序的核心。其行政体系具有严格的等级划分，处于顶端的皇权是整个体系唯一的思想源泉和指挥中心，通过科举制度选拔出来的官吏源源不断地充实到皇家的官僚体系当中，在规定的结点上发挥协调和沟通的职能，以揣摩和贯彻皇权的意志。贵族、地主、商人、律师和神职人员享有极少的自治权，也没有公开的资格动用体制内的行政权力。盐铁等厚利的行业都要由国家来管控，追求私利的商人永远属于社会阶层的末流，只能在权力和市场的夹缝中求得方寸之地。塞缪尔·爱德华·芬纳（Samuel Edward Finer）在其《统治史》（*The History of Government*）一书中写道，统揽军政民等各项权力于一身的宫廷式统治模式，是有史以来中国区别于其他帝国的典型特征。

　　罗马帝国似乎创造了欧洲大陆最完美的政治体制，但自从其衰亡之后再也没有得到重建；而远在世界的东方，与之长时间独立并行的中国却形成了强烈的反差。自从秦朝统一全国以来，中国确立的外儒内法的治国理念以及以郡县为行政单位的中央集权体制，为后续的所有政权预制了萧规曹随的模板。公元前124年，为了建立朝廷官员储备，汉朝在首都长安设立了皇家太学，这是中国最早的高等学府。除了采取察举制与征辟制从民间征揽人才之外，汉朝开创了官员"考试进用"的先河，这一做法到隋唐时代定型为延续逾千年的科举制度。在法治领域，作为统治工具的刑法相当发达，而用于调节平等公民之间人身和财产关系的民商法规则极为薄弱；由于行政机关同时掌握立法权与司法权，法律所贯彻的是上至皇权的意志，而且上级行政机关可以直接插手或接管地方的司法裁决。汉朝灭亡后，中国经历了长达350年的分裂和动乱，直到唐朝才重建了汉朝的一些统治制度。唐朝在政治、经济、军事、文化等各个领域创造了中国乃至整个东方世界的辉煌，长期的社会稳定和经济繁荣与完善的治理制度形成了正向反馈回路，许多富有特色的机制得到了加强，尤其是中央官僚体制赋予了文官执掌军政的权柄。宋朝的文官制度达到顶峰，进一步完善了隋唐时代发展起来的科举制度。① 为了整饬吏治，商业发

---

① 有关宋朝的进一步讨论，我们会在本书第六章提及。

达的宋朝严禁官员亲属相互通商,并杜绝皇后或其他皇室成员的亲属跻身高官序列。由于缺乏自治的属性,如皇室贵族的世袭封号和封地、军衔地位的保障,没有一个稳固的自由阶层能够对皇权发挥制衡作用,因而无法阻挡一个统一的君主专制模式继续强化。

在赵宋王朝统治时期,一姓一家的皇位继承规则得到了进一步巩固,并一直延续至1912年封建制度的垮台。① 在早期,将军、皇后甚至文官篡位的现象相当普遍,但是正如埃德温·赖肖尔(Edwin Reischauer)和费正清(John Fairbank)于1958年所指出的,在宋朝巩固了王位继承制度后,就再也没有出现过这种情况。② 王朝可能由于外族入侵或皇室成员互相残杀而灭亡,但一个"非皇室"的僭主则再无执掌国柄的可能性。

---

① 与欧洲相比,中国皇帝的配偶属于后宫,多数王朝都有后宫不得干政的明文规定,因此后宫对国家政策影响不大。同样,在对外政策、战争或外交领域,皇室婚姻的重要性也远不如欧洲那么普遍。皇室家族成员与邻邦之间的通婚叫作和亲,中国历史上有数以百计此类婚姻的记载。这种做法与欧洲的传统形成了鲜明对比,欧洲很少有与欧洲之外的宗系进行通婚的例子。欧洲内部的联姻,如法国和西班牙,苏格兰和法国、英国,苏格兰与威尔士之间,可能对当地居民来讲是与国外通婚,但实际上他们并没有超出"欧洲"这个范畴。但中国王朝稳定时,与外族通婚便比较少见了。可见,和亲属于外交的权宜之计,而非中国的伦理传统。

② 宋朝创设了一个如此稳定的政治系统,以至于赵匡胤成为中国历史上的最后一位篡位者。中国早期,将军、皇后以及文官谋权篡位的情形时有发生。公元960年后,这样的情况再没有发生。各王朝依旧会因外族入侵或人民革命而覆灭,皇族成员间也会彼此窃取王位,但除了作为帝制最终收尾的笑柄,袁世凯享受了83天的皇帝梦之外,从未有臣民成功篡夺过君主政权。

在中国，基于封建王朝官僚制度的轴辐式系统不断重现。即使经历了漫长而剧烈的变革之后，历代王朝总能依托儒家的执政理念，找到一种方法来整合官僚体系，使国家重新恢复稳定，建立统一价值观，并且能够确保朝廷的官僚体系把控社会的流动性，随时切断个人积累财富或壮大军事实力的渠道，以防范其滋长犯上作乱的野心。那些未能采用此种做法的统治王朝，如不屑摆脱部落制度的元朝，则存续时间相对较短。而明朝和清朝恢复和强化了官僚制度，尽管后者仍然由北方少数民族统治。

中国政治引发的周期性经济衰退

中国的历史呈现出一种典型的王朝盛衰往复交替的循环。物极必反，治乱相随，诸如此类的通俗说法既带有一种宿命论的情调，又昭示了某种道德教训。实际的历史轨迹确实如此，历代王朝从前一朝代的废墟中崛起，达到文化和治理的巅峰，接踵而至的腐败、王朝派系冲突和野心以及道德沦丧，又使它们失去了受命于天的合法性。黄河清，圣人出。在经历了一段动乱时期之后，上天又将皇权赋予了一个新的王朝。

有关中国历史的发展轨迹，更为深入的研究并不排斥朝代兴废的周期性，而是增加了有关经济衰退和治理缺陷的评判。赖肖尔和费正清解释说，当中央府库充盈的时候，朝廷一定会不失时机地大兴土木，建造宫殿、道路、运河和城墙等靡费巨大的工程项目，贵族和官僚阶层也大兴奢靡之风，且人数不断增加。随着帝国的强盛，保卫和经营帝国所需的开支与日俱增，最终导致朝廷财政捉襟见肘。面对入不敷出的窘境，朝廷必然要增加苛捐杂税。

作为政府的主要收入来源，土地税呈现逐年递减的趋势，因为越来越多的土地集中到了士绅贵族和地主手中，他们很容易与征税的官吏相互串通，制造各种托词减免纳税义务（Fairbank，1948）。不堪重税与苛政的百姓，通常会集结在狂热的宗教领袖周围，掀起地方暴动。与其进行协商与安抚，朝廷往往选择武力弹压，进而激发更加猛烈的抵抗。一方面，经年累月的兵连祸结对生产力造成严重破坏，导致税源枯竭；另一方面，国内维稳和国防戍边的费用却需要大幅增加。国库空虚，加之日趋恶化的内忧外患，于是敲响了王朝覆灭的丧钟。

芬纳指出，"每一次庞大帝国结构的崩塌，都会迎来类似的一段暗无天日的岁月——军阀混战、党锢纷争，导致天下大乱、生灵涂炭，接着是可预见的蛮夷入侵和征服"。公元220年汉朝灭亡，中华大地随之豪强并起，群雄逐鹿，政权频频易主，这一混乱格局延续了近400年的时间。隋朝恢复了短暂的统一，但其皇二代隋炀帝志大才疏，对外东征西讨，于内穷奢极欲，结果在一片声讨中自缢身亡。唐太宗从血亲内斗中胜出，奠定了李唐王朝持续300年的基业，但如汉朝一样，最终唐朝仍然未能逃脱灭亡的命运。唐朝天宝年间，历时8年的安史之乱将战争烽火燃遍了大部分地区，效忠朝廷的很多门阀士族惨遭屠戮。

谭凯（Nicolas Tackett）描述了公元880年至904年唐朝都城长安的败落，并解释道，"彼时的唐朝政权实际上已经土崩瓦解，地方政权已经开始各行其是了"。他总结说："旧都长安的断壁残垣象征着整个大唐文化盛世已然风光不再。"① 在罗马帝国灭亡后，欧洲中世纪涌现出的各国首都很少遭遇过如此焚巢荡穴的摧毁。在欧洲历史上，甚至在法国大革命时期，整个统治阶级的毁灭都从未像唐朝那样彻底。

在将近一个世纪的激烈战争中，中国经历了从元朝到明朝的过渡。满族人的征服和明朝的战败带来的混乱，从1550年一直持续到1683年，造成了大约8 000万人丧生，此起彼伏的战争实际上一直持续到了18世纪初期。与王朝更替有关的战争，耗时之持久，破坏之惨烈，相比之下，欧洲王朝的争夺战足以小巫见大巫了。

在中国，人口数量及其结构的变化紧跟王朝更替与政治转型的节奏。在宋朝，中国人口数量激增，但在宋灭元兴之际，人口竟然骤减至其顶峰时的一半左右；元朝时期恰逢鼠疫肆虐，人口数量因此并未恢复。直至明朝统治期间，人口数量达到了一个新的顶峰，为1291年人口数量的三倍。明清之交，大量的人口丧生于连年的豪强争霸以及长城内外的交战之中，直至清军入关之初，人口数量再次跌入低谷。"1664年，中国的人口数量只有大约1630年的80%。"

在欧洲的文化和宗教观念中，类似历史的循环往复并不多见。

---

① 在国家灭亡前，朝廷"能够任命资本主义精英到省级管理部门的最高职位任职"，随着唐朝的灭亡，伟大的中世纪家族……彻底退出历史舞台。

事实上，16世纪成群结队的散兵游勇掠夺了法国的大部分地区，三十年战争（1618—1648年）消灭了德意志1/3的人口，拿破仑战争几乎席卷了整个欧洲大陆，但这些都没有瓦解整个大陆相互交织的君主体系，也没有上演精英阶层整体灭绝的惨剧。罗马帝国灭亡后，王朝的精英阶层从根本上改变了控制模式，从而避免了社会长期动荡不安的无序状态。

欧洲人口的变化趋势，主要体现了生态学或生物学上的马尔萨斯主义，而不像中国这样紧随政治动态发生巨幅波动。许多学者认为，欧洲的人口状况更具连续性：

> 除了1300—1400年之间因黑死病造成的人口断层，我们在欧洲看到的是更加循序渐进的人口增长……中国人口数量的锐减与其改朝换代或大规模的社会政治动乱有关……欧洲的确出现过类似原因的人口下降——比如在三十年战争期间，德国和波兰的大部分地区丧失了大量的人口——但由于欧洲政治实体规模较小，其人口减少的规模十分有限……在中国，战争……与王朝更替相关，显然对于人口的发展产生了更大的影响。

中国王朝的稳定性

认识超网络的内在属性以及稳定性与韧性之间的利弊权衡，能够帮助我们理解中国历史轨迹的独特性：整个轴辐式的治理体系总能"在大致相似的辖域之内,按照与先朝相似的模式"重新复位(Pines,2012)。即便新的王朝统治落入外族之手,这种治理体系的复制现象亦屡见不鲜。

既然"人口、疆域、统治精英的种族构成、社会经济结构、宗教和艺术表现形式都发生了巨大变化",为什么中国的社会体系如此百折不挠,包括权威的官僚体系、清晰的社会等级以及千古不变的教育科目,总能够反复回归呢?中国学者对此有诸多解释,其中一个流行的解释突出了君王的社会诉求。为了将个体对宗族血亲的关爱转化为对君王的效忠,君王需要建立一套对皇权唯命是从而对他人铁面无私的官僚制度。科举制度为社会英才提供了踏入仕途的进身之阶,同时也反复向人们灌输对君王无条件忠诚的理念。通过科举选拔出来的精英阶层,要比那些乡绅更加忠诚而干练,因为这标志着他们的聪明才智得到了皇权的认可,有了上可报效国家、下可光耀门楣的资本。

与其像欧洲那样依靠拥有独立封地的贵族,或者出资招募雇佣兵参与战斗,一个中央集权的官僚制度赋予了中国皇帝无上的权威和号召力,使其能够通过政府财政征召和供养一支常备的职业军队。允许民间自行组织武装平定叛乱,只是在中央府库空虚时的无奈之举,而且此举说明该朝代的皇权统治已经陷入岌岌可危的境地。中国的官僚体制强调选贤任能,官员的任命依靠功绩,而非地位世袭,这进一步巩固了皇帝至高无上的地位,将人们对宗族的忠诚转移到报效皇恩上来。谭凯发现,"宋朝时期,一种功勋文化开始逐渐取代早期的贵族道德观,继而阻止了任何旧秩序的复苏"。除皇帝而外，中国负责行政管理的士大夫阶层主要凭借个人的天赋、学养进入上升通道，并且要经过科举考试层层筛选才取得出仕的资格，而在前现代的欧洲，单凭出身就注定了统治精英与普通民众的区别。据此，研究中国社会的历史学家普遍认为，公共行政中的选贤任能体制，是近代史之前中国治理模式优于西方国家最为重要的标志之一。

从广义上来说，中国文化的耐久性及其在捍卫自由民主方面的局限性，一直是困扰众多学者的难题。世世代代的中国人都采用类似的治理结构来恢复大国秩序，这一现象是否应归功于中国文化的坚韧性呢？经历了蒙古和周边蛮族的征服与统治，中国语言文化仍然完好无损。这种耐久性使中国秩序看起来是否像派因斯所说的那样，属于"顺应自然的社会政治行为规范"？政治文化是否具有自我组织的能力？果真如此，那么它保持坚韧的机制是什么？二者孰先孰后，文化还是政治制度？

路径依赖的概念为我们回答了这些问题，并为我们思考看似不可逆转的中国传统对于专制统治的容忍度提供了一定的启示。在复杂系统中，初始条件至关重要。网络运转一旦发展成为一种依赖于中央轴心的常态，其后续形态便很难产生自我管理的能力。一旦系统的组成部分发生离散，以至于达到彼此隔绝的程度，那么在一个具有强大聚合力的主体介入之前，它们如同一盘散沙，丧失协同行动的能力。因此，亚历西斯·德·托克维尔在他的《旧制度与大革命》一书中指出，在社会秩序的各组成部分已沦为孤立的单元时，疏离比重新统一要容易得多。集中的轴辐式系统一旦形成，处于低位的结点便不再情愿保持关联，即使情势所逼，他们也往往茫然不知所措，难以形成团结一致的力量。与之相反，在一个有多个君主的系统中，君主们便有动力既相互联结，以应对共同的挑战，又有动力彼此制约，以防止某个君主一家做大，形成欺压其他君主的霸权。

第五节　技术进步和系统韧性

　　深入考察网络的动力机制，有助于我们走出传统的视角，来论证欧洲的超网络社会格局如何赋予其应对一系列复杂行为的能力。即便在缺少外部协调者或中央控制主体的情况下，欧洲也能够实现大踏步的前进，形成新的社会结构，开展民间的自发活动。由于系统结构是网状的，相近结点间的交互作用能够通过共享的路由器扩展到更广泛的系统中去。系统内的所有成员无须通过某个单一的权威接驳中心共享信息，便能相互产生影响。

　　长期来看，欧洲经济的腾飞可能得益于其进行横向沟通的便利性。共同演进造就了文艺复兴、宗教改革、启蒙运动和工业革命，这一系列重大变革发源于欧洲系统的某一局部，但能够快速地传遍整个欧洲大陆。这些事件改变了信息流向，促使多个结点此消彼长，波澜涌动，幸存下来的枢纽能够借机通过自组织重置系统的结构和运行方式。得益于超网络强大的恢复力，欧洲的地方治理、技术传播以及意识形态表现出更强的适应性。欧洲的经济和社会发展虽然起步较晚,但最终能够比中国走得更远。①

中国传统哲学自始至终专注于社会的和谐与稳定,而有关进步的思想从未占有过一席之地。直至清朝以前,产出和生产力持续增长的概念都是难以想象的。早在先秦时代,中国古典的历史观和自然观就认定了"天下大势,分久必合,合久必分"的周期性循环。盛极必衰,治乱相随,祸福相依,安危相易,都是中国人普遍认同的辩证理念。中国的确经历过阶段性的崩溃,下一代王朝统治者一般都非常注重以史为鉴,然而在他们励精图治的同时,往往片面地强调政治上的稳定,这也成为抑制破坏性创新的阻力。有关个体轮回业报的观念到底是事实还是臆想,这并不重要;而对于群体毁灭性等天灾人祸的恐惧,才是中国文学和宗教亘

---

① 传统观点认为,欧洲的活力源于邦国之间的竞争。布洛赫在《封建社会》一书中指出,政治的分裂限制了君王施行个人专制主义;由于法律对私有财产的保护,君王无权将臣民的财产随意充公。阿夫纳·格雷夫和圭多·塔贝利尼写道,到1350年,欧洲的政治分裂使得各城市获得了自治权,并逐步形成了强制履行契约义务的第三方机制。在《为什么是欧洲和西方?为什么不是中国?》一文中,经济历史学家戴维·兰德斯(David Landes)写道,政治分裂和国家竞争迫使欧洲统治者关注他们的国民,承认他们的权利,并促进经济的发展。在《西方致富之路》一书中,内森·罗森堡(Nathan Rosenberg)和卢瑟·厄尔·伯泽尔(Luther Earle Birdzell)发现,西方从分散的政治权力和权威的制度安排中获取了优势,这种制度安排在经济上要比其他选择更为有效。在《富裕的杠杆》一书中,乔尔·莫基尔(Joel Mokyr)认为,通过促进各组成部分间的政治竞争,政治分裂为欧洲科技进步创造了内在驱动力。相比之下,他认为,中国保守的官僚体制将创新视为麻烦制造者。其他的杰出学者如马克斯·韦伯(Max Weber, 1927)、贾雷德·戴蒙德(Jared Diamond)、杰弗里·帕克(Geoffrey Parker)、伊曼纽尔·沃勒斯坦(Immanuel Wallerstein),亦阐述了"竞争性国家制度之于集权式国家制度"的利弊得失。

古不变的主题。

第六节　社会制度的多层体系

　　一姓一家独掌天下的古代中国和由内部互联的王室统治的欧洲同属于历史悠久的两大政治体系，它们对王朝世代相传有着共同的追求，也在王朝世袭的过程中遇到了同样的困境，甚至暴露了历代政权内在的致命弱点。① 无独有偶，就在20世纪早期，两个传统深厚的社会系统几乎同步消亡。然而，两种超网络的差异，将中国和欧洲引向了泾渭分明的演化路径，包括两次世界大战之后的制度设计和生产方式。

　　我们已知，一个系统由许多密切关联的子系统组成，其演进方式与形态取决于系统内各组件之间相互依存和反复博弈的动态关系。顶层结点只是系统的一个组成部分，自身并不能推动整个系统的变化。仅仅在宏观层面熟悉一个系统的演化过程，并不能预测其可能的未来形态。

　　立足系统论的角度，我们需要正确把握总体与个体以及一般与个别的辩证关系。一方面，促使宏观层面重构的动力可能隐藏

---

　　① 王位继承显然是罗马法律体系里的一大败笔。君主可以自行指定王储，但王储的选择本身就容易引起争议，心怀不满的军事将领常常会宣布割据自治甚至发动兵变，以示抵制。公元3世纪以后，由此引起的连年内战削弱了国家的活力，最终为北部入侵者打开了毁灭的大门。中国历史上曾因废长立幼或者夺嫡立支等皇位继承问题，发生过多次激烈的宫廷争斗乃至战争。

在微观层面的细节中；另一方面，宏观层面的改变又会扩散到微观层面，造成微观主体的大规模重组。欧洲和中国的王朝更替，虽然在宏观结构上具有相似的耐久性，但二者在微观层面的特征却不容等量齐观。因此，我们需要由表及里，认真研究两者的子系统和组成单元的特性及其交互方式，否则我们就容易陷入归因不当的逻辑谬误。反而言之，我们同样不能照搬适用于低位阶的法则，将之武断地用于推测或重构复杂的网络系统。另外，历代政权的形成过程很可能是渐进的，但灭亡的过程却是突然的。观察其演进的过程和突变的成因，有助于我们进行一定的归纳性反思。

这项关于中国和欧洲制度耐久性的研究，从动态变化的角度分别考察了两个系统的稳定性与韧性，并对两者的利弊权衡进行了评述。在经济和贸易制度领域，一套面向全球的市场规则正在日臻完善，但世界上尚不存在一套决定一个政治制度应该如何转变的既定法则。运用复杂系统理论来回顾并评价中国和欧洲历代王朝的统治制度，起码能够使我们对社会网络架构的形成和演进机制进行更深入的了解，并用全新的视角来展望未来可能出现的图景。各种网络的聚合方式驱动了形形色色的复杂行为，对于这个高度互联的世界以及作为子系统的民族国家来说，从国际关系到国家治理，从思维理念到生活方式等各个层面，意味着发生更为快速而深刻的变化。确定一个系统所包含的组件及其交互作用的方式，把握局部变量对系统结构的适应性，本质上是一项极其复杂的工作。不过，随着我们对驱动社会制度演进的多层动力机制的发掘，我们将更接近于回答以下问题：

- 尽管众多不同的组件一直在各行其是地分别演进，但为什么欧洲作为一个系统，其呈现的整体功能大于各个组件之和？
- 既然皇室之间一直保持着庞大的姻亲网络，为什么欧洲难以避免第一次世界大战的厮杀？
- 局部网络发生的事件如何通过更大的网络系统引发一系列的集群变革？如始于意大利城邦的文艺复兴、始于德国的宗教改革运动、法国大革命乃至随后的民族主义蔓延。
- 为什么经过大乱之后建立的政权更加持久，而随之则迎来长期的沉寂？例如法国在1848年的工人起义被镇压后，保守主义卷土重来。（本章未对此次二月革命的后果展开讨论，但结局似乎与2011年的"阿拉伯之春"颇为相似。）
- 为什么中国多次的改朝换代都见证了持续几代人的腥风血雨和极度混乱的社会秩序？
- 为什么一个兼具稳定性和韧性的网络结构，可能长期适应不良？

本章运用复杂网络理论讨论了欧洲与中国两大社会和政治系统的沿革及其异同，廓清了宏观视角与微观视角的辩证关系。对于复杂系统的研究，既不可窥一斑而见全豹，亦不能观沧海便知滴水，因为正如亚里士多德所指出的，整体不等于各个部分的总和,反之亦然。宏观视角能够解释不同于微观视角下的特征,而系统的全局特性亦无法从其微观层面加以辨别,更无法还原到微观层面的样貌。至于有何正确的方法将不同层级的动力机制贯通一致,目前尚无科学上的共识。数学家杰弗里·约翰逊(Jeffery Johnson)写道:"可以说,追求以某种形式主义(的公式或模型)来表示多层级的动力学机制,是影响本世纪科学进步最大的障碍。"①

---

① 西蒙·莱文(Simon Levin)指出,生态学中的核心问题在于量化与建模。

第五章　网络建构与法制：从封建主义到小世界互联

在中世纪，日耳曼人的领地分封制初步确定了欧洲国家的治理模式。以此为纽带，领主、附庸、扈从等多元角色相互联结，构成了基本的社会秩序。我们可以将其视为网络连接从大世界到小世界的过渡。如前所述，高聚类系数（多个结点与少数几个枢纽相连）和较短的平均路径长度，是小世界网络的两大特征。事实上，只要少数几个活跃的关键结点之间保持某种长距离的连接，信息就可以在整个系统里流动起来（见图2.3）。互联性还增加了这些网络相变的可能性。

相比之下，在大世界的网络中，结点之间的连接稀疏而零落，而且彼此之间存在很长的连接路径。当然，系统当中也会有一些零星的结点簇，但它们只是在小范围内就近形成的社群，几乎没有任何结点可以贯通或驾驭整个系统。换言之，除非属于朝夕相处的亲族或近邻，否则大多数结点老死不相往来。语言、习俗、交通等物理上和文化上的障碍大大降低了信息的流动速度，从而限制了人们相互的交流与合作。除非建立起信息交流系统，否则不会产生某种超网络来协调各个分散结点的活动，因此也不存在大规模集权的可能性。在这样的大世界里①，姑且称之为系统的层面松散而稳定，内部几乎不存在发生变化的动力机制，唯一的剧烈变化往往是外力冲击的结果。回顾社会形态演变的某些历史片段，例如欧洲人实施殖民统治之前北美洲的土著部落，罗马帝国灭亡后欧洲分崩离析的状态，以及中国五代十国时期的乱局，因为这些散落无序的大世界网络不具备足够清晰的结构，于是我们将省略对宏观现象的描述，更加集中研究规则体系的转变对于社会网络构建的影响。②

在这一章中，我们从剖析社会习俗入手，探讨法律体系的演进对于塑造欧洲社会形态的作用，探讨与贵族分封制相关的法律如何促进了小世界的互联。教会如何竭力维护君权神授的君主制，以此为背景，分析封建的法律制度减少了系统中结点与结点之间的互联步骤，进而增加了系统的动态稳定性，同时也提升了系统的信息处理能力。

---

① 大世界网络极其庞大和宽泛，而且变化具有很强的随机性。大世界与小世界的区别主要取决于路径长度之于规模的关系：在小世界中呈对数关系，在大世界中呈指数关系。

② 斯坦利·米尔格拉姆（Stanley Milgram）对小世界的互联性进行了开拓式的研究。根据他的描述，美国在20世纪60年代已经具备了发达的基础设施、通用的语言、复杂的交通网络和法律体系。他同时研究了邮政系统在大世界中的沟通与联结功能，我们称为大世界的环境根本不具备斯坦利所描述的制度性特征（Travers & Milgram, 1969）。

第一节　收益递增与西方法律体系

上一章讲述了制度韧性对于增进西方世界凝聚力的重要作用，尤其是有关财产继承和皇室联姻的法律构架。在这一章，我们将考察西方的法律传统，以及与之配套的法律职业。长期的社会交往逐步形成了一个由制度、实践和信仰组成的宏观网络，法律作为其中的强制性规范，是由基层的社会习俗和惯例凝练而成的，因此可以将之视为一种有机生长的过程。在此过程中，没有一个高高在上的权力中心针对全局行使发号施令的职能。日耳曼习俗和罗马法的融合，就是在新型的共享空间里形成的网络结构。基于这种融合机制，一批新的社会角色涌现出来，由此凸显了欧洲社会强大的韧性，即同时兼具适应变革和保持稳定的能力。

西方法律传统的演变，其实也是一个收益递增的过程。由于引入了法律概念来解决现有的困境，而新生的机会又扩大了其应用范围，从而形成了新的思想与实践的结合。法律的适应性调整和扩散影响了社会形态，反过来又促进了法律传统的完善。得到应用的法律体现并巩固了社会的进步性，另一些规范则因为负向反馈而渐渐失去生命力，直到完全被人们遗忘或者予以明文废止。能够有效地解决某一群体问题的法律，就会受到其他更多群体的青睐。随着应用范围的扩大，法律作为整个社会价值取向的调节工具，就显现出越来越高的规模收益。

相比之下，中国的法律传统源自中央集权，是为服务于王朝统治而设立的，演进的走向在于如何进一步加强自上而下的管控，使之符合上层统治阶级的意图和利益。正如我们将看到的那样，它不是在民间自发形成的，因此对于社会的长期发展和激励创新而言，缺乏实现收益递增的动力机制。

第二节 强势且有限政府的起源

在众多历史悠久的文明中，只有西欧和东亚做到了公共秩序与经济活力的有机结合。即便如此，西方政治传统似乎更胜一筹，它能够在维护政治秩序的同时保持高度的个人自由。如何在这两个表面上相互冲突的目标之间进行权衡取舍，一直是政治经济学家深入研究的核心课题。

如何建立一个善治的国家，使之一方面不至于过于孱弱而无力控制社会的混乱，而另一方面又不至于过于强权而无法克制其本身成为制造乱局的魁首，这是一个没有现成答案的难题。无论哪一个极端，都是增长和发展的阻力。事实上，世界上许多国家都经常面临两难的抉择。一个国家不仅无法防范，而且本身还会从事掠夺性行为，这样的例子自古以来屡见不鲜。倘若没有独立自治的法律提供财产保护，国家权力无论增强或者减弱，都不可能扩大商业和经济增长的机会。

西方仍然受益于学会了调和两大原则性矛盾的能力：在国家统一治理的同时限制国家的任意裁量权。我们认为，这种富有成效的调和，实质上起源于罗马政治体系崩溃之后的中世纪早期，日耳曼的忠诚传统和罗马法这两种截然不同的法律规范交相汇合，奠定了欧洲国家的封建秩序。前者是社群主义的，后者属于理性主义。

从那时起，西方的法律传统一直致力于在规则与任性之间寻求某种平衡，其间不乏各股势力接连不断的斗争。这场斗争之所以最终取得成功，是因为欧洲保有调和社会矛盾的历史传统以及公民奋力捍卫权利的公共精神。布洛赫这样总结道："封建主义的起源，在于它强调能够通过订立协议来约束统治者的理念；通过这种方式……它的确为西方文明留下了一些我们仍然希望继承发扬的东西。"在深入历史并划定其发展阶段之前，我们先来定义社群主义和理性主义的概念。①

第三节　社群主义法律与理性主义法律：四种协调方式

迄今为止，在确立和维系社会秩序的两种方法中，社群主义法律（或称社群法）是较为古老的一种。这是部落社会组织方式的一个特征，可以追溯到最早从事狩猎采集的族群。在社会组织的早期阶段，立法、司法和执法是整个社群的集体事务。社群的成员集体公推法官，法官也是社群中的一员，起码其个人与社群

---

① 法学界长期以来采用各种不同的术语来区分日耳曼和罗马的传统规范，但始终没有权威的定论。我们采用"社群主义法律"或者"习惯法"的定义，以区别于正规的成文法典，同时也区别于更加抽象的社群政治理念。

有着密切的关系。早期的社群没有成文的法规可依，司法往往由法官视具体的案情、凭经验进行裁定。司法裁决的惯例是口口相传的，由于不能重新回溯过去的案例，也不能对其中的含义形成可供查阅的评述，所以事后无法形成司法释义的积累。法官和申诉人或许能够在一段时间内记住对于某些类似的申诉或问询的处理方式，但是惯例只有成文之后才真正取得法律的位格。

从推进社会进步的角度，社群主义的法律秩序存在一个致命的缺陷，它限制了政治组织的规模。首先，法律的适用范围十分有限，仅供长期生活在一起的社群成员处理内部事务和相互关系。除了正式的惩罚外，法律的应用和实施夹杂着大量来自社群的道德压力。所谓的法治化主要源自社群的生产与生活实践，体现了自下而上的渐进过程。社群法的根本任务在于防范冲突升级，恢复社群和谐，因此它突出强调物归原主或伤害赔偿的原则，而将按照理性正义的原则进行归责或定罪问题置于次要位置。其合法性普遍植根于平等主义的朴素价值观，旨在通过抑制内部成员之间的恃强凌弱或者坑蒙拐骗行为来维持社群的生存环境。其次，惯例很少能够凝练成一般原则，使之成为适用于多种情境的评判和裁决标准。规范的形成与演变表现为就事论事，通常只是为了应对特定环境下的具体情形和争议。平息争议的方法往往依靠权威人物的调解与当事人的妥协，而不是基于理性正义的规则。但是，贸然改变这种习惯性的做法，可能会使先前的争端重新浮出水面。当不同的群体聚集在一起时，他们解决争端的原则或标准难以做到一视同仁或者前后一致。①

另一方面，理性主义法律（或称理性法）属于社会组织层级化的上层建筑，能够对庞大而多样化的社会实施高效的治理。我们在后面即将讨论的《拿破仑法典》（the Napoleonic Code）及其前身《查士丁尼法典》（the Justinian Code），就是理性主义法律的集大成者。合法性从最高政治领导层向下延伸，或者从中心源头向外扩展。相对于社群法，理性主义法律的内容不是地方社群习俗和惯例的汇总，而是恒定理智的规则化，并对于社群当中习以为常的生存实践发挥审判的作用，从而为移风易俗开辟了可能性。法官由国家任命，代表国家利益。法律依凭国家权力以自上而下的方式系统而全面地强制推行到社会的各个角落。由此可见，理性法的实施，客观上是征服与屈从的结果，而不是顺应世俗生存实践的产物。理性法带有浓厚的理想主义色彩，而在操作层面则是官僚主义的；依此产生的行为规范被认为具有广泛的普适性，而这也正是其难以得到广泛推行的根源所在，尤其对于那些政府权力鞭长莫及的偏远地区。在实践中，贯彻执行来自朝廷王室的法律，不得不依赖于地方的响应，因为庭审必须依靠当地的陪审团和当地的官员，而且这样的差事往往是无偿的。

任何行政国家都需要加强组织建设，以提高国家的执法能力。

---

① 在中世纪的欧洲，贵族之间的通婚突破了社群组织的极限规模。Mathew Bandy（2004）、Robin Dunbar 和 Richard Sosis（2018）撰文评述了社群组织的规模极限问题。

首先，识字是一个重要的前提，因为理性法是书面写就的法典。社群主义的执法者可以是文盲，而掌管理性法秩序的统治者则要具备较高的文化素养。其次，由于宗教在理性主义社会中往往比在社群主义社会中更加制度化，而为君主统治人民披上一层神圣的合法化外衣，是宗教权威的一项特别职能（Purzycki等人，2016）。① 然而，得到宗教权威的承认，并不一定能够限制统治者滥用手中的权力，或者信守保护其臣民权利的承诺。最后，理性主义的行政法包含了公务人员个人与职务分离的概念。国家公务人员应国家授权执行某些任务，此时是不允许其以私人身份行使公权的。这种区别与公私不分的社群法秩序形成了鲜明的反差。

理性法的利弊恰好是社群法的反面镜像。随着社群的扩大和裂变，基于熟人社会的社群法变得越来越苍白无力，而理性法则擅长将更多的社群成员以及不同的社群整合到一起，使之成为一个步调一致的整体。成文法典的出现，便利了商业和政治的广泛交流，因为各色人等和社群无论熟识与否，都可以按照统一而明确的规则行事，并能够预见各自行为的后果。正因如此，每一个达到帝国规模的政治结构，必然要以某种形式的理性法作为支撑，尽管它不一定完全排斥社群习惯法的有效性。

---

① Purzycki等人测试了人们自觉遵守规则的行为，发现的结果支持这样的假定："相信规则的道德力量和惩罚功能，以及承认上帝的存在，有助于对远方的同一信仰者增强认同感，因此有利于扩展人们的亲社会性。"他们由此得出结论，组织化的宗教有利于"惩治人际社会规范的破坏者，增进和维持同一信仰的路人之间的合作、信任和公平"。

在社群主义体系中，违法者面临群体的道德谴责，这可以防止群体成员的机会主义行径；而无视社群的文化习俗，生搬硬套来自其他国家的理性法，则难以避免社群内部的权力滥用，从而对社群成员造成更大的伤害。对此，中国的孔子一直提倡德治的理念，并提出了"道之以德，齐之以礼，有耻且格"的著名论断。基于自上而下的合法性，理性法可以成为一种颠覆性的变革工具，而社群法就无法做到这一点，因为其合法性有赖于当地的风俗习惯和道德实践。原则上，君主可以通过强推理性法骤然改变整个的社会秩序，但后续的实际治理将困难重重，即使在重压之下，来自基层的抗拒也在所难免。全面推行严刑峻法的大秦帝国统治不过二世而亡，因为人民不堪忍受其暴政，纷纷揭竿而起。

在产权领域也是如此，困境在于建立一个足够强大的国家，使之采用强制性手段防止公民侵占他人财产，但国家又不能强大到可以侵犯公民财产权的程度。国家倘若不能做出可信的承诺，统治者可以任意支配人民创造的经济资源，而拒绝向人民分配收益，则会产生一系列恶劣的经济影响。在不确定能够收获智力或劳动成果的情况下，人民就不会通过努力工作、长期投资或者经营正当的商业来创造财富，那些投机取巧的商人和贪污腐败的官员反而找到了用武之地。政权的合法化最终源于人民的普遍认同，各个层级的规则执行者在决定财富的分配方案之前，有必要与其治下的人民进行一定程度的协商。

一般来说，试图将社群主义的秩序进行理性主义的法治化，可能产生三种结果。

第一,将正式的法律夹杂在社群的习惯法当中并行实施,可能只是被当地人视为"一纸空文"而无法得到遵守,正如中国谚语所说的"天高皇帝远"。当地人即使口头上拥护正式的法律,但他们的生活仍然受到现有社群习惯法的支配。这样做不会彻底打破原有的社会秩序,理性法也无法发挥规模优势。

第二,以强制的手段力推正式的法律,如此可能要付出高昂的代价,代价的高低与两种法律之间的差异呈正比。用理性法取代社群法的第一要务是要否定后者的法律位格,将其重新定位为不具约束力的社会习俗,甚至是为提升社群进步而必须予以铲除的陈规陋习。理性法规定的行为与社群原有的价值理念以及行为规范之间一定会产生巨大的鸿沟,执法者对此必须保持清醒的认识。与此同时,高高在上的立法者也应该明白,基层的执法者也会利用被赋予的权力谋取私利。当年欧洲的殖民者曾颁布法令,宣布某些非洲部落可以将他们的土地所有权私有化。然而作为宗主国代理人的部落首领,却借机将公共土地占为己有,或者以优惠的条件转让给自己的亲属,致使当地围绕土地所有权和使用权纷争不断(Van de Walle, 2001)。担当殖民势力代理人的部落首领,已经丧失了保护社区免受外来伤害的动力,蜕变成为侵蚀社群利益的异己分子。

第三,社群法可能会长期保留其一般形态,但这是因为它本身存在理性化的成分,而不是被现有的理性主义制度所取代。具体来说,是社群的风俗习惯变成了书面的行为规范,并根据现实的需要和时兴的价值观经过了实践的扬弃,从而使传统规范做到了与时俱进。这种在尊重传统的基础上进行理性化的方式,能够最大限度地减轻社会的震荡,并且有利于在保持社会凝聚力的同时加强政治组织建设。其缺点在于,一些保守的社群成员,特别是那些依靠维护传统掌握话语权的老年群体,可能对规则的理性化产生抵触情绪;即使整个社群愿意接受,这个过程也可能是缓慢或断断续续的。然而,正如上述第二个场景中所述,推行理性主义模式的强制色彩越重,就越容易触发人们的反感情绪,即使在无奈的情况下也会设法阳奉阴违。正如孔子所指出的:"道之以政,齐之以刑,民免而无耻。"

一个独特的联盟谈判过程使西欧政体在社群主义规范与理性主义立法之间取得了微妙的平衡。

社群法与理性法的融合

外部威胁和国际竞争势必会推动政治集权和法律理性化。奉行理性主义的政体能够控制更多的资源,而那些排斥理性化秩序的政体则容易受到前者的压制,甚至面临遭受侵略和征服的危险。罗马在其早期历史上就建立了一套理性主义的法律体系,但是当帝国沦落到日耳曼部落手中的时候,社群主义秩序得以重新复苏。有限而强大的政府,这一西方传统生成于习惯法和理性法两种规范相互妥协与融合的过程。强大的封建贵族坚持维护旧日耳曼法的契约传统,国王则竭力推动正式的法律,以构建统一的政治秩序。最终,日耳曼人广泛借鉴了罗马法的法典化传统,对日耳曼的风俗习惯进行了理性化的改造。结果,他们保留并明定了议会的权力以及一致决策的规范，但同时取消了由选举来确定担任国家元首的规定，血缘关系于是成了王权继承的唯一资格。

及至12世纪，西方法律传统唯一最显著特征——法律超越政治，并约束国家本身的观念——已经得到承认；相应地，国王可以制定法律，但不能恣意妄为，必须尊重合法的程序，并受到议会的制约；法律一旦出台，立法者也必须受其约束。公民权利受到社群习惯法和国家理性法的双重保护，正是这两种规范的融合，为西方世界积累了宝贵的政治遗产：强大但有限的政府，公共秩序与个人自由相得益彰。接下来，我们将追溯日耳曼的契约传统，考察其在中世纪的理性化过程。

第一次和解：国王、贵族和忠诚的纽带

罗马帝国的衰落发生在公元3世纪到5世纪之间，依靠正规法典一统江湖的国家模式江河日下。[①] 传统的日耳曼部落——撒克逊人、法兰克人、勃艮第人、伦巴第人、汪达尔人和哥特人，其行为规范主要基于本地习俗以及血缘关系，这是社群主义法律体系的典型特征。家庭或者宗族而非个人拥有土地，而忠诚归属于特定的首领，而不是更抽象的法律或国家。

在惯于对外征服的部落中，政治权威最持久的特征就是忠诚，这种观念一开始源自亲族关系，并延及骑士对主人的效忠。基于

---

① 在接受罗马帝国统治的几个世纪里，日耳曼部落数次攻陷罗马。

忠诚的纽带，征服者得以重建秩序和合法性，并引入我们现在称为封建主义的制度。领主们从国王那里得到了土地，作为交换，他们要服兵役并缴纳军费。他们还要保护在土地上劳作的农民。忠诚是封建制度规范的核心和根本，既是整个欧洲社会长期混乱的原因，也是其有效的治乱之道。

一方面，习惯法确立的忠诚关系提供的不仅仅是等级秩序（尽管不够森严），它把各地的封建领主联系在一起，由此罗织了一张超越纯粹血缘关系的社会网络。如果没有这样的忠诚网络，罗马教会就不可能像后来那样在整个基督教世界行使协调权。它之所以被赋予崇高的地位，是因为它通过宣扬君权神授的信念来捍卫皇室的血统，使之在人民心目中获得合法地位。另一方面，因为国王和封建领主同属武士阶级，欧洲几个世纪以来一直不停地打打杀杀。如果仅根据传统的日耳曼习俗来维系封建的纽带，西方可能无法克服后罗马时代部落之间持续的争斗，也不可能建立一套均衡的政治秩序。

封建主义没有特定的时代，时至今日，未能摆脱封建遗风的发展中国家仍然将忠诚关系网络视为各类组织的核心。在形式上，封建主义纯粹是一种由国王自上而下统一发号施令的社会秩序。它通过征服或驯化将制度强加于人，就像 1066 年诺曼人入侵英国一样，其实际做法近乎理想化：将所有贵族联结成一个统一的政令结构，将所有的土地视为国王赏赐给贵族的礼物；作为交换，贵族为国王提供服务。大多数欧洲人都经历过某种形式的封建统治。

公元 5 世纪末，日耳曼人占领了意大利的大部分地区，并控制了西班牙、高卢和英国的部分地区。但是，罗马统一国家的理想，从未因日耳曼人强加的政治秩序而彻底泯灭。在中世纪早期，对于那些饱受征服者欺压的遗民来说，回忆罗马帝国的辉煌时常是令人鼓舞的。作为新的统治者，日耳曼国王试图披上一层象征性的合法外衣，以迎合人们对罗马帝国个人英雄主义的怀念。例如，在发行的货币上印上他们的名字和形象（Duby，1974）；在高卢战争中，把源自罗马语指代"国王"的"rex"后缀加入自己的名字。

日耳曼习俗的巩固及法律的形成

大约在公元 9 世纪，日耳曼人的忠诚纽带开始经历从亲族关系到法律关系的转变，它被称为效忠。① 从这个意义上讲，尽管它的

---

① 在查理曼统治的时代（768—814 年），全盛的封建制度尚未完全建立，但基于效忠或佃租模式的土地分封已经广为流行。国王的封臣是查理曼帝国军队的中坚力量，封臣被赐予土地，同时听命于国王。应招出战时，封臣负责自行提供武器、战马和其他装备。事实上，完整意义上的封臣制度仅见于中世纪晚期的加洛林地区（Fried，2016）。所以严格来说，查理曼帝国在中世纪中期就奠定了封建主义的基础。查理曼的扈从兼传记作者艾因哈德（Einhard）（775—840 年）坚称，查理曼始终渴望"在其关心和影响下重建罗马城古老的权威，并保卫圣彼得大教堂"（Fried，2016）。终其一生，查理曼统治下的帝国一路风雨飘摇。帝国掌控的资源十分有限，无力养护和训练军队。因此，他自命的最高统治者的确名不副实，只能紧紧依靠与教廷的特殊关系，在其帝国遍布各地的教堂和神职人员恐怕是其最得力的政治支撑。

灵感来自罗马实践，但这并不是现有理性主义秩序的强加，而是对原有社群主义秩序的"理性化"。

布洛赫指出，及至 12 世纪，封建体制中自由和特权的关系，即特权中的平等概念，已在法律上得到承认。"纯粹契约式的对等互惠开始渗透到领主与附庸的关系当中"，无论在国王和领主之间，还是在领主与领主之间，个人忠诚或效忠原则被赋予了可执行的法律效力（Berman，1983）。它保留且强化了社群主义原则，将忠诚锁定于具体的个人身份，而不是抽象的理念。然而，与原生的亲族忠诚不同，忠诚契约可以终止，双方都可以自由地另寻其他的服务。① 正如布洛赫所写："附庸效忠是一种真正的双务契约。如果领主没有履行自身的义务，他也同样失去了相应的权利。"同样，如果附庸未能应召提供军事服务，亦没有提供其他形式的价值物作为抵偿，那么它的土地就可以被收回，附庸关系也会就此解除。

封建法律强调个体自治，并赋予其相应的权利和义务。尽管特定的权利和义务因社会和经济地位不同而有所差别，但它们所指向的是意志相对自主的个人身份，而不是人身依附的主仆关系，不论其地位如何。这种契约式的政治权威概念，是西方有限政府传统的基本要素，而它的起源要归功于忠诚纽带的

---

① 根据布洛赫的说法，相比之下，日本的封建主义与西方有着许多共同之处，但有两点区别："封臣的效忠更多是单向的"，"天皇的神圣权力凌驾于领主与附庸关系之上"。（Bloch，1961）

共同特征。

纵观西方法律的发展轨迹,其对个体自治下的忠诚纽带所形成的路径依赖是显而易见的。各色人等,不论社会等级与地位,基于意志自主彼此交换权利和义务,伯曼将这种对等的原则描述为西方法治精神的起点。在骑士贵族和国王之间,主权的概念最终被视为以忠诚为纽带的权利和义务关系。把领主与附庸关系中的双务概念移植到政治领域,使教会掌握了抗拒品行不端的王子的权利。这种抗拒的权利,法律基础在于"附庸可以抛弃不称职的领主,是一项普遍公认的权利"(Bloch,1961)。理性主义的权利理论可以从封建忠诚中建立起来,这是西方法律传统的独特之处,在历史上其他的制度中是绝无仅有的。

封建主义的法律结构规制了国王和封建领主的关系,只有一小部分涉及领主与附庸的关系。它从日耳曼的忠诚誓言演变而来,尤其是以领地法为重心,但仍然为世俗的习惯法留下了很大的空间,普通百姓之间的民事关系以及商业交易的规范继续沿袭了习惯法的内容。世俗习惯法的理性化,直到重新发现《查士丁尼法典》的原则,才得以完善。

《查士丁尼法典》的复兴

西欧强大而有限的政府模式源于理性主义的罗马法和古老的日耳曼社群主义习惯法的融合(Kelly,1992),这一融合发生在11世纪《查士丁尼法典》被重新发现之后。这是一部由查士丁尼皇帝(482—565年)下令编纂的多卷本的罗马民法典,其中包括在他统治期间颁布的各项法律，统称《国法大全》。到1130年，《查士丁尼法典》已经传遍了整个欧洲，并被纳入新成立的法学院的课程体系。在随后的几个世纪里，对《查士丁尼法典》的研究成果大幅度地渗入欧洲的封建秩序。融合了理性主义和社群主义的基本要素，使之兼备了这两种法律秩序的优势：对个人自由的保护与多层级行政能力的结合。政治性的征用得到了遏制，平均主义的财富再分配也被定性为违法行为。社群习惯法虽然被纳入了理性化的轨道，但我们将看到，是关键的妥协而不是好高骛远的制度设计，使之在加强了中央政府管理的同时，限制了政府恣意妄为的权力。倘若国家权力仅仅依靠理性主义法律，它有可能放大统治者的个人权力，但是由于融合了西欧与日耳曼部落的传统，所以有效防止了国家行政的法律成为完全听命于统治者意志的工具。

编纂罗马法的法学家们苦心孤诣，努力做到在尊重公序良俗的基础上，将成文法与习惯法协调一致起来。在现有习俗不完整的地方，他们采用成文法查漏补缺。① 这包括贸易和商业扩张过程中的新生事物，如家庭土地的对外转让；习惯法未涵盖的婚姻和女性继承权，以及最终的治国之道。

在《查士丁尼法典》被发现时，早期封建欧洲的财产制度仍

---

① 《查士丁尼摘要》（《学说汇纂》）根据人们的应用惯例，为良善的习俗赋予了成文法的效力。不过，关于如何划定习俗的确切边界，一直是中世纪法学界热议的话题。

然保持着鲜明的日耳曼特色。① 例如,部落式的土地占有制度,在法定所有权和实际控制权之间没有做出严格的区分。日耳曼部落承认各种形式的有限所有权,但不同于牛羊之类的动产,土地归属每个家庭集体所有。家庭所有权逐渐演变为家长的私人所有制,但在很长一段时间内,家长只有得到第一继承人的同意才可以转让土地的所有权。这样的制度不仅阻碍了土地的交易,而且限制了土地上产生的农产品交易。随着贸易和商业在11世纪开始升温,人们愈发感受到这种地产制度的弊端。现代经济需要更正式的土地转让制度。同样,日耳曼法律很大程度上是不成文的,因地而异,权利和义务的分配视个人身份而定。所有这些特征都阻碍了商业的发展。②

《查士丁尼法典》的实用性可谓立竿见影,古罗马的治国之道普遍成为欧洲法律传统的精神实质。《查士丁尼法典》汇集了整套

---

① 在8世纪查理曼统治时期,由于教会在阿尔卑斯以北的地区建立了多所学校,精英阶层在拉丁语的识字率和知识方面得以大幅提高。这些学校培训文士、牧师和行政管理人员,大大充实了帝国的执政能力。在阿尔卑斯以南的地区,尤其是在意大利,作为悠久的历史传统,基础教育强调法律教学。相应地,在加洛林时代,罗马法的实施局限于法国和意大利南部,其他地区仍然依靠口口相传的当地习俗。法兰克的法律是不成文的,依靠口口相传的传统,案件的裁决仍然采取就事论事的原则(Fried, 2016),没有固定的章法可循。查理曼的远大理想是在欧洲全面建立统一的社会秩序,其影响波及法兰克、巴伐利亚和阿勒曼尼亚地区,尽管当地仍然以口头的法律传统为主。不过,在撒克逊、图林根、弗里斯兰和盎格鲁地区,查理曼大帝的持续影响并不显著。

② 在中世纪的全盛时期,即使习俗也被记录下来,例如法国法学家菲利普·博马诺尔(Philippe Beaumanoir)撰写的《博韦习惯法》。

的法律原则和行为规则，这应归功于古罗马时期历代杰出的法学家，是他们相继在几个世纪里孜孜不倦的思想成果。它创造了一个全面法典化社会的可能性，为各种可能的情境提供了实体法和程序法，其中包括以符合社群主义基本原则的方式修改法律的机制。例如，它区分了所有权与占有权，明确了契约行为和侵权行为所涉及的不同义务。随着工商业的发展，如此区分的重要性愈发凸显出来。

《查士丁尼法典》的重新发现，给欧洲居民留下了解决特定问题和解决利益冲突的双重法律传统，极大地削弱了封建领主包揽司法和行政的功能。商人和城市居民都渴望采用这一准则，因为它具有可预测性和统一性。事实上，据说该准则在 12 世纪的西班牙首届商品交易会上得到了商人的自愿采用。明确了物主行使求偿权的充分必要条件，罗马法使个人能够将其财产从集体控制中解脱出来。这种以前所有罗马公民人人享有的自由，首先在欧洲各地的市民当中得到恢复，后来又扩展到所有的居民和国王的臣民，因为罗马法允许法学家推翻像日耳曼法中的占有制度之类的公共惯例。

第二次和解：日耳曼法和罗马法关于君权的界定

全欧洲的国王都跃跃欲试，希望将罗马法作为治国理政的蓝本。他们的宏伟设想是采用强有力的公法来重建一个中央集权的国家，因此唯一可行的方法就是推行一套成文的法典，而不能依靠模糊不定的习俗。国王们在 13 世纪聘请法律专家，对民间不成文的习俗展开整理和编纂工作，以期通过理顺令行禁止的社会秩序来增强自身的合法性。这些法学家以教会法为依据编纂并复兴了罗马法，从中突出了王室在外交、国防、立法、税收和司法等领域的特权。要知道，早在 11 世纪，欧洲大陆的国王便努力将世俗权威与教会权力分立开来，从而巩固君主的政权。在 11 世纪和 12 世纪，我们看到，王国的贵族们不遗余力地迅速创建了议会，以重申并保护他们的自由和特权。

随着罗马法在整个欧洲大陆成为法律话语的标准平台，国王及其拥趸们在罗马文献中发现了扩大其强权的法律依据。他们试图废除封建领主执掌的封建法庭，理由是司法的权力应该掌握在国王手中。中世纪晚期和现代早期的法国国王更为激进，他援用罗马法的要素编纂出一系列新法，旨在"纠正"那些掣肘君权的法律，并竭力灌输对国家普遍服从的理念。为了进一步巩固国王凌驾于封建领主之上的地位，国王选择性地采用了罗马法中只适用于皇帝的总则部分——皇帝不受法律约束，主张国王可以凌驾于法律之上；同样基于这一概念，主张国王的绝对权力同样适用于对其财产的支配。

然而，这种漫无边际的专制君权在 16 世纪激发了一股抗议浪潮。发起反君主制游说的胡格诺派律师们也对古代文献进行了追溯，对罗马法总则中关于王权的表述做出了新的诠释，希望以此约束法国王室攫取越来越多的权力，并为抵抗王权的僭越行为提供合法性的辩护。这种抵抗权源于这样一种观念：民众作为一个集结在一起的整体，属于王国唯一的主人。国王被授予统治人民的权力，其相应的职责是处理公共事务和管理人民的财产，类似于监护人或托管人的角色，但一切财产的所有权和一切事务的最终决定权仍归人民。这一根本性的法理，不容任何人歪曲和滥用。

在君主立宪的理论中，人民拥有集体统治权，国王只是被任命来行使权力的执行者，人民根据集体意志，完全可以收回或撤销被占有的权位。人民不可能由国王组成，人民的存在先于国王的统治；可以说，王权是由人民创造的。因此，反君主主义者声称，人民是王权的创造者，而不是生来就必须俯首听命的奴才，这一核心主张奠定了宪政共和主义的基础。凭借对王权法（罗马人民在理论上授予皇帝的权力）的扩展，抵抗变成了一种有效的合法行为：人民有权收回国王被授予的权力，反抗统治者非法窃取权力，声讨统治者违背契约义务的行为。①

离开法律得以有效贯彻执行的社会背景，仅仅依靠成文立法对王权施加限制，其实际意义必然大打折扣。若要真正实现有限的政府，公民的权利意识和民间利益团体的联合是必不可少的背景要素。罗马法的核心思想为限制主权的论点提供了基本的概念素材，而贵族捍卫其集体权益的辩护又进一步加强了这一限制。假如欧洲的皇室一意孤行，拒绝接受封建社会的风俗习惯，坚持以理性主义法律维护无节制的国家权力，他们就无法与社会共同

---

① 针对中世纪欧洲社会状况的一项研究表明，经济地位的不平等造成了国内政治诉求的分裂，部分要归咎于罗马的法律遗产。公司条令的实施，如相对于其他社会团体，有关地主乡绅或城市行会享有特殊自由权的规定，为阶级冲突埋下了隐患。历史学家罗德尼·希尔顿（Rodney Hilton）认为，阶级冲突是资本主义脱胎于封建主义的根源。

进化，最终必然会丧失自己的权力和统治的合法性。

第三次和解：议会的财政作用和市民选举权的授予

假如忽略了议会的重要作用，我们就很难在西方法律传统中找到一条完整的历史轨迹。除了维护贵族特权之外，议会站在君主和人民的中间，起到了调和阶级矛盾、缓解政治冲突的作用，从而拓展了国家行政的契约性质。西方君主之所以普遍具备信守承诺的独特能力，我们可以在议会的生发过程中看到其历史的起源。

议会或者国会的形态最早出现在西班牙，并散布于整个伊比利亚半岛；类似议会的会议最早于1027年在加泰罗尼亚举行，并于1192年正式定型为议会。这种做法陆续传播开来：1216年在卡斯蒂利亚，1218—1236年在阿拉贡，1253年在纳瓦拉以及1261年在瓦伦西亚。英国的示范议会于1295年举行，法国的三级会议（法国1789年革命前的立法机构，由神职大员、贵族和第三等级代表组成）在1302年第一次召开。建立议会的动力来自贵族，随着权力日渐集中到国王周围，他们不甘心看到自己的权利和抵抗能力受到削弱。[①] 早在11世纪，贵族们就开始重申自己的权利和特权，这种维权的活动在12世纪逐渐常态化了。

国王可以系统地收回贵族的特权，但要付出高昂的政治代价。经济学家罗杰·迈尔森（Roger Myerson）解释道，那些褫夺贵族

---

① 议会作为国王与贵族阶级的协商机制，源于古罗马元老院的制度遗风，并在早期苏格兰的一院制运行机制中得到体现。

特权的国王，无论针对个人还是集体，都会失去整个贵族的尊敬。国王可以绕过贵族招募新的成员来壮大自己的权威，但是新的支持者没有什么理由相信他，同样他也不能指望得到什么忠诚。迈尔森认为，现任国王一旦失信，挑战者就赢得了团结更多反对派的机会，因为他们对各自未来的命运都心存疑虑。制定正式的成文宪法，如英国《大宪章》（*Magna Carta*），目的就是防止统治者任意贬黜那些过去曾经为其提供服务的支持者。

然而，议会并不是封建秩序的必然产物，一个简单的证据就是日本封建制度的演变。它没有产生议会制度，不是因为缺少贵族，而是由于没有独立的乡镇（规模小于城市）。在欧洲，国王从乡镇的商业财富中看到了议会可以为我所用的价值。① 国王授予乡镇在议会中的选举权，有助于扩大乡镇的财政收入；而通过在本地征税掌握了更多财富的乡镇，反过来又积累了要求国王关注其利益诉求的资本。② 依约向国王纳税的乡镇，在赢得国王青睐的同

---

① 在12世纪，乡村的贵族和国王都争相获取城镇资源。地主贵族努力与城镇建立合作关系，以便摆脱国王的制约，而国王则希望把城镇中的商业资源把持在自己手中，进而排斥地主贵族独立染指城镇中的商业活动。

② 在英格兰，商行、地方自治政府与议会中的席位有着密切的关系。自13世纪开始，一些愿意从国王那里购买征税权的自治乡镇更容易获得一定的议会席位。Charles Angelucci、Simone Meraglia 和 Nico Voigtländer（2017）发现，在中世纪，向国王请愿实行自治的乡镇在商业上更加发达，因此有动力摆脱低效而且善于巧取豪夺的皇家官僚。他们同时注意到，其中许多此类的乡镇在后来的内战（1642—1651年）中站在了议会一方，坚决支持《1832年改革法案》，该法案授予了他们在下议院中获得更多的选举席位。

时，换取了国王在征税方面更加公平的承诺，减少了国王盛怒之下没收乡镇财产、抵赖债务或贬值货币等掠夺行为的风险。在合作收益不断递增的情况下，乡镇和国王都各有收获。提高乡镇的信用有助于增强王室的借债能力，从中受益的乡镇商人也更情愿支持王室为战争目的而征收特殊税款。

国王征税的提案须经议会同意，这可以用来惩罚国王剥夺国民权利的行为，从而降低国王对债权人违约的随意性。这一制度反而产生了一个有利于王权统治的悖论：通过限制国王的自由裁量权，赋予国民代表在议会中的选举权，国民对于王室认真履行承诺建立了集体信心，从而有利于国王推行其计划，使君主制得到长期巩固。倘若没有防止滥用权力的机制，国王难免会恣意妄为，一旦失去广大民众的信任，也就意味着葬送了其行使权力的能力。相反，如能在议会规定的范围内行事，国王便赢得了王国利益团体的合作。游刃于这种制约与合作的机制中，国王能够更加顺利地从贵族、乡镇、行会、律师和主教那里获取财政支持，从而更加可靠地执行他们的计划。① 通过约束国王以确保其履行保护商业财产的承诺，同时赋予公民更多的选举权，如此便扩大了政府的契约概念，国王也得以利用乡镇不断增长的商业财富达成其自身的政治目标。

15世纪到18世纪，国民议会的相对重要性在欧洲的西北地区

---

① "君主无常心"是国家治理中的一大禁忌。决策者心口不一，嘴上说一套，实际做一套，最终会因失信于民而自取其祸（Kydland 和 Prescott，1977）。

不断扩大,而在南欧和中欧则有所下降。① 这是因为,那些利用议会源源不断地得到收入的国王,逐渐失去了推进王室专制主义的动力。议会有权在税收问题上讨价还价,尤其是在西北部,他们以不同的方式成功地阻止了君主制集权,成功地维护了自己的特权。在西班牙和法国,国王能够确保独立的收入来源(西班牙直接向殖民地收税,法国对农民直接征税),而不依赖一个协商一致的机制,因此皇室支持下的合理化政策无须过多地顾忌来自贵族阶层的约束。相形之下,在王室财政需求有必要诉诸协商的地区,如英国和荷兰,贵族们作为农村人口代表,能够有效地维护他们对国家政治决策的话语权。由此可见,对照现代国家的需要,北欧参差不齐的封建主义还有待进一步调和。

在西方法律传统中,城镇的兴盛对于打造有限但强大的政府起到了关键作用,贵族与国王之间的契约精神及其叙事风格顺利地扩延开来,稳步深入地应用于规制城镇的商业生活。像对待封建贵族一样,王室将城镇视为具有特殊权利的法人实体,以契约关系将其纳入国家的政治体系。法律史学家安东尼奥·麦荣格(Antonio Marongiu)说,在17—18世纪的"专制主义时代",即使面对汹涌的逆流,"君主与人民之间的契约精神也没有遭到重创,正是这种根深蒂固的信念,赋予了议会生生不息的力量"。换言

---

① 经济历史学家Jan Luiten van Zanden、Eltjo Buringh 和 Maarten Bosker (2012) 称,制度进步方面的这些差别,有助于解释西北欧、南欧以及中欧等三个地区在经济发展水平上的差距。

之，议会是介于君主和人民之间依约形成的机制。这种政治性契约，其法律先例植根于广泛的封建契约当中，并经过重新诠释以适应当前和未来的条件。① 我们再次看到，收益递增规律在发挥作用。

第四次和解：人民与国王

如前所述，封建制度的结构仅仅涉及国王和封建领主，农奴不受封建法律的保护。但早在 11 世纪，教会就开始宣扬这样一种观念，即国王和他的臣民之间的关系也受到忠诚义务的约束。② 于是乎，自日耳曼习俗继承而来的政治主权的契约精神具有了双重

---

① 一股势力强大的团体在某一阶段争取到的优惠条件，通过契约或判例的形式固定下来，继而成为以后处理类似问题的先例依据，如此也鼓励人民更加积极地参与到拓展权利的斗争中来。例如，既然贵族争取到参与立法和审判的权利，商人或同业公会也如法炮制，并取得了成功。假以时日，公民的权利有了更强的包容性。

② 正如伯曼（1983）在《法律与革命》一书中所描述的那样，基督教廷法令的制定与颁布均引用罗马法的基本原则，因而，基督教与罗马法的影响可谓相辅相成。时至中世纪后期，"日耳曼民族逐步接受基督教教义的基本理论，而后者基本上延续了拉丁罗马时期的传统，与此同时，包括自下而上的合法性在内的理念则日渐式微"（凯利，1992）。在公元 11 世纪的意大利，作为罗马法集大成者的《查士丁尼法典》得以复兴，成为之后大陆法学的基础，并在公元 16 世纪，成为大陆法系《民法大全》的一部分，欧洲后世的法学家则将其蕴含的法理原则运用于当代法律实践中。中世纪教会法法学家也深受罗马法的影响，并将其法理原则融入当代教廷法令及治理体系中。中世纪的神职人员在文化、政治以及高等教育领域扮演着重要的角色，到中世纪后期，同宗同源的民法与教会法在大多数高等学府讲授，并成为欧洲大陆法系思想的基础。

属性：除了贵族和国王之间存在双向的义务关系外，罗马法还为国王与人民之间类似的双向义务提供了支撑。例如，一方面，国王有责任建立法庭审理普通民众的申诉，并根据中世纪法学家沿用罗马法制定的法律进行裁决；另一方面，国王通过扩大司法机构的设置来充实自己的权力，以压缩地方领主的司法空间。在英格兰，国王法庭是在诺曼征服（1066年）之后建立的，从此它开创了普通法体系的先河。原则上，所有国王的臣民，无论地位多么卑微，都有权在法庭上捍卫自己的名誉、人格与财产。

然而，与贵族不同，乡民，即庄园制度下的农奴，几乎无力抗拒国王的渎职行为。对于分散的乡民来说，将众人召集到一起，共同对抗端坐在封建等级制度顶端的君王，是何其困难的一件事情。在《旧制度与大革命》一书中，托克维尔指出了贵族对于推进社会自由的积极角色。他认为，没有贵族，就没有对统治者真正的约束，因此也就没有真正的自由，部分原因是他认识到了普通民众根本不具备发动政治动员（集体行动）的能力。关于西方自由主义的理念，托克维尔似乎很欣赏日耳曼的社群主义传统，而不是罗马的理性主义渊源，但后者最终却将同等司法申诉的权利下沉到了平民和农奴阶层，而这一权利原本仅属于领主。对贵族来说，君主只是居于他们当中的首座，其地位同样要受到法律约束。但在人民心目中，国王的地位气贯长虹，拥有非凡的力量。从8世纪开始，法兰克国王们就保持了接受教会膏立的传统，这种圣礼只有主教才有资格分享。在《国王神迹》一书中，布洛赫将欧洲的政治历史与欧洲的宗教或神奇的王权思想联系起来。他建议，神化国王的权力，也是国王作为人民领袖的政治使命。王权的神圣性与世俗责任都受到同一种社群理想主义的启发。尤其是从15世纪开始，欧洲国王利用罗马法业已深入民间事务的特点，再次调和了日耳曼和罗马的统治观念。值得肯定的是，罗马法明文规定了国王保护政治上弱势群体的责任。

国王利用罗马法，在与人民建立直接联系的基础上确立自己的权力。① 随着时间的推移，这种王权与民权的和解迎合了大众的新生需求，赋予了他们在封建制度下无法获得的权利和保护。然而，君主权力的扩大同时凸显了理性主义法制所固有的危险，即一个不受约束的君主无法令人相信可以依靠自身的道德觉悟来兑现做出的承诺。人民固然可以一时相信国王实行专制主义统治来更好地服务于人民的利益，但如果人民有一天醒悟过来，再试图对滋漫无际的王权加以约束，任何可能的集体抵抗行动将遭遇残酷的压制。及至忍无可忍的地步，不约而同的暴力反抗便成了他们唯一的出路。

第四节 西方世界的贡献

21世纪以来，许多学者都在连篇累牍地强调西方自由主义观

---

① 法国的波旁王朝继续沿用将封建领主的行政功能置于王室控制之下的传统。在18世纪，国王通过王室掌握的行政体系直接保护农民的权利，取代了农民对封建领主的依附关系，将农民应向领主缴纳的地租收归己有。托克维尔认为，这一举措助长了农民对封建领主的敌意，同时也为彻底推翻旧政权埋下了伏笔。

念受到了来自内部和外部的双重威胁。那些关心维护西方独特政治遗产的人更应该铭记,是宪法对政治权力的限制,而不仅仅是民主制造就了西方与东方以及其他地区在法治领域的分野。在西方,有限政府的理念植根于活跃的法律传统当中,有着悠久的历史渊源。罗马与希腊一样,都是这一独特政治传统的发祥地。根据"法律高于国家"这一原则,信守12世纪英国法学家亨利·布莱克顿(Henry de Bracton)的名言——"在上帝与法律之下",是统治者的职责所在,也是其维持合法性的基础。否则,民主就会转化为暴民的专制。哈耶克曾说:"防止专制的良方,不是权力的源头,而是对(行使)权力(过程)的限制。"

欧洲国王的权力和责任是从神权(君权神授)演变为契约的,但他们的权力从来没有像中国皇帝那样强大无边。实际上,中世纪欧洲国王麾下的行政机构并不健全,很难获得足够的财政收入,或开展面面俱到的日常管理。① 商业管理属于城镇,灌溉通常由领主负责,而教育则属于教会的职分。② 为了维护自身的权力,国王不得不设法激励利益集团的头领,如贵族、行会、城镇、律师以及主教等,与之进行协商合作。因此,他深知有必要进行自我约束,向合作的团体做出可信的承诺,并借助这些社会领袖联盟实

---

① 查理曼统治下的神圣罗马帝国,皇帝享有比其他皇室更大的财政独立权。
② 与中国皇帝相比,欧洲那些国王参与公共行政管理的权力有限。作为自治社区的欧洲城镇管理着自己的学校、医院和市场。城镇拥有自己的政府,并拥有征税权。

现长治久安。

早在 13 世纪,法学家们就已阐明了法律与政治权力需要分离:"国王不能屈居人下,但不得凌驾于上帝和法律之上,因为是法律造就了国王。"(Bracton,1968)这种通过固定的规则和共同的精神建立起来的对权力滥用的约束,是支撑西方公民享有繁荣和自由的基石。即使君主宣称拥有绝对权力,但政治必须始终服从于法律。作为欧洲治理传统的试验田,立法者本身要受法律约束的原则,铸就了美国宪政主义的基础。追根溯源,这种政府受法律约束的传统,可以追踪到罗马的效忠宣誓与罗马法中所倡导的理性主义的国家理念。

欧洲日耳曼法与罗马法融合的启示

本节我们将探讨发展中国家能够从西方不断发展的法律体系中领悟到哪些经验教训。健全的法律体系对于加强政府的承诺能力至关重要,同时也为执行经济政策提供了强有力的保障。假如政府无力或者无意履行诸如保持币值稳定之类的承诺,那么意识到这一点的经济参与者就会采取机会主义的态度,选择短期投资而非长期投资,这种行为会降低整个社会的投资水平。

西方的法律传统源于几个世纪以来多重实践的积累。在庞大而扁平的网络组织结构中,法学界以其自身特殊的学术话语和机构设置而日益精进。它不仅是理论文献和法律条文的堆积,同时也保持了深入实践的传统。在机构设置方面,法院和法学院属于自治团体,法学家、法官和律师们可以聚集在一起,自由地研讨法律问题,并付诸社会实践。① 这种模式是自创的,很难复制和套用。

通过阅读本章关于西方法律体系形成背景的介绍,那些在本国从事政法体制改革的领导者,以及那些试图将西方现有法律形式和理论输出到世界其他地区的野心家,他们应该更加清楚地认识到:一种体制的合宜性更多地取决于它形成的背景和发展的历程,而不是在某一时间节点以临时解决现实问题为目的。为了不断适应社会发展的需要,西方法律摆脱了中央集权的管理模式,形成了一个生动而开放的系统,故而能够与其他具有欧洲社会特征的文化变革(例如文艺复兴、信仰形成、启蒙运动以及工业革命)相互融合,共同促进。

不过,对于组织框架薄弱甚至缺失的脆弱地区,在如何应对治理的复杂性方面,西方法律传统的演变具有很好的借鉴意义。从罗马陷落到封建制度和议会,再到建立保护私人财产不受政府掌控的体制,我们已经追溯到了欧洲治理模式的独特发展轨迹,即罗马法和日耳曼法的融合。这种历史观所能提供的第一个启示,即普遍启示是,制度和法律框架必须在反复迭代和实践过程中考虑现有的"隐性"知识,即沉浸在实践中的知识(Polanyi,1958)。建立健全一个国家的治理体系,无论沿用自上而下还是自

---

① 中世纪史学家马格纳斯·瑞安(2014)描绘了从12世纪开始跨越了数个世纪的法律实践和教育专业文化的发展。

下而上的路径,都必须平衡正式与非正式规则之间的相互作用。①不妨设想一下,假如查士丁尼的罗马法执意规制社群道德,强力废除部落习俗,那么罗马皇帝势必要率领所向披靡的罗马军团荡平整个欧洲,然后像中国横扫六合的大秦王朝那样全面推行统一的法度和行为准则。然而,欧洲之所以演进成为今天的模样,除了其特定的历史背景之外,法学家的智慧功不可没。伯曼告诉我们,"这是 12 世纪用来调和矛盾并从规则和案例中衍生出一般概念的学术技巧,进而首次赋予了查士丁尼的罗马法以协调和整合的功能"。如果法律与习俗之间的差异悬殊,轻者会导致过高的执法成本,重者则会激起当地人民的抵制和反抗,从而在貌似庞然大物的帝国机体内部,徒然增加其致命的脆弱性。不可一世的大秦帝国如此快速土崩瓦解,与之迫不及待地在全国上下全面推行严刑峻法有着莫大的关系。

第二个启示是,在从一套规则向另一套规则过渡期间,防止出现法律"真空"是非常重要的。西方法律制度的形成走过了长达数世纪的漫长道路,在逐步向国家统治体制过渡的过程中,民众的活动主要由贵族或教会法庭主持。比如,在法国,社区决策一度是在贵族头领的见证下,在传统的乡村集会上做出的。随着

---

① 经济学家斯韦托扎尔·平乔维奇写道:"如果正式规则的变更与现行的非正式规则相一致,则其激励机制的相互作用将倾向于减少社区内的交易成本(进行交易以及维持和保护体制结构的成本)和清理用于生产财富的资源。当新的正式规则与现行的非正式规则发生冲突,其激励机制的相互作用将倾向于增加交易成本并减少社区的财富生产。"

时间的流逝,这种见证的职能逐步地转移到王室的官员手上,政权的过渡是缓慢而平稳的。由社区管理日常事务的传统得以长期保留,直到国家具备了足够的协调能力和全面的执法能力之后才逐渐消散。

罗马法之所以能够广泛传播,是因为它为社区提供了解决实际问题的方案。随着社会关系的商业化,它能够有效地填补民间习俗的空白,因此被公认为是协助参与方各自达成目标的实用工具。社会关系网络随着商业化的进程而不断扩大,鉴于罗马法的理性主义特征,越来越多的群体乐得接受以法律的方式预防潜在的纠纷,解决可能出现的冲突。我们循此可以观察到一条法律的传播途径——从国王、贵族和主教到商人,从行会到市民,最终蔓延到普通的农民。就像社交媒体在网络上的传播一样,作为整个社会所偏爱的协调工具,法律的这种扩张或民主化表现出了规模效应。作为交流平台(例如推特或脸书)的参与者越多,效用就越大。这种行之有效的网络效应同样适用于法律的应用,并对欧洲经济产生了积极的影响。它为私营企业积累资本创造了一个契约框架,使信贷能够从储户转移给商人,并最终流向实业家。它同时也对政治产生了影响,最终使权利从特权阶层扩散到普通民众。社会网络的扁平化,促进了法律独立地位的确立,从地位卑微的农民到政府官员以及世袭贵族,人人都认识到法律能够为其切身利益提供保障,法律于是得到了广泛的普及。

反观许多争取到民族独立的国家,尤其是前欧洲殖民地,一直在苦苦挣扎。这些地区的统治者试图仿效或者照搬来自宗主国的法律制度，以此取代长期规范当地社区关系的传统习俗。但是他们往往急于求成，在落实可行的替代方案之前，就草草地取缔了传统社区的管理习俗，致使社区活动失去了任何可循的章法。在这段真空期，一些当地声名显赫的"大人物"纷纷出台，利用与权力当局的私人关系来为自己的掠夺行为保驾护航，大肆践踏民众的基本权利。苏联"休克疗法"式的改革之后出现的种种乱象，再次验证了个中的教训。在这种情况下，理性主义的自然法即便付诸实施，也极有可能在权钱交易的黑幕中遭到曲解，反而成为权贵阶层玩弄于股掌之间压榨普通民众的工具。

第三个启示是，法律变革若能切实解决现有问题，则更容易推而广之。为应对不公正的庄园法庭，中世纪的国王建立了罗马法庭。为有效地推行正义，国王聘请法学家来拟写法律，使皇室法庭能够处理许多日耳曼法或封建习俗无法圆满解决的纠纷。运用罗马法，就像采用更先进的技术一样，皇室法庭以其效率和公平性受到了各个阶层的欢迎。受此启发，为弥补日耳曼法在商业领域的缺陷，各城镇全部或部分地通过了《查士丁尼法典》；日耳曼国王们陆续采用了罗马法的元素来管理大幅扩张的领土。罗马法律制度的理性化一开始就立足于普遍的公众基础，因为它满足了普通大众对书面规则的需求以及对公平的渴望。在接下来的千年里，法学家们在解决现实问题的实践中不断总结经验，展开理论争辩，使之日臻完善起来（Stein，1999）。

这些都是针对现有法律制度的不足推行改革与改善的成功案

例。由于遵循了与时俱进的逻辑，即在经济和政治进程的不同阶段进行适应性的调整，西方法律体系为法律机构以及从业人员参与政治体系的权力中心开拓了空间。最终，近现代建立起来的法律体系为西方私营企业免受政府干预建立了屏障，使之可以大规模地自主操控资本。

当今全球仍然有40亿人无法获得充分的法律服务或免受钱权滥用的保护，因此重新回顾西方法律的演进过程以及法律与民主的关系，或许能够为国内的政治改革以及平衡全球的发展政策带来一定的启示。民主本身并不是西方自由传统的标志，相反，西方民主遗产的独特性蕴含在其政治和司法体制当中。在此体制的背后，法学家们发挥自身的学养和智慧，成功地将日耳曼习惯法和罗马理性法融合到一起，使之从封建主义中脱颖而出。其主旨始终以"束缚国王的手脚"为核心，以防止国王独断专行，最终定型为宪法对政治权威的约束。其合法性在于遵循了法律面前人人平等的原则，无论是执政者还是普通民众。这种法律的独立性既是自由主义的基石，也是国家维持社会秩序的强大支撑，同时对政治权力起到限制作用。① 在更大的社会结构中，法律无论作为一种制度还是一种实践，对于有限政府的发展都起到了至关重要的作用。

---

① 在保护个人财产的同时加强政府管理，是詹姆斯·麦迪逊与其他美国立宪者的理想。

第五节 中国的法律传统:法家与儒家

在中国历史上,很难确定一个时期或环境可能会产生一种类似于日耳曼法律的忠诚传统,这种传统可以为个人和社区提供系统性保护,使之免受强权的欺凌。

中国的夏朝最早奠定了国家形态,它是在原始部落联盟的基础上发展起来的。自从夏启将王位禅让制改为世袭制之后,中国便开启了长达数千年的中央集权治理模式。阻遏任何一股坐拥庞大资源的势力——或富可敌国,或拥兵自重,或功高震主,都被视为对中央政权的威胁,因此构成了历代王朝首要警惕和打击的对象。高高在上的封建朝廷绝对不会屈就与他们进行谈判协商,若不能动用武力镇压,便许以官禄进行招安。汉唐时期的官僚氏族填补了地方的行政空缺,他们没有动力阻止中央集权,也不会要求限制王权,因为他们代表的是国家利益,而非公民社会的利益。在地方争取自治被视为威胁的情况下,没有任何地方势力能够阻止中央政府的壮大。地方若争取自治,唯有采取武装叛乱的形式,而不是要求通过立宪进行分权。

法家和儒家是中国两种主要的哲学和法律学说派别,同属于中央集权主义。就理论基础而言,前者根植于刑名之学,聚焦于全面的行政和刑罚,追求霸道;后者集大成于孔孟之道,立志推行仁政亲民的政治理念和世俗化的伦理规范,追求王道。法家思想成型于战国时期(公元前475—公元前221年),其治国理政的方针始终致力于增强国家调动民众和资源的权力，使国家得以增加收入、镇压异议和扩大军队，被广泛认为是公元前3世纪秦国（公元前221—公元前206年）成功统一六国意识形态的基础。①法家也反对道家提倡的极简主义和自由放任主义。法家是法庭上的学者，他们推崇中央集权式的自上而下的治理模式，并认为与传统相关的特权和礼仪是不必要的。他们反对儒家通过美德伦理和道德榜样塑造社会秩序的理想，主张一个国家只有依靠绝对的权力才能实现富国强兵的目标。在法家思想的指导下，秦朝统治者根据资质、才能和成就直接任命官员掌管地方事务，以期对社会的各个角落掌握绝对的指挥权和控制权。为了确保国家的稳定，法家倡导一种高度机械化的管控模式，以确保皇帝唯我独尊的地位和号令天下的能力。

秦朝统治者实行军事化的管理路线，以家庭为登记单位缴纳赋税，充服兵役与劳役。地方官员若未能完成定额，将受到严厉惩罚。登记制度严格贯彻平等主义的思想，平民和士绅均不例外。在军事管理方面，官僚机构取代了世袭贵族对军队的指挥权。不过，秦朝并没有消灭所有的世袭贵族，却大大削弱了贵族的特权。皇帝任命地方官员，接管世袭贵族对封地的管辖权。此后的历朝历代，从本质上都遵循了这种资源的调配模式，即使不是事实上

---

① 诸侯混战在中国战国时期达到了顶峰，这种各国相互征伐的背景为国家统一谱写了序曲。秦国作为最终的胜利者，确立以皇帝为中心的中央集权制，形成从中央到地方大一统的官僚行政体系，以严刑峻法压制异己分子。

的，也是精神上的。

因此，无论是在军事、政治还是意识形态上，中国的贵族从未拥有过在制度上限制皇权的力量和权利。英国的《大宪章》规定：未经议会同意，君主不得征收任何税款；民事诉讼需要在固定地点举行；判决必须由社会地位相当的人士做出；保障进出王国商人的安全。中国历代的封建王朝没有这样的宪法性文件。

新朝代建立之初，由于急需广泛调动社会资源，以稳定社会秩序，驯服先朝遗民，法家思想通常成为治国方略的首选。儒家思想之所以在整个中国历史上一直备受尊崇，是因为它能够使人们通过遵从传统道德信条而实现社会和谐。在儒家的传统思想中，王朝的政治统治受命于天，为维护人民的利益而建立，因此提倡统治者应始终以保护人民的生计和福祉为目标。[①] 儒家思想富有理想化的浓墨重彩，天真地认为可以通过儒家君子的美德来约束权力，而不是通过明确的规则或成文的宪法。在整个王朝的统治范围内，儒家思想被用来确立统一的意识形态，以协调各种不同的利益关系。这些思想被尊崇为是经过时间检验的古老传统。从这层意义上说，它具有社群主义的特征；而从"民主"的角度来看，它又与西方的社群主义概念有着本质的区别，因此它属于在仁政理念的指导下，权力阶层理应奉行的民本主义。对儒家思想的解读是一代代鸿儒皓首穷经留下来的文化遗产，当然也因应不同时

---

① 在中国哲学中，"天"这个概念不是上帝的所在，而是宇宙学意义上的大自然。

代的政治需要而反复经历了去粗取精的筛选过程。

在支持一个强大的中央集权国家推行全面的公共管理方面，法家和儒家都是高度一致的。他们都在寻求一种包罗万象的政治和道德秩序的渊源，这种追求进一步激活了中国文化和政治生活的内在统一性（Pines，2012）。综合来看，中国历代王朝在公共管理方面所采取的策略属于"外儒内法"，这与欧洲习惯法和理性法的融合具有异曲同工之处，但是论及国家对经济资源的全面掌控，它是任何一个欧洲国家无法企及的。儒家所倡导的道德责任准则，在一定程度上对约束帝王和各级官僚发挥了积极作用，希望他们能以仁义之心保障人民的基本生活，并通过为民做主来维护社会正义。但是，中国对君权的限制从来没有实现真正的制度化，儒家思想的影响也仅限于劝谏的功能，而非西方概念中的权力制衡。

近代中国的政体一度受到欧洲和日本的影响，20世纪初依靠末代皇帝的君主立宪以失败告终。新中国成立（1949年）之后的政治、经济和法律体制深受苏联的影响，典型特征是实行指令性计划经济模式，实行生产资料公有制。1978年末，中国开始实行改革开放政策，并逐步引入市场经济的元素，特别是在21世纪初加入世界贸易组织之后，逐步与国际规则接轨并融入全球化，在这过程中，与财产权和交易权相关的法律层出不穷，这在很大程度上解释了中国经济的飞速发展得益于中国法律制度的逐步健全。如今，中国共产党坚持依法治国，并明确了政党和法律的关系——"党必须在宪法和法律的范围内活动"。与此同时，中国领导层呼吁传承儒家文化思想,以推动社会的和谐稳定。但在此过程中,像欧洲一样,中国悠久的历史遗风不断以新的形式重现。例如,在新兴的私营部门,交易仍然时常依赖于个人之间的信任关系。如果法律未能在市场交易中建立起足够的威严,那么着眼长远的投资将受到抑制。当然,中国的经济发展还有另一条线路来弥补法律供给的不足,那就是国家自上而下的经济规划和行政指令。①

相较之下,西方企业是在一个将自由与创新相结合、注重产权保护的环境中成长起来的。这种经济自由是由公民权利进行日常维护的,而公民权利与市场良好的运行相互平衡,共同赋予了普通民众自我组织的能动性,以及反抗强权的意识。诸如教会或

---

① 中国民间组织力量分散而孱弱,经济和社会的发展在很大程度上由国家主导。遍查东亚的制度历史,没有一个国家建立起独立的法治体系来保护资产免受政权影响。Jose Edgardo Campos & Hilton L. Root(1996)认为,在1960年至1990年的高增长期,为参与全球经济的竞争,工商业的利益团体必须在法治体系之外另辟蹊径,以其他方式来保障并促进财富增长,这种必要性直接对区域经济结构产生了两个层面的影响。

在政策或体制层面,由于私营部门缺乏健全法律和契约保障,东亚经济体依靠国家行政体系的协调和政府计划实现了高速增长。大型的投资项目往往需要自上而下的政府协调,而非依照明文的法律规范。最高行政机关分门别类设置部委,负责制定预算,并监督特定行业的运行状况。日本经济是一个国家与企业交叉协调的复杂混合体,政府的官僚部门在产业协调方面发挥了关键作用。

在交易层面,表现卓越的东亚经济在国家权力与非正式执法之间实现了微妙的平衡。私人关系在经济交往中无处不在,而且至关重要,其核心源于建立在信任基础上的默契,而非明确的法律条文或冗长的契约。交易双方很少对簿公堂,因此律师数量较少,而且处于社会的边缘地位。

者非政府组织之类的民间团体的涌现，充实了政府无力提供的公共资源，并在蓬勃发展的科学、教育、通信以及人权和环境保护等多个领域建立了相互联结与交流的网络。

　　西方的法律传统，以及基于公民责任的自由与法律的调和，在反馈回路不断加速的过程中得以发展。与市场的联系只是它汲取活力的一部分，使法律能够优先于当权者的意志，发挥公众普遍赞同的协调功能。具有别样社会传统的中国在全球舞台的角色日益光鲜靓丽，同时也向将政治和经济自由主义联系在一起的西方理论提出了挑战。

第六章　欧洲与中国的大分流

本章以欧洲国家竞争理论和儒家治国理论为基础,运用复杂系统方法和网络分析方法来丰富我们对创新和国家之间大分流的理解。

大分流一般用来描述东西方之间在政治、经济、文化以及科技创新等领域演进过程中所形成的差异化模态。

欧洲是一个由众多小国参与竞争的集合体,其最终目标是增强其经济优势,以保护自己免受强国欺凌。迫于激烈竞争的压力,各国都在探索和采用任何可以增进竞争优势的创新。一般来说,这是一个有效的论点。然而,欧洲国家不仅参与军事和经济竞争,它们还利用社会和外交手段加强安全,扩大势力范围。联姻是一个重要的手段,欧洲的皇室王朝之间基于此建立了牢固的关系网(见图4.1)。

第四章指出,前现代欧洲的姻亲网络表现出小世界和无标度网络的混合特征。尽管它的度分布不遵循完美的幂律,但通向较大结点或轴心的沟通渠道是高度倾斜的，这意味着一些高度连接的枢纽将较小的结点串联到一起。其小世界特征体现为平均最短路径堪比随机网络，但具有更高的聚类系数。

本章将分析，欧洲网络的这些特征不仅促进了创新在整个大陆的传播，而且也为创新的先行者提供了庇护。强大的地方势力削弱了君主的权柄，商人阶层可以与各级当权者结成联盟，成为体系中的重要角色。商人地位和影响力的提升，为社会和制度在宏观层面上的创新奠定了基础，并最终助力于欧洲经济的腾飞。我们进一步证明了网络中存在着主要的"权力集群"，它们不是独立的，而是相互联系的。这些权力集群之间的联系限制了君主的野心，也遏制了整个欧洲统一的可能性，并为充分利用技术从欧洲海岸向新的贸易路线和对外殖民主义扩张提供了强劲的动力。这种扩张为开发更新的技术增添了额外的激励，从而促进了工业化发展，最终将欧洲推上了快速增长的轨道。

相比之下，从秦朝开始，在历史的大部分时间里，中国是一个完整统一的国家，儒家思想被提升到国家哲学的高度。学者们传统上认为信奉儒家思想的官僚制度是扼杀创新的根本原因，由此导致了中国与欧洲发展道路的分野。依靠庞大而层级分明的官僚治理体系，皇帝可以轻而易举地向民间征敛足够税赋和徭役，从事修筑皇宫和长城、铺设驿道、开凿运河之类的大型基础建设，并维持庞大的军费开支，致使一个强大的帝国可以做到完全的自给自足。帝国的核心使命是维持国内的长治久安，而不是大举对外扩张。因此，中国没有为了竞争或扩张而提高技术的强烈需求或动力，其轴辐式的治理结构使官员能够高效地传达和贯彻皇权的旨意，但也过滤掉了可能不利于帝国统治的创新。它高度集中的体制阻止了其他团体，如富商联盟或民间书院，成为体制中强大的参与者，于是也就阻断了它们发展成为独立私营部门的机会。

欧洲国家和中国的网络特征代表了两种不同的发展道路和结果，它们不断地塑造着各自体系中的参与者，并决定他们如何行动和相互作用。[①] 从网络分析的角度，我们试图为诸多问题提供更进一步的见解，包括：这些独特的模式是如何产生的？欧洲的各种联盟与政治稳定有何关系？为什么那些与工业化有关的颠覆性技术会出现在欧洲，而没有出现在中国？这种情况并不能表明欧洲人和中国人的发明创造力孰高孰低，也不能用来描述最初驱动技术发明时，二者在文化科学水平上的差距。毋庸置疑，18世纪之前中国的经济实力独领风骚，整个国家在政治相对稳定的时期积累了大量的文化和技术成就。相比之下，经历了文艺复兴和启蒙运动洗礼的欧洲，对创新有了更强的接受能力。这归功于其自身鼓励横向连接的多中心网络结构，从而形成了无数的信息级联，可以创造、传输和利用颠覆性创新作为增长的引擎，实现了巨大的飞跃。

---

① Loren Brandt、Debin Ma 和 Thomas Rawski（2014）认为，中国的制度是围绕单一的政权和国家控制展开的。这促进了稳定，但也阻碍了旨在打破现状的经济和体制改革。

第一节　欧洲的系统结构和创新

　　精英阶层的通婚现象遍布整个欧洲，构成了其罗织权力网络的一个关键特征。随着时间的推移，显赫的皇室家族积累了越来越多的姻亲资源，继而占据网络的枢纽地位。多个枢纽相互竞合，有效地阻止了一家独大的格局，因此没有任何一个枢纽能够强大到如此地步，以至于可以充当中央过滤的机制，或者有能力妨碍其他结点之间彼此连接。由于没有严密的管控体系，突破性的变革可以在小世界网络中随机发生，并借助多重的横向连接，貌似无序却能更顺利地传播开来。在欧洲，皇家科学院和高等学府发挥了重要的连通枢纽作用，它们不仅是新思想和新技术的策源地，而且提供了促进交流和创新的平台，将发明成果与外部的需求连接到一起。同时自身也从与外部交流中汲取了源源不断的创新灵感，从而形成了全社会容忍、鼓励并支持创新的正向反馈回路。

　　鉴于姻亲网络呈现出集群的特征，我们将以此为线索，继续深入分析欧洲的权力格局。我们会发现，在这一权力格局当中，系统层面的内部约束，反而为各个枢纽向外扩张提供了强大的动力。第三章曾详细讨论了生态位构建理论，我们在此基础上引入近可分解性（near-decomposability）的概念，以进一步推断欧洲和中国创新体系的差异。

欧洲系统的权力集群与向外扩张的动机

在第四章中,我们介绍了欧洲从 14 世纪到 20 世纪 239 个贵族家庭通过婚姻建立起的网络(见图 4.1)。现在,我们来仔细考察作为网络枢纽的王室集群(见图 6.1),尤其是其中最为显赫的王室家族(见图 6.2),以了解其权力形成和运行的本质。第二章确定了三种可以用来衡量行为主体实力的方法:(1)中介中心性,它代表了给定结点在任意两个结点之间最短路径上的活动频率;(2)特征向量中心性,即直接联系少,间接联系多;(3)简单的度中心性,即一个结点的连接数。

欧洲的姻亲网络包括 6 个主要的权力集群,在图 6.1 中用不同灰度的圆点表示。集群 3(浅灰色)的能力与它庞大的体量和许多强大的血统有关,尤其表现在特征向量中心性方面。这些以战略联姻为纽带的血统家族掌握了影响全局的势力。霍亨索伦王室是该集群中最强大的一个,具有高特征向量和中介中心性,因此可以作为王室之间的桥梁。集群 1(白色)不是很大,但包含了另一个强大的维特尔斯巴赫家族,它在所有三个中心性指标中排名都很高,这意味着它可能具有重大的局部和全局影响力,以及充当居间桥梁的角色。集群 2(浅灰色)包含最强大的家族之一,即波旁家族,体现在中介中心性和度中心性两个方面;它可以有很大的局部影响力,也可以充当居间桥梁。集群 4(深灰色)的影响力主要来自它的规模。它的三个最强大的成员是都铎王朝、特拉斯塔马拉王朝和卡佩王朝,但它们的中心性并没有集群 1、2 和 3 中强大的血统家族那么高。由集群 5（黑色）和集群 6（也是黑色）组成的谱系数量相对较少。

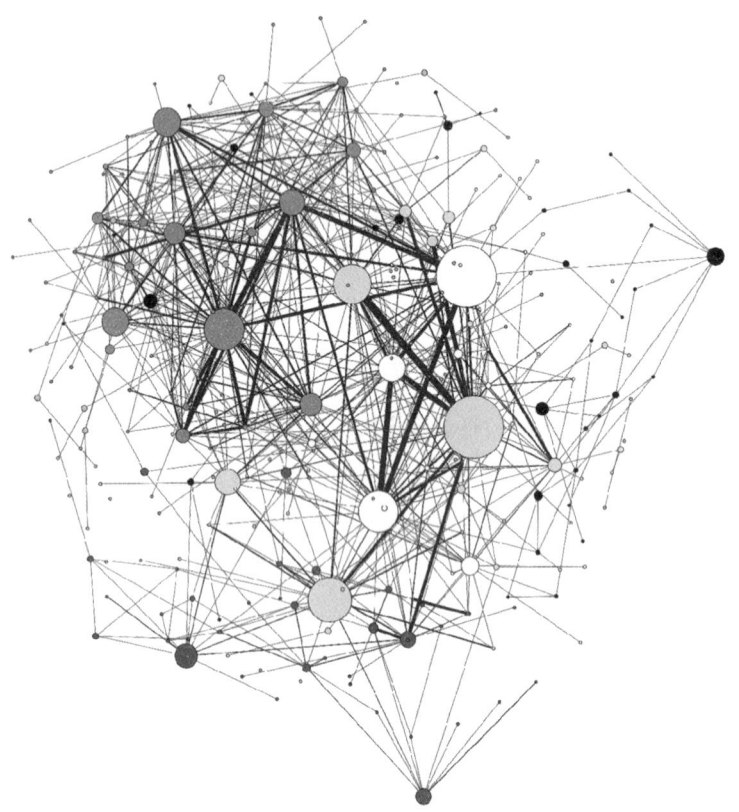

图 6.1　欧洲王室姻亲网络的主要集群

注：结点大小表示中介中心性，或一个给定结点沿任意两个结点之间最短路径的频率。我们关注中介中心性，是因为我们对理解网络的连接性感兴趣。Gephi 中的模块化方法总共发现了 62 个集群，但是这些集群中的大多数都很小。只有 6 个集群具有 5 个以上的王室家族联结，以灰色阴影表示：1（白色）、2（浅灰色）、3（灰色）、4（深灰色）、5（黑色）和 6（也是黑色）。其他集群很少包含两个以上的家族。

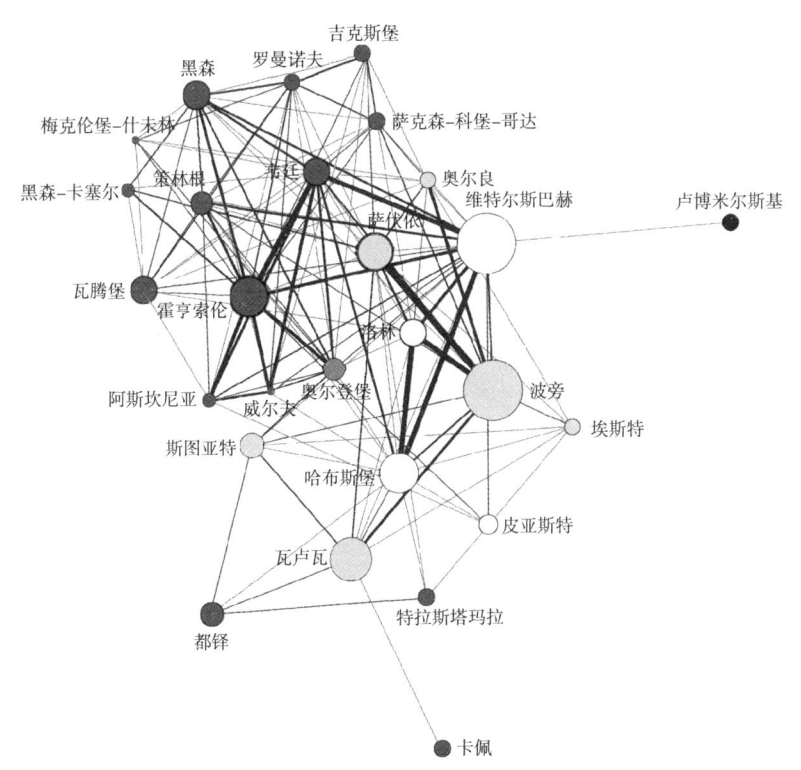

图6.2 最主要的20个连接中,在度中心性、中介中心性与特征向量中心性方面存在至少一种中心性的最具"权重"的皇室家族

注:与图6.1一样,结点的大小代表中介中心性,线的宽度与两个结点间的姻亲关系成正比。

简化的关系图(见图6.3)还显示,不同灰度的集群本身是相互关联的,集群1(白色)、集群2(浅灰色)和集群3(灰色)在中心形成一个紧密的权力三角形。集群1和集群2具有最强的连接,其次是集群1和集群3之间的连接,然后是集群2和集群3之间的连接。集群4(深灰色)主要通过与集群1和集群3的连接来整合构建强大的权力三角形，其中与集群3的连接更强。最小的集群5（黑色）与权力三角形保持连接，但与集群3的连接更强。集群6（也是黑色的）主要连接到集群1。

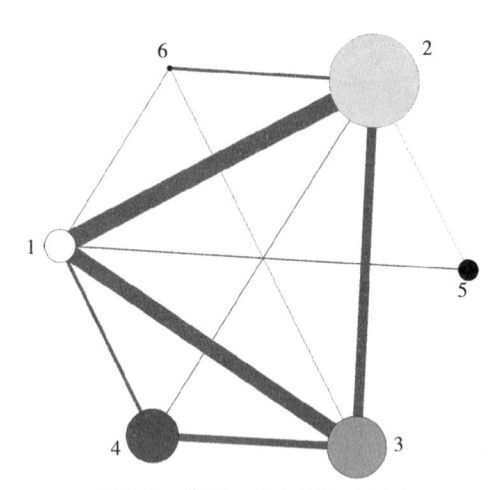

图6.3　集群之间的简化关系图

注：结点大小与集群中的王室家族数量成正比。线的宽度与两个集群之间的结合数量成正比。如图6.1所示，集群以灰色的阴影显示：1（白色），2（浅灰色），3（灰色），4（深灰色），5（黑色）和6（也是黑色）。集群5是最小的。

这种君主国为加强自身势力而编织的联姻超网络产生了一个意想不到的后果，那就是限制了他们对权力的野心。虽然战争是这片土地的常态，但没有一个君主国能够消灭其他君主国，从而实现整个欧洲的统一。在庞大的家族关系网中，一些欧洲君主在掌控权力平衡方面找到了一种各安其位的屏障。纵观历史发展过程，在世界其他地方，大国一般是通过战争和征服发展起来的，而唯独欧洲一直维持了邦国林立的政治生态。这种网络结构的制约，加上有限的国家或地区资源，也促使欧洲精英通过向外扩张积聚力量，而不是援用中国古代一贯提倡的远交近攻的策略。从14世纪开始，当传教士和商人将技术从东方带到欧洲时，欧洲人突破了国界的限制，在海外建立了新的商路和定居点。

近可分解性、生态位创新和商人阶层的崛起

在欧洲的社会政治格局中，权力集群及其相互联系呈现近可分解性的特征，继而为某些社会分支和地区中的创新提供了宽松的环境。新兴的商人阶层和新兴的城邦顺势而起，为欧洲走向近现代化奠定了坚实的基础。赫伯特·西蒙关于近可分解性的观点说明了为什么我们可以将欧洲视为一个复杂的宏观系统，这些观点也为我们辨别欧洲和中国的创新环境提供了一定的逻辑思路。西蒙观察到，网络结点运动的自主性和相互依赖性对于复杂系统的形成至关重要，而"近可分解性的特性对系统的行为具有重要的影响"。换句话说，系统的细分方式决定了它的长期动态行为。如果一个系统是完全可分解的，那么各个部分就不会相互影响。但由于"近乎"如此，它们又不是完全独立的。欧洲主要由独立的部分组成，各个子系统拥有不同的语言、传统和行为规范。然而，由于这些子系统不断地、积极地相互作用，我们有理由将欧洲视为一个宏观系统——尽管其中存在着经济、社会、法律和文化方面的差异——并高度适应当地的变化，这与西蒙的近可分解性概念是一致的。

当我们考虑商人阶级如何相对独立于其他社会群体，远离主教、国王和贵族的庄园和村庄时，这些关于近可分解性的见解就

适用了。他们相对独立于封建领主，这使他们形成了与欧洲早期农业文明截然不同的公民责任传统。西蒙的见解可以应用于这些新结点的出现——商界精英，以及修道院、大学、手工艺行会、伦敦法院的小客栈（律师协会）、法国的最高法院。这些民间团体的自治和自立精神蔚然成风，在整个欧洲产生了广泛而深远的影响，从西班牙南部一直到波罗的海的城镇，又从新的城邦影响到民族国家。城市中的商人阶层获得了社会资本和管理风险的知识，他们几个世纪以来的成长与西部欧洲波澜涌动的社会创新模式交相呼应。这种创新模式下的变革始于欧洲分散化的网络提供的生态位，在其达到临界质量时便自然而然地涌现出来，并随之得到了广泛传播。① 保护贸易收益的规则和立约权的确立，为私营企业的长足发展提供了法律保障，进而重塑了商业与贸易的格局。统治阶级不得不做出两难的抉择，要么主动适应，要么放弃凭借权力征敛财富的陋习。社会契约的普及促进了贸易的增长，一批专

---

① 在弗兰克·吉尔斯（Frank Geels）提出的创新生态位模型中，社会技术变迁的过程分为几个阶段。首先，社会成员的信仰和活动需要一套规则和制度，他们一旦就此达成共识，就为政权合法性奠定了基础。其次，一种创新若能具备优势，并且在广泛使用中得到普遍认可，转型即可大功告成。变革总是从底层的某个角落悄然起步的，我们可以将其看作是为创新者提供保护空间的生态位，就像一个避开主流市场冲击的幼稚产业。大多数创新长期停留在生态位层面，甚至就此消亡，很少能够实现社会技术层面的突破。只有极少数的创新能够脱颖而出，经过广泛使用形成扩散效应，从而造就一个新的社会技术背景。正向反馈是通过规模收益递增来实现的。不过，一旦这种规模收益得以实现，创新的投资者就会安于现状，并试图阻止进一步的创新，以免带来节外生枝的风险。

门负责分散风险和解决争端的法律和金融专业人士随之形成了一个覆盖整个经济体的私营企业网络，并最终扩散到全球许多地区。在过去的1000年里，欧洲社会和文化的进步，包括拥有大量流动资产的独立商人阶层，教会与国家分离在11世纪的制度化，遍布整个欧洲大陆的大学体系（意大利1088年的博洛尼亚大学和1222年的帕多瓦大学，英国1096年的牛津大学和1209年的剑桥大学，西班牙1288年的萨拉曼卡大学），在13世纪控制了许多欧洲城镇的制造业行会……凡此种种，纷纷推动了思想的传播和技术的发明与应用。另外，自从1648年《威斯特伐利亚和约》订立之后，相互竞争的国家最终将主权确定成为国际法的基本原则。

每一项进步都验证了西蒙的近可分解系统的适应性。[1] 在这种系统中，从事创新的成本仅限于该单元（如商人阶层），因此协调成本很低。在创新证明其价值之前，近可分解性还可以避免改变其他子单元或其所属的整个结构产生更高的成本。[2] 与此同时，独立子单元之间的协调能力又能使各自更快地适应环境的变化。这种观点足以解释为什么富有竞争力的国家得以建立快速增长的动力机制。

工商业的发展日新月异，社会价值观也随之发生了相应的变化。到16世纪，城市作为主要的贸易中心，成为这种变化的焦点。

---

[1] 在消费者理论中，系统近可分解性的概念与弱可分离性有一些相似之处，弱可分离性是指组内任何两种商品之间的边际替代率与组外任何商品的消费量无关。

[2] 在生物学中，发育过程中的一个中心问题是分配不同的任务，使细胞的增殖与功能相一致。分化形态的复制是功能生理发育所必需的。

形形色色的道德观念在相互碰撞中共存，每个城市都根据自己的需要形成了一套特定的道德准则，并且"不受外界的批评所左右"。宗教改革加强了道德分化，尤其为工商业活跃的城市创制了一个道德模板：在契约的框架下履行经济义务，将在全球获取财富和商业成功视为社会地位和美德的象征。

分权、国王的软弱，从城邦到国家的演变

在欧洲的城邦国家，富裕的家庭也参与了激烈的竞争，这不仅是为了获得政治权力，甚至是为保证自身安全所必需的。国王们还需要商人的收入来支持军事活动，分散的网络让富商阶层有机会通过与国王达成协议来分享政治权力。

强势君主都有追求集权化的本能，但契约精神使整个欧洲的贸易得以蓬勃发展。如果某位君主试图剥夺治下商人的权利，那么这些商人就会适彼乐土，到其他地方寻求更遵守契约规则的营商环境。① 1576 年，西班牙军队洗劫了安特卫普，那里的商人成群结队地逃到了荷兰北部的安全港。② 1685 年，路易十四撤销了一项

---

① 经济历史学家埃里克·琼斯认为，商人通过挑起统治者之间的对抗来在欧洲建立起自身的独立地位。在中国，宋朝是创新的黄金时代，尤其是炼焦铁矿和陶瓷生产方面的伟大创新，之后的王朝阻碍了商人的独立性。

② 西班牙哈布斯堡君主制的兴起，是以牺牲西班牙繁荣的城市文化为代价的。来自新大陆的大量金银源源不断地流入西班牙王室的金库，王室不再需要保护国内的城市商业来扩大税源。然而，在欧洲其他地方，需要获取资金来维护王权的国王不得不求助于商人，这意味着必须保护商人的财产权和其他经营收益。

承诺对胡格诺派教徒实行宗教宽容的法令,该教派中的许多商人携带所有的资产,逃到了伦敦、柏林、日内瓦,以及荷兰的多个城市。

欧洲经济增长归功于多个民族国家分权的态势,城市的自治地位又是在国内地方与中央君主分权的结果。明白这一点,有助于我们理解为什么创新可以相当顺利地克服政治屏障。一个由繁荣的私人市场、活跃的公民传统和反应迅速的国家政治组成的分散化的欧洲是有据可查的。然而,要全面了解创新如何改变欧洲社会,人们必须了解文化和信息在欧洲大陆的横向传播方式,及其对制度、信仰和价值观的改造作用。从网络理论的角度,我们需要了解欧洲的网络结构特征,以及在其中添加或删除连接的后果。强大的皇室家族和强大的商人精英之间形成的联盟促进了变革,众多皇室的庞大网络成为桥梁式的枢纽,使欧洲一个地区的创新能够对另一个地区产生催化作用。由商业的性质所决定,一个地区的商人团体必然要与其他地区的同行建立联系,这种得到皇室支持的交易自由可以重塑网络的扩散模式。此外,欧洲商业信息系统的开放性使其能够快速适应环境的变化。相比之下,中国重农抑商的思想和政策更容易钙化,从而压制了商人的敏感性和灵活性。中国商人群体往往通过就地整合而成长,欧洲商人群体则通过对外拓展而壮大。

由于欧洲在政治上缺乏统一性,商人就像候鸟一样可以自由移动,在不同的城市之间随意选择最适宜的经商环境。那些拥有财富、技能和人脉的商人可以将所在的城市转变成巨大的商业中心，如果某个国家不能提供充分的财产保护，而且抑制技术和金融创新，他们就可以携带资源投奔他国。于是乎，眼见支持商人的国家获得了经济优势，那些顽固的君主迫于竞争压力，也只好做出适应性的政策调整。

在现代国家整合初期（1600—1800年），即使许多自治城邦最终失去了独立性，私营企业的发展仍在继续。王权与独立的商业活动之间存在着共生关系，王权保护富商的财产权和其他经济利益，以从他们那里换得低息的信贷以及对其军队的资助。① 无论王朝是从英国、法国还是从西班牙继承下来，这都无关紧要；无论它如何尝试，没有一个欧洲君主政体能够将商人精英的财产收归国有。君主向商业银行借贷是习以为常的事情，如果君主违约，他首先将面临丧失信用的风险，其次将遭到众多银行的联合抵制，而议会也将出面逼迫君主依约偿债，否则议会将协助银行界共同惩治失信的君主。

第二节　儒学立国与创新的停滞

要了解中国的发展历史及其与欧洲的差异，必须认识到中国

---

① 在15世纪和16世纪地理大发现的时代，中国的造船技术和航海能力无与伦比，其独特的优势得益于明朝统治阶层的大力支持。然而，更大更好的船只并不是使欧洲商人将业务扩大到全球的原因，保护财产权的制度才是西方国家致富的根本，富有远见的君主都深知其中的要害（North, 1968）。

从秦朝起就实现了国家的统一，皇帝的头等大事始终是坐稳自己的龙椅和对大片领土的绝对控制权。早在秦朝确立的郡县制体系，一直被后世王朝沿用为统治庞大帝国的基本行政管理框架。这个体系由四个环环相扣的层级组成：（1）皇帝处于顶端，拥有无上的权力；（2）包括太尉、丞相、御史大夫在内的"三公"，负责监督宫廷官僚机构的各个部门；（3）包括卫尉、郎中令、太仆、廷尉、典客、奉常、宗正、少府、治粟内史在内的"九卿"，分掌全国范围的文官和军事官僚机构；（4）在地方一级设郡守和县令，下辖乡、亭和里，掌握本地的经济生产、赋税和刑事诉讼。郡守（行政）、太尉（治安）、监御史（监察）直属中央垂直管理。皇帝是决策和信息流通的中心结点，沟通渠道主要是通过由文官组成的官僚体系，如此实现了全国上下的全面覆盖。

在中国社会传统中，行事的合法性极其注重个体的道德表现，而非强调制度的普适性。正如我们将要看到的，儒家君子人格化的道德权威，与西方基于法律和契约的理念形成了鲜明的反差。要理解迄今仍然发挥作用的道德权威，我们有必要回顾第五章提到的儒家思想。中国历代王朝，无论其如何起家，也无论其最初的民族或文化背景，在其发展到成熟阶段时，一定会将儒家思想奉为经典，通过在道德理念上凝聚普遍的共识来扩大社会合作。他们发现，在意识形态上确立一个主导的政治哲学有利于帝国职能的合法化。法家思想充满戾气，缺乏对传统的尊重，有利于短期内对社会的压制，但政权无法得到人民长期的拥护。元朝和清朝都是少数民族在武力征服的基础上建立起来的统一朝代，而拒绝吸纳儒家思想作为治国理政的价值体系，是元朝如此短命的主要原因。

中国历代王朝的文官都饱受儒家思想的浸染，特别是在隋朝开启科举制度之后，作为儒家经典的"四书五经"在他们踏入仕途之前便对他们的意识形态发挥了整合统一的作用。正是通过这种由饱读诗书且观念一致的文人充实的官僚体系进行上通下达，历代王朝得以克服遥远的距离和种族多样性，既而维护了中国的统一和稳定。这种行政管理能力使中国取得了人类历史上罕见的成就：长期的政治稳定；对种族多样性的宽容；能够支撑大城市中心的经济体；关于政府角色和为官之道的多种哲学观点；以及精英制的官僚取仕制度（Finer，1997）。这并不是说包括道家和法家在内的三教九流的思想已经销声匿迹了，而只是与在政权支持下的儒家相比，看似边缘化了。实际上，随着佛教在东汉时期的引入，中国的思想界和民间习俗仍然是丰富多样的。

从宋朝开始，中国各王朝开始吸取以往朝代的教训，努力使官僚体系具有代表性和包容性，以防止地方酿成尾大不掉的割据势力。它们按照各省的人口比例设定名额进行招聘和任用官吏，以确保官场代表全国。作为合法性的来源，精英和包容性的结合提高了皇帝的威望。科考的儒学课目实现了观点和程序标准化，使官僚机构在保持意识形态同质化的同时，在地域上更加异质化。然而，在封建帝制王朝稳定与繁荣的背后，却隐藏着多种阻碍创新的因素。

例如，社会学家赵鼎新将工业化的失败归咎于外儒内法的社会秩序，认为中国不可能内生工业转型的动力。他写道："当欧洲人在19世纪持着现代武器抵达中国时，中国并没有走向工业革命而是走向王朝的衰落。中国并非自发地迈入现代化，而是被西方和日本帝国主义拖入工业化和现代化的历史进程当中。"问题在于，"在封建帝制晚期的中国，无论发明者是绅士还是手工业者，由国家的性质所决定，无论是发明还是科学发现，都不会产生财富、威望或权威"（Zhao，2015）。

中国经济学家林毅夫认为，官僚精英制度将一些聪明的中国人吸引到了政府体系，从而扼杀了现代科学的前景。一般来说，官僚精英可谓名利双收，不仅享有政治权力，而且还享有经济地位。因为任何人都可以通过科举而晋身成为官僚精英的一部分，所以有人说"书中自有黄金屋"。然而，儒学教育加强了思想的规范化，阻止了对新奇事物的追求。林毅夫说，为了准备科举，考生们经年累月地学习和记忆儒学经典，通过这些经典，仁义礼智信的儒家教义得以内化。因为孔子的统一思想对成功的皇权统治至关重要，所以数学等科目被排除在考试科目之外，于是降低了培养科学家的社会动力，无法发掘科学进步的潜力。

众所周知，希望自上而下地将创新控制在政府手中，对于当权者来说是很自然的，但实际效果却是对创新乃至社会进步的压制。尤其是明朝以后的官员们，在抑制潜在颠覆性的本土技术创新方面发挥了主要作用。例如，一整套可以到达东非港口的长途航运技术（仅从1405年持续到1430年）或印刷术，在18世纪20年代就停止使用了。这些技术被视为颠覆性的，等同于具有反叛倾向的宗派邪教。① 官员们作为系统管理者,对任何引起重大变革的技术进步都抱有本能的恐惧,因为他们的首要目标是按部就班地维护社会和谐(Pines,2012)。他们热衷于监控任何违背圣意或正统伦理的蛛丝马迹,将不同政见视为异端邪说,将技术创新视为不入大流的奇技淫巧。商人的牟利行为是技术革新和产品创新的核心驱动力,而历代王朝对商人阶层的蔑视和压制,成为阻断中国创新和持续改进的潜在因素。当变革最终汹涌到来时,整个体制和社会观念必然产生剧烈的震荡。

历经多个世纪的王朝兴替,文官行政体制在中国轴辐式网络中一直担当了路由器的角色。这在维护政治稳定的同时,也抑制了快速创新。除非由官方内部发起,而且不会对公共价值观造成猛烈的冲击,否则创新只能停留于零星的操作方法的改进。这意味着,随着传统主义的式微,整个社会通常呈现的是衰落,而不是改革和欣欣向荣的局面。学而优则仕的共同信条始终鼓励受过良好教育的学子汲汲于仕途,而民间势单力薄的创新者很难形成系统性的创新,而且他们作为具有社会价值的行动者也很少像文人骚客那样获得官方的承认和坊间的追捧。民不与官争,是根深蒂固的文化风气。商人和士绅阶层从来不会挑战当权的官僚精英,而是寻求成为其中的一员,或者,他们宁愿设法通过姻亲或利益输送之类的手段攀附,也不肯专心资助或支持社会或技术的突破

---

① 在中国历史上,太平道、白莲教或拜上帝会等宗教派别都曾领导农民发动对抗官府的叛乱。

性创新。

新型社会结点的形成是一件令中国历代王朝胆战心惊的事情,在中国历史的大部分时间里,民间的自组织以及有可能创造新结点的技术代表了一种政治威胁,而不是一种机会。事实上,在19世纪末清朝没落时期,这正是所发生的:商人和实业家对清政府抑商态度越来越不满。对独立企业可能扰乱既定秩序的担忧,竟然变成了现实。私营商业的发展对清王朝提出了强烈的改革要求,新兴的实业家、专业人士和进步的知识分子开始质疑儒家的正统原则。在眼界洞开之后,他们开始接纳新的思想方式、生产方式和生活方式,与全球网络的联系使他们不可避免地与王朝发生冲突,而对帝制戒律的排斥成为他们叛逆的动力。

经济学家第默尔·库兰(Timur Kuran)在其著作《偏好伪装的社会后果》中指出,社会关系中到处都存在"偏好伪装",它规范行为,歪曲知识,抑制变化,但同时也引发革命。(在偏好伪装中,偏好的表达受到对结果预期的限制。)这种现象在紧密相连的政府官僚机构中尤为严重,因为既然跻身统治阶层是自我选择的结果,那么对于处于体制内的这群精英而言,他们的观点比那些通过获取公共信息形成的观点更容易受到操纵。在一个高度集中的轴辐式体系中,权宜之计是在政治上快速达成共识,但也容易快速瓦解或被取代,甚至会引发颠覆性的革命。例如,二战之后苏联的重工业化迅速在领导层形成了集体决策,但也因人民生活迟迟得不到改善而失去了号召力,这是导致苏联解体和颠覆布尔什维克统治的根本原因。19世纪以来,一直自信满满、以天国上邦自居的大清王朝对世界格局的变化懵懂无知，极力打压那些反叛正统并要求政治改革的社会精英，最终因冥顽不灵而导致了西方列强的践踏，并随后在国内引发了长期的军阀混战和一系列的民族主义和民主主义革命。一个令全世界钦佩的例子是邓小平主导的中国改革开放，他用"实践是检验真理的唯一标准"推动改革，通过全国性的大讨论形成了关于真理的共识，成功地发展了国民经济，改善了人民生活，将中国的综合国力推向了一个新的高度。

国家对关键技术的控制和"私营部门"发展不足

为了维持一个庞大帝国的统一，皇帝需要控制关键的技术和战略性的产业，这一方面能够随时一应俱全地满足宫廷的内需，另一方面也能在税收和徭役之外开辟新的收入来源。例如，宫廷专用的车马、武器、陶瓷和织绣等，都要由官办的作坊特供，盐、铁之类的初级商品也由国家专营，或有时通过皇帝授权进行官督民办的特许经营。对于关键的基础设施建设，如皇宫、陵寝、道路、桥梁、运河和水坝等，国家要对参与其中的建筑设计师、土木工程师和管理人员进行严密的资格审查和监督管理。相比之下，欧洲的君主很少那么咄咄逼人；对于颠覆性的技术，在民间投入使用之前，君主无法随意将之收归国有，或令其专供御用。

最重要的是，国家还保持对基本自然资源的控制。盐和铁的国家垄断是由古代齐国首创的。在整个古代王朝统治时期，大多数矿山仍由政府控制，并分配最低生产配额。由于垄断冶金，国家控制了大炮和大炮的制造，从而发展和传播了火药武器。这种垄断包括可能危及国家统一的军事技术的扩散。① 限制武器和冶金扩散的能力与欧洲各国政府形成鲜明对比，欧洲王国可以在其境内实施限制，但不能在全大陆范围内对用于新军事技术的金属开采实施限制。

中国历史上先后都出现过富商，但他们控制某些制造业或开发新技术（例如印刷、军火或造船）的能力有限。特别是从明朝开始，商人精英和国家组织的城市行会无法像他们的欧洲同行那样，在更广泛的政治体系中控制飞地，或控制关键技术。② "城镇和村庄是一个完整的系统，"费正清说，"商人仍然处于士绅阶级的控制之下，他们没有建立一个独立的贸易和经济体系。"③ 他们的动产无法得到充分保护，自身也没有信贷作为与皇帝讨价还价的杠杆，因为封建王朝依靠农民税收而不是商人信贷作为其主要

---

① 纵观中国历史，牟取暴利的个人都能设法逃避这些管制（Hartwell，1966，1967）。

② 工匠公会自8世纪成立，目的是协助公共工程招募工匠，并协调工匠和商人上交拖欠政府的税款。中国明代一些地区的行会取得了一定程度的自治，但从未达到中世纪欧洲行会的水平。

③ 在封建时代的欧洲，地主阶级定居在采邑制的农庄，欧洲城镇可以突破这种封建制度向外扩张，而不是选择融入。中世纪的市民在新兴的市镇拥有独立的住所，他们推举新的政治权力来保护自己免受国王的直接管束。中国早期的城镇大多属于中央设立的行政中心，富商巨贾和士绅阶层集中到这里，目的之一是接近官府。简言之，他们最可靠的保障不在于拥有多少土地和财富，而在于如何将之与官方的特权结合起来。"家庭财产本身并不安全，但作为家庭成员的官员可以给予保护"（Fairbank，1948）。

收入来源。

一个值得注意的例外是宋朝，当时相对较高的自由民主水平与城市扩张、商业和工业增长相得益彰，工商业为国家收入做出了最大的贡献。大约从明朝的1520年开始，在军事扩张后的一段修整和防御时期之后，商业和城市发展出现了复兴，城市中产阶级和富商与国家经济合作的方式类似于早期欧洲资本主义的萌芽。然而，这些充满希望的历史机遇最终随着王朝的衰落而化为泡影。究其原因，表面上看，宋朝和明朝虽然都是由于北方蛮族的连续入侵而灭亡，但内在深层的原因都反映了王朝终结的典型特征：朝廷腐败，党锢之争，苛捐杂税导致的民怨沸腾，直至面临无法克服的各种财政和政治危机。

农业国家多抱有重农抑商的传统，儒家文化进一步巩固了这种观念。在中国封建王朝晚期，商人和士绅的角色越来越融合，因为富有的地主也参与商业贸易，商人则投资于土地。然而，强大的自上而下的制度控制绝不允许富商巨贾通过厚殖财富与官府分庭抗礼。皇帝也不需要与他们签订协议，尽管有时在官僚体系缺乏税收资源的情况下，国家会委令"可靠的"商人或士绅来管理地方市场和商业税收。1840年第一次鸦片战争后，清政府被迫打开国门，发展民族工业，但仍然钟情于国营企业，将私营企业视为洪水猛兽，从而严重阻碍了私营经济的发展，削弱了整体经济的增长，并导致工业化的失败。

然而，大地主和富商并没有脱离层层的官府而独立运作，他们始终都在寻求地方官员的庇护，其中一些人还与高层的官员暗通款曲。他们不仅能够购买官衔和荣誉，而且善于用金钱铺路，为自己的后代和亲属搭建晋升阶梯，使之跻身政府精英的圈子。他们的利益和安全受到政府官员的暗中保护，有些甚至成为称霸一方的影子官府。

正是由于这些千丝万缕的关系网，特别是在较低级别的政府中，腐败根深蒂固，滥用税收减免的自由裁量权就是一个典型的例证。帝国依靠地方士绅和商人自治团体征缴商业税收，由此留下了滋生腐败的漏洞。商人团体往往在当地市场拥有许多垄断特权，并滥用这些特权谋取私利。富有的地主可以贿赂税务人员，将他们的土地从税单上删除。由于负债累累的农民在困难时期不得不把土地转让给有办法获得免税的富裕地主，这也增加了其余纳税人的经济负担。所有这些都给农民带来了更大的生存压力，导致了进一步的贫困。地方腐败与朝廷腐败交织在一起，当自然灾害、农民起义、地方军阀反叛加剧时，可能意味着一个王朝即将终结。

尽管皇室、古代贵族和所有官员都是免税的，但没有人可以免除强制性田赋和丁税（人头税），普通百姓必须定期服劳役，商人的现金、货物和车船需要缴纳算缗税。然而，这一制度同样容易滋生腐败，因为商人和士绅可以通过结交权贵获得税收减免，逃避劳役和兵役。贿赂以逃避这些义务是司空见惯的，于是这又削弱了地方官府维持当地民兵和驿站的能力。官僚制度下的权钱交易所滋生的腐败，对经济的破坏性要远甚于对技术创新的压制。最终，一个外强中干的没落帝国为外族侵略者进行掠夺与征服提供了可乘之机。

在扩张和稳定的大时代背景下，总是潜伏着残酷的破坏性力量。周期性的系统瓦解是这种高度集权结构的副产品。战争和暴乱往往起源于系统的外围——北方游牧部落挑起的边衅和地方的农民起义，一旦都城沦陷，整个封建王朝几乎功能尽失，致使遍地烽火连天。处于轴心地位的中央政府，其周期性的垮台严重破坏了社会基础设施和国防，造成经济增长停滞，使社会又退步到以前的水平。中国两千多年的王朝历史就是这样循环往复，一个新的王朝将不得不重建一套新的官僚体系，培养一批新的行政人员。

中国的"李约瑟之谜"

中国经济发展史上的一大谜团一直是学者们长期争论的焦点：为什么一些开创人类历史先河的伟大创新和创举最终被废弃、被忽视，甚至被遗忘，导致古代中国在技术发展方面失去了本该遥遥领先于世界的优越地位。继李约瑟（Joseph Needham）这位被引用最多的有关中国创新体系的研究者之后，历史学家们仍然孜孜以求，试图揭开中国为何未能充分利用其原创技术的"谜团"，而这些技术后来却被西方用来建立起称雄全球的优势。莫基尔写道："这一失败对世界历史的影响值得深思。"假如中国最早成为工业化的大国，那么它的文化规范就会传遍全球。以下只是中国领先性创新的一部分。

海事创新：在 14 世纪，中国的远洋航海能力独步天下，能够建造世界上最大的商船，而且能够实现舱壁水密。它早就发明了第一个磁罗盘（公元前 2 世纪，在 10 世纪和 11 世纪对航海进行了改进）和第一个船尾舵（公元 1 世纪）。明代的大型货船，有九根桅杆和多个甲板，排水量可达到 2 000～3 000 吨，而英国最大的船只排水量不过 400 吨。在 1405—1433 年间，明朝皇帝派遣了数百艘"宝船"组成的舰队浩浩荡荡地驶往印度洋港口和阿拉伯半岛。据报道，在高峰时期，中国海军的舰艇数量超过 3 500 艘。然而，到了 1500 年，一位新的皇帝敕令结束海上航行，并于 1525 年摧毁了所有远洋船只。①

印刷术：中国的一位布衣农民毕昇首创活字版印刷术，还研究过木活字排版；锡和青铜活字的实验也被记录下来，同时也记录了纸币的印刷。然而，印刷术一般只限于宫廷和官场，因为经典文本是为了科考准备而重新印刷的。到了 16 世纪，欧洲传教士在中国不仅印刷了数百本基督教图书和经文手册，而且还翻译出版了西方的技术和医学著作。尽管如此，印刷术用于非皇室作品在 18 世纪 20 年代戛然而止，当时清朝康熙皇帝因与罗马教廷的"礼仪之争"，敕令禁止天主教在华传播，并查禁了牧师的印刷社。

火药：早在 9 世纪，火药就被用于制作烟花。到了 10 世纪和 11 世纪，中国人将其用于制作武器，如火枪和霹雳炮；到了 13 世纪，中国人已经能铸造出大炮雏形的火铳了。② 尽管中国人早在欧

---

① 中国明朝航海家、太监郑和，曾率领庞大的船队抵达过东非，其中包括 317 艘海船和 28 000 名船员。
② 历史学家欧阳泰（Tonio Andrade）将火炮研制的失败归因于中国的防御策略。他说，中国把城墙建得如此坚固，足以抵挡炮火的攻击，言外之意是中国没有建造大规模攻击性武器的迫切动机。

洲人之前就知道火药的军事用途，但直到1642年，明朝的士兵还不得不依靠由荷兰传入的红夷大炮来对付满族侵略者——因为中国不再制造大炮。据报道，胜利的清政府在耶稣会牧师的帮助下，学会了用欧洲的模型铸造自己的红衣大炮。

关于这些突破性的发明，欧洲比中国要晚得多，结果却大不相同。来自东方的这些技术知识（除了15世纪40年代中期独立发明的印刷术），通过贸易商人、传教士、海员和军事官员陆续传播开来，激发了整个欧洲的科技创新和应用潜力。作为社会变革的推动者，印刷术本身就与欧洲历史上的三次颠覆性运动有关：文艺复兴、宗教改革和科学革命。从远东舶来的技术，满足了欧洲贸易和工业发展的需求，加快了欧洲各国建设的步伐。

为什么是欧洲，而不是中国，引领了近现代科技创新的前沿？严密的官僚制度使中国皇帝得以有效地统治大片领土，自认为已经从中获得了巨大的经济和政治权力。除了一个新王朝为了巩固政权而从事一时的军事扩张之外，一个高度稳定的中国一般没有对外扩张的需要或动机。相反，在一个已然辽阔的疆域内维持安定始终是他们的头等大事，况且宫廷内部的挑战也持续不断。相比之下，欧洲小国面临的主要挑战集中于比邻关系，即使爆发内战也会引来邻国的干预。另外，整个欧洲大陆的王公贵族之间一直保持着千丝万缕的联系，可以在极端状态下将国内冲突转化为重新结盟的机会。

古代中国有时不得不应对与邻邦的军事冲突，特别是在北部和西部边境。但在与周边小国的关系中，中国经常寻求"收买"

影响力,并以怀柔的手段将当地首领纳入其藩属轨道(基辛格,2014)。这反映了儒家"天下一家"的和谐思想,是家庭伦理在邦交领域的放大。例如,明朝早期的郑和七下西洋,虽然皇家舰队声势浩大,装备远比欧洲的殖民开拓者先进,但皇帝并没有利用这些使命对外征服或敛财。通常,中国皇帝会对友邦的首领以厚礼相赠,以显示天朝的恩典,宣示泱泱大国的财富、文化和技术成就,希望以此提升对世界的影响力(Roderich,1993,1998)。

第三节 颠覆性创新、系统结构与大分流

关于欧洲人是如何将自然视为潜在资源进行组织和开发的,有很多文章都有论述。经济历史学家西德尼·波拉德(Sidney Pollard)和克莱夫·特里比尔科克(Clive Trebilcock)强调,这与其说是一个国家现象,不如说是19世纪盛行的一种欧洲现象,因为每个区域在整个过程中都发挥了作用。一旦一项技术在一个地区得到应用,另一个地区就会产生一套新的但相关的技能,工业化迅速蔓延,尽管不均衡,但传遍了整个欧洲和北美。① 怎样的理论最能恰当地解释这些世俗价值观在整个大陆的快速传播,并产生

---

① 特里比尔科克认为,工业增长往往是一种区域现象,而不是一种国家现象:"必须考虑到这样一个事实,即经济发展可能高度区域化,一个国家的一个工业区可能与外国工业区进行对比或合作,而与本国的农业腹地没有太多的关联。因此,从这个意义上讲,工业化可能更像是一种欧洲经验,而不是一种国家经验,尽管这绝不是一种整齐划一的范式。"

革命性的影响?① 是什么使发明和思想能够从其原创国传播到敌对国家的民族文化当中?

本章认为,创新传播的渠道是由网络结构决定的。每个网络系统都有自己的优缺点。然而,一旦它成型,随后的网络拓扑结构就会控制转变的可能性,于是就在系统层面产生了进化的效果,包括路径依赖。

欧洲的拓扑结构促进了创新思想和发明的积累,以及民间的自我组织能力。文化和宗教活动以及私人和社区的经济交往,使民间组成了一个个半自治的小生态系统。大城市的分布式连接为各种信息的反复流动提供了多种途径,使之能够较顺利地扩散至整个系统。在中国封建王朝时代,统一的儒家思想更鼓励墨守成规,网络拓扑结构强加了许多阻碍信息流动的分界点。

欧洲和中国的政治体制都是为应对自身的现实挑战而设定的:中国需要维持大片领土和众多人口的长治久安,而欧洲林立的邦国则必须在分散的格局中保持自身的竞争力。依靠地大物博的天然禀赋,古代中国的集权模式使之得以在长期的农耕文明中实现了无与伦比的稳定和繁荣,然而,作为皇权统治核心的科举制度,通过推行统一的儒家思想,不利于创新。中央集权还压制了商人

---

① 到18世纪中叶,法国和德国的部分地区已经取得了比肩英国的制造能力(Crouzet, 1967)。法国思想家是欧洲科技进步的先驱,他们将科学研究的成果投入实际应用,推动了机车的重大改进,从车床到纺织机器,以及蒸汽动力在运输中的应用。虽然工业化进程相对缓慢,但法国在科学研究的系统化和制度化方面领先于英国。

阶层的崛起。另外，这种制度容易滋生腐败，秉要持权的官僚难免受到宦官、士绅和商人的拉拢腐蚀，进而与之沆瀣一气以权谋私。① 随着腐败之风向国家机体的持续渗透，苛捐杂税必然与日俱增，最终迫使不堪重负的农民揭竿而起，将一个病入膏肓的王朝彻底打翻。接踵而至的必然是天下大乱，疆场血流成河，百姓流离失所，直到一个新的王朝在百废待兴当中重整河山。这一过程在中国历史上反复出现。

在欧洲高度竞争的体系中，王朝之间的联盟为每个王室提供了某种程度的安全保障。分散的网络还创造了一些小生态位，这些小生态位孕育着早期的创新，并允许商人阶层发展自己的企业精神、治理体系和法律框架。权力下放使技术得以萌芽，同时也削弱了君主，他们被迫与商人精英签订协议，以便利用他们作为信贷来源为战争提供资金。此外，经济增长受到地理位置和自然资源的制约（即使在今天，这也是一个影响欧洲人对待气候变化和环境可持续性等问题的重要因素），从而为向外扩张增添了动力。当来自东方的先进技术和财富神话传至欧洲时，他们看到了一条充分利用这些技术，通过对外扩张来摆脱资源和领土束缚的出路。这种扩张的野心使他们加快了技术创新与改进的步伐，并将各国之间的竞争延伸到海外。新技术的发展是促进扩张的催化剂，从海外获取的财富反过来又反哺了新的科学发现，催生了新

---

① 即使腐败问题风靡于朝野上下，政府也不肯承认是自身治理体制的原因，而是将其归咎于私营部门的存在，以及商人和地主的贪婪。

的国际贸易理论，提高了技术应用的熟练程度。①

相比之下，传统的帝国是"有围栏的领土"，人口、资源以及对外交往均处于皇权的控制之下。中国自周朝起便启动了以家庭为单位的户籍制度，这为政府在税收、徭役和治安管理等方面提供了极大的便利，同时也有利于推行以家庭为核心的儒家伦理规范，以及集体罪罚的连坐制，秦朝又将其与军事编制结合到一起，其弊端在于限制了人口的流动性和大范围的市场交换。欧洲没有任何一个大国堪比中东的奥斯曼帝国、印度的莫卧儿王朝以及古代中国，可以称雄整个大陆。与其试图征服整个大陆，欧洲各国转而从海外殖民和跨境贸易中展开竞争，这种竞争决定了国家内部的权力结构和治理方式，以及对外关系的价值取向和基本原则。

到了18世纪末，欧洲国家海外扩张的足迹几乎遍布全球的每个角落，其间不乏多个领域的碰撞，对国内外的政治体制、经济模式和思想观念形成了巨大的冲击波。进出口贸易是传播科学、金融和商业思想的一条重要渠道，同时也对现状具有极大的破坏性。对外扩张为欧洲开启了发挥创造力的时代，为个人和群体提供了跨越地理和认知界限的机会，催生了新型社会组织，重塑了风险、回报和责任的概念。在商业领域，贸易伙伴之间有了新的协议形式和管理风险的新方法，股份公司、证券交易所、空头交

---

① 传教士传播基督教信仰的热情也推动了欧洲的对外扩张，这种热情首先通过十字军东征传播到新大陆，后来传到了中国，但没有点燃中国对外殖民扩张以及通过对外贸易获取财富的雄心。

易、期权交易、商业银行、保险和商法等规则与做法在国内广泛地传播开来。

逃离国内正统宗教和王权压迫的激进教派信徒，在海外找到了自己的"应许之地"。更多的移民前来建立了永久的定居区，并在多处开拓了殖民地。他们带来了欧洲的文化和技术，并逐步形成了新的社会组织形态和背离祖国传统的行为准则。他们发现的广阔天地通过多种信息渠道拓展了欧洲人的认知范围，引起了社会的骚动和政治结构的变革。

对外征服促使欧洲王朝主动加强与富商巨贾的联系，以便借助他们的力量获取更多的海外资源。与此同时，国家之间以及国家内部的利益团体之间，也将竞争的舞台延展到海外。19世纪末，德国经过一系列的对外战争实现了统一，并通过多重的社会和制度创新为现代化建设创造了有利条件，例如议会民主制、免费公立义务教育、基本社保体系、选贤任能的民政和军事管理、大规模的运输体系和全民兵役制等，使之迅速跻身领先的工业化国家行列。无法进行必要的制度改革的强大帝国，如奥匈帝国，日渐落后于普鲁士等动员全民掌握工业技术的小型国家。

小世界皇家网络是这一进化过程的重要组成部分，它在促进信息流动以及传播社会和技术创新方面发挥了关键作用。饶有趣味的是，君主的初衷最终不得不屈从于时代的发展。他们最初为确保自己的权力和竞争地位而采取的创新，一方面促成了大规模的战争动员，另一方面也激发了扩大选举权和民族自决的诉求，结果导致了旧政权的毁灭。

第四节　全球创新主角的转换

对于这种东西方大分流的传统观点强调了体制（集中相对于分散）、激励（竞争和产权相对于重商主义政策）的差异，或者从社会组织（封建主义对城市发展的影响以及统治者和商人精英之间的关系）的角度来探究欧洲工业化的社会观念。而我们则另辟蹊径，尝试利用复杂系统和网络分析的方法，将东西方的创新动力和不同发展道路置于其特定的地缘政治背景及其长期演变之中，以解释其历史的成因。我们在传统的集权与分权之辩的基础上，进一步探索高阶连接性的来源，以确立实证研究的方向。

通过分析还表明，在每个地区，尽管统治阶级的动机是加强自己的权力，但其行为却产生了意想不到的后果，最终导致了制度的破坏。欧洲和中国达到其目前的状态，其间经历了巨大的制度变革，但在各自的地缘政治背景和制度中，许多历史遗留的挑战仍然存在。

如果我们回顾整个人类的发展历史，有许多族群、地区和国家依靠借用外来技术实现社会进步的例子。毫无疑问，从14世纪开始的欧洲崛起到如今整个西方世界的现代化，都或多或少地得益于东方的发明（Gernet，1996）。中国当代领导层认为，采用拿来主义，大举引进先进技术，并在消化吸收的基础上进行自主研发，是摆脱西方制约、实现赶超式发展的最佳路径。然而，中国能否跨越过去遗留的陷阱，尤其是在以"师夷长技以制夷"为目标的洋务运动中汲取经验教训，还有待进一步观察。在一个高度透明的全球化时代，国家之间在某些技术上的差距很容易缩小，而更大的考验在于一个国家的治理体制能否充分顺应时代的变化，在保护知识产权的前提下，为企业提供公平而稳定的竞争环境，以扩大研究和技术在商业上的应用，而不至于产生破坏性的后果。

没有任何单一的民族或国家可以独臂肩负起推动人类文明进步的重任，进步是在互学互鉴的过程中实现的，正如历史所呈现的接力式的技术创新。诚然，西方和中国在世界舞台上的角色正在发生转变，中国的政治和管理精英正在不遗余力地追求尖端技术的自主可控，渴望成为世界的领跑者。放眼当今世界，引领创新的接力棒传到中国手上了吗？如果答案是肯定的，那么中国会在新的角色上取得怎样的成功，以及对世界产生怎样的影响？在下一章中，我们将探讨中国实现经济快速增长的模式及其可持续性。

第三部分

全球未来格局：稳定与效率

第七章　接力棒传到中国了吗?

强大的王室与帝国时代已退入历史的尘封,但在欧洲和中国的现代政治体制中其影响依然有迹可循。欧洲各国仍在力求将经济和社会体系的功能整合到一起,以提升统一市场的经济效率,并在对外关系中维护共同利益。与此同时,它们坚持保留各自的基本权利,确保每个国家在整体变革的决策中扮演平等的角色。

中国不必担心全国上下能否在宪法制度下做到步调一致,但依然需要面对一些过去遗留的问题。中国的轴辐式制度结构始创于秦朝,其优势在于能够在广袤的土地上管理规模庞大的人口,以实现国家的长远规划和宏伟目标。① 事实上,改革开放后,中国"走出去"的步伐越来越快,资源、技术和商品分销渠道得以引进

---

① 秦朝是第一个统一中国的王朝,它废除分封制,建立起中央集权的皇权制度。

与拓展。① 这场扩张运动极大地刺激了社会的变革与创新，这在中国是史无前例的。然而，中国当前的治理结构需要在"四个自信"——道路自信、理论自信、制度自信、文化自信——的基础上汲取历代王朝兴废存亡的经验教训，廓清政府与市场、集权与放权、改革与稳定、法律与政令、传统与创新、效率与公平等多重对立统一关系。惩治腐败永远是历代当权者赢得民心的一件法宝，而完善制度的理性化设计，清除腐败滋生的根源，则是一个更为严峻的挑战。

从漫长的封建专制主义到学习苏联模式的社会主义，又在过去的40多年中由指令性的计划经济转向市场导向的多元主体共存的混合经济，如此蜿蜒曲折且错综复杂的道路，是世界上任何一个发达国家都未曾走过的，所形成的经济结构也是世界上所有国家中绝无仅有的。在膜拜新自由主义的经济学家眼中，中国独特的政治经济发展模式与西方国家显得格格不入，徒然为全球经济增添了巨大的不确定性。

第一节　中国独特的发展道路

在这一部分，我们将回顾中国改革开放后的典型事件，并着眼于一个重要的问题：中国的经济变革之路究竟走向何方？它能

---

① 2018年12月18日，在庆祝中国改革开放40周年之际，国家主席习近平在北京发表讲话称，"中国决不会以牺牲别国利益为代价来发展自己，也决不放弃自己的正当权益。中国奉行防御性的国防政策，中国发展不对任何国家构成威胁。中国无论发展到什么程度都永远不称霸"。

否成功地跨越多数发展中国家遭遇的中等收入陷阱？它能否在坚持一党执政的前提下，创造出一个史无前例的经济范式（尽管它与其他国家的市场经济存有诸多共同的基本特性）？

迄今为止，至少有一点是无可争辩的：中国并没有按照西方标准教科书中的模式进行经济转型，然而它避免了苏联的"休克疗法"带来的混乱，在保持社会稳定的同时实现了快速的持续增长，其商业惯例、贸易和科技目标反映了它矢志成为全球社会主义经济体典范的勃勃雄心。① 正如经济学家罗纳德·科斯（Ronald Coase）和王宁所指出的，"中国的经济改革从来就不是为了摒弃社会主义，向资本主义过渡"，它"原本就是为了拯救社会主义"。1992年中国共产党第十四次全国代表大会和1997年中国共产党第十五次全国代表大会后，中国决定实行"社会主义市场经济"。社会主义市场机制被视为建设社会主义的手段，中国发展市场经济的价值取向绝对无意凌驾于建设社会主义的价值追求之上。当中国躲过1997年亚洲金融危机的冲击后，"只有中国特色社会主义才能发展中国"的信念变得更加坚定不移。

中国对"全球转型专家"理论的挑战

假如中国经济一路萎靡不振，所谓"全球转型专家"大可将

---

① 根据世界银行2016年发布的《世界发展指数》报告，1978年到2016年，中国的GDP已从1 495.4亿美元增加到11.2万亿美元，年均增长速度为7.48%，这一增速超过了同期所有其他国家。

其归咎于中国不完善的经济转型,然而,这种看似不完善的经济结构却在推动着中国经济的高速增长,一再使那些关于中国经济泡沫行将破裂的预测本身变成了破裂的泡沫。这全然偏离了西方两大盛行的制度经济学理论:新自由主义和制度主义。

新自由主义理论认为,发展中国家的经济转型必然需要通过私有化、市场自由化和开放国民账户来实现。它建议采取双管齐下的措施:一是通过政府减少债务、紧缩财政和增加税收来实现稳定;二是通过放弃国家主导的产业规划、国有企业和国家直接投资来进行结构性调整。中国显然认为这些理论属于不切实际的纸上谈兵,故而坚持以自己的方式融入世界经济。

对于专事治理和制度构建的专家来说,改革首先要通过比对,在现行做法和最佳实践之间找出差距,然后将所缺失的特定内容,如公司法、劳动法、环境法等加入进来,其目标是复制已知的技术、制度、规则和实践。如果蓝图设计得当,转型市场必将进入一种成熟经济体的稳定状态。

建设市场经济的中国模式

中国的市场化改革是一个在历史、资源和社会能力之间寻求动态协同作用的过程。① 某个区域或产业的开放会产生一系列的级

---

① 走向现代化进程的重要实践包括:毛泽东时代的大炼钢铁运动;邓小平时代的"四个现代化",引进吸收外国先进技术;江泽民时代以2001年加入世界贸易组织(WTO)为标志的全球化;习近平提出的中国梦和构建人类命运共同体。

联效应，其他区域或产业争相快速跟进。变革的过程可谓百花齐放，有些夹杂了过去熟悉的模式，有些则是全新的组合，一切都体现了一种中国特色的指导思想，而实施战略始终能够保持双轨并行，即在开放市场的同时保留社会主义的本色。实际上，在效率与公平之间寻求动态平衡，是每一个负责任的政府孜孜以求的政策目标。单从这层意义上讲，中国的战略模式并没有什么不能与其他国家调和的神秘主义色彩，而真正独特的是，中国领导人在国内外错综复杂的环境中，依靠充满智慧和强大的社会动员能力，至少是阶段性地实现了这一目标。

从1949年10月新中国成立到1978年改革开放，优化了高度行政化的资源配置模式，引入了市场经济机制。在计划经济时代，几乎所有人的生活境况和职业生涯，都要终生依附于所供职的单位。对劳动成果采取平均主义的分配方式并不能缓和人们之间的紧张关系，遑论调动劳动者的积极性。形成对比的是，改革为那些不甘平庸的人提供了依靠个人奋斗发家致富的新舞台，他们决然放弃了"铁饭碗"，走出所在的工作单位，投身到广阔的市场上谋求出路，20世纪80—90年代在中国掀起了一股"下海潮"。农村地区，家庭联产承包责任制取代了集体农庄式的人民公社，东南沿海地区，外向型经济迅猛发展，包括大批劳动力在内的经济资源实现流动。随着高等教育的全面恢复和社会流动性的提升，人们的思想观念也发生了剧烈的变化。

从1978年到1989年，邓小平执掌了中国的总体发展方向。邓小平被誉为中国改革开放的总设计师，转型的进程颇似早期基础建设领域粗放型的"三边工程"——"边勘测，边设计，边施工"，用邓小平的话说，"改革是一件有风险的事，我们要走一步看一步"[①]。在当初的时代背景下，这种朴实无华的表述是极其令人振奋的，因为他以最高的政治权威打破了长期以来束缚国人意识形态的桎梏，以摸着石头过河的心态，表达了渴望有所作为的改革者和企业家的心声。1999年，第九届全国人民代表大会第二次会议将以解放思想和实事求是为核心的邓小平理论正式写入中国宪法，该理论付诸实践的关键点是允许一些地方作为试点，并根据试验的效果制定相应的国家政策。各式各样的地方试点可谓百花齐放，其中许多与当时的规章不一致，但都能宽容以待，成功的实践得到了认可，并获得大力推广。这种自下而上的试验田模式也对那些思想相对保守的群体留出了观察和认知的空间。当一座座现代化城市在沿海拔地而起的时候，当国家的外汇收入激增的时候，当人民生活有了大幅改善的时候，全国上下对于改革开放达成共识。毕竟，事实胜于雄辩。

谁会预想到一个国家的GDP会以年均7.48%的速度持续增长38年呢？1979年《中外合资经营企业法》的出台开了中国对外开放政策迈向制度化和法制化的先河，外国资本鱼贯而入，纷纷以合资的形式落户中国，既而激发了国有企业的市场活力，提升了

---

① 邓小平. 邓小平年谱（1975—1997）（下）[M]. 北京：中央文献出版社，2004：1074.

沿海地区的制造能力。① 民营企业凭借其敏锐的嗅觉和独特的适应性快速加入进来，一个个以工业园区为基地的产业集群就此形成了强大的制造和出口能力；在土地出让金和企业所得税的鼓舞下，地方政府发展经济的热情空前高涨，跑遍国内外招商引资成为政府官员的一项重任。面对日渐削弱的垄断优势，国有企业也不得不参与到多元市场主体的竞争中来。地方经济的扩张和对外交往的深入，倒逼中央政府针对层出不穷的新问题和新诉求出台新政策、新法规。发展与改革由此形成了一个正向的反馈回路，致使中国的经济总量及其在世界贸易中的份额不断刷新纪录。这种欣欣向荣的局面令人欢欣鼓舞，结果大大超乎中央领导层的预期。适逢全球产业重新布局的新浪潮，眼见中国人民通过辛勤劳动和刻苦学习追求美好生活的澎湃激情，尽管有些改革措施滞后于实践的发展，中国领导层做到了顺势而为。这是中国共产党与苏共的根本区别，也是其保持执政地位的根基所在。

在基础薄弱、技术匮乏和体制缺陷的情况下，一个巨型的农业国家如何实现工业化和城市化？如何取得结构转型的成功？1978年12月13日，在中央工作会议闭幕会上，邓小平以题为《解放思想，实事求是，团结一致向前看》的讲话响亮地回答了常常困扰西方制度主义者的这些诘问，这个标题被广泛解读为破除一切羁绊，发展永无止境。直觉和智慧告诉他们，不能静等完善的制度

---

① 该法为外资提供了许多政策优惠，但要求外资必须与中国的国有企业进行合资，而且局限在制造业领域。

设计,不断呈现的新问题、新现象反而会令最初自认为完美的设计捆住手脚。中国改革的参照系在于全体人民对未来美好生活的憧憬,而不是其他国家现成的最佳实践。他们的思维是结果导向的,而不是程序导向的,因此允许所有可以助推经济增长的引擎开足马力,尤其是市场这只强有力的无形推手。

每一个解决方案都会引动新一轮经济体制产生结构性的变革。在这方面,中国人的行为方式和市场环境中的所有人一样,在经济利益的驱动之下积极地填补机会的空缺。中国的开拓者们用行动表达了他们的理想,即尽可能以最小的代价获得总体幸福的最大化。

科斯和王宁在其合著中写道:"中国的领导层……充分认识到他们在建立市场经济方面缺乏实践经验。"但是他们勇于在深化改革中探索市场经济道路。正如《周易》所言,"穷则变,变则通,通则久"。

同时,中国共产党领导的中国从来没有放弃马克思主义信仰,而是在发展中不断总结经验教训,破除僵化的观念,摒弃乌托邦式的幻想。对中国而言,改革并没有一套现成的成功模式可遵循,虽然苏联当年为中国现代化建设奠定了一些基础,但苏联专家撤走后,中国便开始自力更生进行建设。在1978年这一决定中国命运转折的一年,邓小平连续访问和考察了缅甸、尼泊尔、朝鲜、日本、泰国、马来西亚、新加坡等7个国家,并在第二年初访问美国期间参观了福特公司工厂的汽车生产线和波音公司的飞机生产线,深入了解了制度设计与经济发展的关系,以及管理模式与科技进步的关系。

与此同时,中国的市场改革者也遵循着毛泽东1937年发表的那篇颇具影响力的文章——《实践论》的指导。其中写道:"通过实践而发现真理,又通过实践而证实真理和发展真理。从感性认识而能动地发展到理性认识,又从理性认识而能动地指导革命实践,改造主观世界和客观世界。实践、认识、再实践、再认识,这种形式,循环往复以至无穷,而实践和认识之每一循环的内容,都比较地进到了高一级的程度。"① 政策制定者融入一种当代研究者所称的正反馈程式,他们的核心工作就是如何利用现有能力去适应并完成新任务。例如,中国的商法是在市场和合同关系迫切需要的时候才陆续颁布并反复修订的,而不是预先制定出一套完整的法典去规制未来的实践。中国领导层深知,仅靠一两代人的时间为中国经济打造一个像西方经济体那样的法治环境是不现实的,他们也无意为此作茧自缚。2001年中国加入世界贸易组织,标志着中国全面融入全球通行的贸易规则体系,由此展开了一场"与国际规则接轨"的运动,立法者将国内已有的政策法规与国际法进行比较,通过修订和废除国内法规政策,大幅提高了与国际规则的适配性。在处理国际商事争议方面,中国的司法和仲裁机构习惯于援用某些通行的国际商贸规则,例如,在国际交易领域由国际商会制定的《国际贸易术语解释通则》和《跟单信用证统

---

① 洪向华,冯文燕.立足实际 知行合一——重读《实践论》有感[N],学习时报,2020-04-29.

一惯例》,在海上运输领域由国际法协会制定的《海牙－维斯比规则》和联合国国际贸易法委员会制定的《汉堡规则》。关于中国在对外贸易和引进外资方面所取得的卓越成就,多数学者往往仅关注中国廉价而丰富的劳动力以及日新月异的基础建设,而忽视了中国上层建筑领域的法治建设所发挥的决定性作用。如果说罗马理性法与日耳曼习惯法的融合助力了一个中世纪强大而稳定的欧洲,那么中国在过去40多年改革开放中的法治建设则形成了中国传统和政策法规与国际规则的三重结合。

一旦领导层确定了一系列目标,比如粮食的市场化、农村劳动力向制造业的流动等,他们就会根据当前的社会能力提出相应的解决方案。由于一切都是问题导向的,在策略上就姓资姓社展开旷日持久的争辩毫无意义。中国政府选择了一种混合的经济制度,由国家掌握战略性的资源,将关系国计民生的行业交给国有企业经营,同时允许外资企业和民营企业按照市场规则参与竞争。习近平在2016年全国两会期间的讲话对此做出了高度的概括:"实行公有制为主体、多种所有制经济共同发展的基本经济制度,是中国共产党确立的一项大政方针,是中国特色社会主义制度的重要组成部分,也是完善社会主义市场经济体制的必然要求。"①与大多数西方观点不同,中国没有在政府与市场之间划定明确的界限,对于包括外资和民营在内的非国有经济成分究竟扮演何等

---

① 习近平:毫不动摇坚持我国基本经济制度 推动各种所有制经济健康发展[EB]. 新华网,2016-03-09.

角色，政府的态度也是动态变化的，但总体方向是逐步增强其在国民经济中的权重——从作为"公有制的必要的和有益的补充"，到"社会主义市场经济的重要组成部分"，再到"经济社会发展的重要基础"和"中国经济制度的内在要素"。即便在国有企业仍然在多个行业保持垄断的情况下，非公有制企业在对外贸易、就业机会、科技创新和税源形成等方面都交出了令人满意的答卷。

在姓"资"还是姓"社"这种徒劳的争论出现之后，邓小平1992年初在其著名的南方谈话中为一切改革举措提出了基本的价值判断准则，即"三个是否有利于"：是否有利于发展社会主义社会的生产力，是否有利于增强社会主义国家的综合国力，是否有利于提高人民的生活水平。①

自20世纪50年代开始，中国在农村公有化改造中形成了人民公社，既是生产单位，又是基层政权。这种模式在理论上有助于生产资料的集约化经营，而且在农村基础建设以及公共教育和卫生事业方面发挥了积极作用，但对于粮食资源排除自由市场交换的统购统销模式，以及劳动成果的平均主义分配方式，挫伤了农民的生产积极性，致使农作物产量长期得不到改观。在实行家庭联产承包责任制的两年时间里，社会懈怠现象立即消失，农业生产率大幅提高，装在篮子和桶里出售的水果和蔬菜重新出现在农村路边，这是农村改革后的新景象。

沿着国有和私营双轨发展的道路，政府无须清算国有企业，

---

① 邓小平. 邓小平文选：第3卷［M］. 北京：人民出版社，1993：372.

便可以不断扩大私营部门的发展。这一进程是在80年代开始的，它使人们在保留旧经济形式的同时引入新的经济形式，使经济沿着两条轨道同时前行，以盈利为目的的私人投资不断扩大。在不到一个世纪的时间里，这个国家经历了14年的抗日战争和多年的内战，随后又进行了疾风骤雨式的"大跃进"和"文化大革命"，经济社会遭受重创。最高领导层深切地认识到，这个国家再也不能承受大规模社会动荡的代价。他们宁愿放缓变革的脚步，也决不重蹈苏联"休克疗法"的覆辙。与其贸然将国有企业私有化，不如给私营部门创造更大的发展空间，同时为国有企业引进现代企业管理制度赢得时间。对于具备了竞争力的行业，如纺织业和轻工业，政府逐步放松管制，直至撤销行政主管机构；对于支柱性的产业，如能源和电信，政府运用拆分的方法将原有的一家垄断改为寡头竞争。由于改革是由原有的行政网络在全国各地实施的，这一做法降低了政治风险，也减少了实施成本。

双轨政策的另一大贡献是创造了大量的就业机会。从1956年持续到1978年的"上山下乡"运动改变了整整一代中国人的命运。经历了"文化大革命"的狂热，1 700多万受过中学教育的"知识青年"被下放到农村去接受贫下中农再教育，他们同时也为农村发展和边疆建设做出了贡献。高等院校入学考试于1977年重新启动，次年第二次全国"上山下乡"工作会议决定结束再教育计划，重新安置这些回城的年轻人。当时的政府部门和国有工厂（这些工厂曾一度被誉为是从摇篮到坟墓都有保障的"铁饭碗"）以及一些初创的小型国有零售企业毕竟无力为如此众多的人提供足够的就业岗位，与其坐视他们变成城市里的无业游民，不如为他们提供更多的就业选择，允许他们自主创业。1994年，《中华人民共和国公司法》施行，允许设立有限责任公司。世易时移，许多当年别无出路的个体户，逐步成长为能够为国有企业的大批下岗职工提供就业的大型民营企业。就像允许农民出售余粮获利一样，乡镇和村民委员会也有权在保持控股权的前提下建立法人经济实体，称为乡镇企业。①根据1997年1月1日起施行的《乡镇企业法》第十七条的规定，政府从乡镇企业收益中提取一定比例的资金用于补充社区福利支出，剩余资金可用于企业再投资或其他必要的支出。这是一种混合型的商业模式，它为地方政府投资学校、医院等公共事业赋予了一定的造血功能，从而缓解了中央政府向地方财政转移支付的压力。乡镇企业仍然在地方领导的治理之下，但现在它们可以与其他以盈利为目的的私人伙伴进行合作（通常以管理权买断的方式），从事商业活动。经过二三十年的时间，一些公司已发展成为跨国公司。

发展乡镇企业被证明是一种有效方式，它不仅就地消化了大量的农村剩余劳动力，为农民家庭带来了宝贵的现金收入，而且承担了一定的社会服务职能。另外，由于业务发展的需要，乡镇

---

① 在农村，这些工作单位被称作人民公社和生产大队；在城市，它们被称为街道办事处。两者都属于集体所有制。鉴于长期以来形成的刻板意识，如同用"市场经济"代替"资本主义"一样，对于私营企业及其所有人，官方忌讳使用"私营"和"资本家"之类的字眼，而代之以"民营"和"企业家"。

企业也成为农村与城市进行互动交流的重要管道，使长期封闭在土地上的农民开阔了眼界，于是也为今天的城镇化做好了物质和精神储备。然而，随着沿海城市制造业的突飞猛进，农村地区的商业环境愈发不利于乡镇企业的成长，剩余劳动力纷纷流入薪酬更高的城市，从事车间装配、工程建筑或家政、餐饮服务等职业……不过，劳动力的自由流动并没有改变社会身份的平等化。因为户籍制度的限制，农民工无法享有与城市居民平等的社会权利，这就造成了城乡居民之间在社会福利和收入方面的差距。① 中国国家统计局发布的《2017年农民工调查报告》显示，近2 870万农民从农村来到城市寻找工作，月平均工资为3 275元（不到500美元）。随着计划生育政策的实施，劳动力群体日益缩减，中国的这种人口红利可能会在2025年接近尾声。

另一个其他国家所不具有却加速了中国转型的条件就是土地的公有制，这既是数千年来中国的传统，也是连同国有企业在内体现社会主义特色的标志。中国宪法规定：城市土地属于国家所有，农村土地、宅基地和自留地属于集体所有。将土地的使用权与所有权分离开来，是中国政府在保持灵活性的前提下，盘活土地资源的一大创举。农民、开发商和实业家都向政府租用土地，

---

① 只要户籍注册制度或户口制度继续存在，中国就能获得人口红利，使其在全球市场上拥有作为制造业大国的竞争优势。刘易斯（1954）描述了这样一种原始积累的方式，即"资本主义"部门通过侵占"非资本主义的""落后的""勉强维持生活的"部门的劳动来发展。

而且租期固定①，而政府则可以为了某个战略目的，如建设工业园区、修筑大坝或修建高速公路等，随时将土地收回。批评家指出，土地产权的不确定性促使农民过度使用化肥和杀虫剂，为获取制造混凝土的沙子对河道过度采挖。然而，中国基础设施的快速发展也恰恰归功于政府所拥有的对这种土地所有权的灵活性：作为唯一的土地所有者，它不必与租户或承包人进行冗长的谈判。

地方政府之间的竞争削弱了利益群体的掌控

改革开放后，中央与地方的关系发生较大变化。大多数时候中央政府只是发布指导性的政策，而地方政府为了竞相吸引投资，纷纷出台各种激励措施，它们也各显神通，利用一些渠道向中央部门争取优惠政策。中国许多10亿美元级的私营企业，如刘永好的东方希望集团，都是在当地政府的扶持下建立起来的大型联合企业。东方希望集团成立于20世纪80年代初，主要涉足农业和重化工业，它最终超越了一家拥有铝土矿专营权的国有企业。同样，2015年，河北沧州市政府与重庆争夺现代汽车装配厂搬离北京的安置项目，承诺为工厂提供每平方米1 800元的建安补贴。白重恩、谢长泰和宋铮总结道："地方政府之间的竞争，可能在催生民

---

① 农田受中央政府严格规划，租赁期限为3~30年。这使得农民对土地过度使用化肥和使用有潜在危险的杀虫剂，因为他们无法知道他们的孩子是否会继承土地。城市土地租赁规定如下：住宅用地70年；工业用地50年；教育、科技、文化、医疗和体育用地50年；商业（如购物中心或办公楼）、旅游和娱乐用地40年；其他用途建筑用地50年。

营企业并挑战现有企业方面发挥了核心作用。"

在吸引私营企业投资方面，有效的公共部门管理是一个至关重要的变量。地方政府辖区之间的"竞赛"，在吸引了私营企业、促进了当地经济增长和就业的同时，也刺激了国有企业经营模式的变革，其中很多已经通过改制变成了以国有股份为主导的上市公司。中央政府根据地方的经济状况和发展需要核定哪些收入可以供地方留用，用于当地的财政支出和再投资，中西部一些欠发达的地区不仅能享受不同程度的税收豁免，而且常年依赖中央财政的转移支付。地方官员如果达到或超过中央政府为其设定的增长目标，其行政职位就可以得到晋升，这一政策增强了地方政府之间的市场竞争。中央组织部门对地方官员的绩效考核，起初仅注重经济表现，近年来又连续增加了廉政建设、环境质量和全面脱贫等指标，反映出全国上下对于可持续发展的重视。

通过给予国家部门，特别是地方领导适应市场需求的自由，中央领导层看到，鼓励私人投资和满足消费需求有利于实现国家现代化的宏伟目标，而这后来又为国企的市场化改革增添了信心。随着时间的推移，私营部门适应市场的能力与国有部门的滞后形成了鲜明的反差，这给了政府充足的理由，要求国有企业通过改革提质增效。国有企业在市场经济的竞争中，压力不断增加，真正的出路在于提升生产效率，开辟新市场。随着市场经济体制的不断完善，政府对待国有企业和民营企业必须一视同仁，落后者就应该被淘汰出局。政策制定者认为，企业绩效是在市场竞争中取得的,与所有制形式无关。这种竞争是将市场标准缓慢但必然应用于国有企业进行业绩考核的关键。① 在加入世界贸易组织长达 8 年的谈判期间,中国商界的口号是准备同西方企业"与狼共舞",在与国外企业竞争中,虽然中国仍存在对某些产业过度保护的现象,但许多大声疾呼需要政府行政保护的产业,却迟迟未能形成自身的市场竞争力。总体而言,加入世贸组织确实标志着中国在市场化改革的道路上跨出了决定性的一大步,许多行业在国际市场上获得了竞争优势,官僚主义和寻租行为也在很大程度上得到了遏制。

对大多数经济陷入停滞的国家来说,体制和管理上的变革似乎是走出困境的唯一出路。中国作为最大的发展中国家能够保持增长的连续性,主要归功于其改革与开放双轮驱动的基本国策,而且将其视为需要持续深化和扩大的系统工程。第一次改革主要是放松市场管制,给予个体、企业和地方政府更大的自主决策空间,并逐步扩大引进外国投资的力度,以快速提高中国的加工制造能力。第二次改革集中于国有企业的股份制改造,通过引进现代企业制度,使之成为真正意义上的市场主体。虽然,这一次改

---

① Oleh Havrylyshyn, Xiaofan Meng, and Marian Tupy (2016) 认为,在前社会主义国家 25 年的改革中,那些渐进改革者倾向于在转型中被"卡壳",因为延误让精英们掌控了国家机构,他们会排斥随后的自由化进程,而激进改革者们常常通过降低精英们全面掌控的风险而得到更好的结果。将这一标准应用于中国是有问题的,中国的改革者并没有通过私有化来贸然改革国有企业,而是创造了一个由市场起主导作用的有利环境。

革遇到了很多困难，准私有化的方法也为大量的国有资产流失留下了后患，但一些国有企业在改革中做大做强，成为全球最有竞争力的企业。在"走出去"的总体战略方针指导下，第三次改革实现了与开放的大规模联动，政府鼓励企业走出国门，充分利用国内外两种资源、两个市场，并练就两套本领，对外贸易和对外投资于是在20世纪以来呈现出了突飞猛进的势头。第四次改革在于资本市场的开放，证券交易所、期货市场、保险公司、投资基金以及地方和民营银行相继建立，外国资本的入市限制也逐步放宽。借助形形色色的金融平台，数家超大型房地产公司卓然独立；借助信息技术的广泛普及并通过海外上市，互联网领域成就了一些国际知名的商业巨头和独角兽。但是，这种资本驱动的爆炸式增长，也制造出了大量的资产泡沫。

改革开放绝不是一帆风顺的，也不是一路直线的，而是按照否定之否定的规律波浪式前行的。每个时期都有其关键的侧重点，也会遭遇不同的挫折与困难；有些措施取得了决策者意想不到的成功，有些则只是浅尝辄止。历史的经验教训告诉中国的决策者，发展是一切政治、经济和社会生活的重心。按照邓小平的话说，发展才是硬道理。解决发展中的问题，必须在发展中寻找答案，因此既不能喋喋不休地坐而论道，也不能一时受挫而因噎废食。

运势是中国哲学中的一个核心概念，正如莎士比亚在《尤利乌斯·恺撒》中的那句名言：要是不能把握时机，就要终身蹭蹬，一事无成。关于"百年未有之大变局"的判断，全国上下已然达成了形势判断的共识。在一个充满变数的社会，成就不再依靠跬步式的日积月累。即使一时光彩夺目，如果没有做好迎接下一次浪潮的准备，人们就可能失去在上一次浪潮中获得的一切。当前，中国经济和产业结构正在经历转型和升级，政府一方面要整顿那些在资本的追捧之下野蛮生长的平台型企业，促使其进入规范化的经营模式，另一方面也在加力扶持一批进军高端制造领域的创新企业。在政治和社会层面，最高决策层正在全面加强中国共产党对关键部门和重点企业的领导地位，继续加大反腐力度，立志在全面建成小康社会的基础上引领中国走上共同富裕的康庄大道。中国国家主席习近平说："我们的改革是在中国特色社会主义道路上不断前进的改革，既不走封闭僵化的老路，也不走改旗易帜的邪路。"①

全球一体化逆行中的中国

国际环境是使中国经济转型偏离西方预期的另一个原因。中国必须在地缘政治环境中寻求经济发展的新动能，然而时过境迁，它所面临的国际环境与其他早期进入现代化的国家截然不同。新中国成立后，中国就被美国等西方国家孤立，在封闭环境中独立自主发展，1958年中国与苏联关系破裂，当时的两大阵营都对中国不友好。直到中国改革开放后，美国才与中国重新建立了外交关系。

---

① 孙存良. 始终坚持改革开放正确方向 [N]. 经济日报, 2019-01-17.

拥有全球最多的人口，高歌猛进的工业化和城市化进程，尤其是"大进大出"的出口加工型产业结构，无疑凸显了中国人均资源不足的重压。获取全球资源，扩大全球市场，是中国通过鼓励外向型经济实现跨越式发展的首要目标。鉴于西方国家在垄断全球资源和市场方面的先发优势，中国必须突破重围或者另辟蹊径，重点在于确保能源安全，并维持强大的出口能力。现实中，包括能源在内的全球大宗商品市场，连同交易规则和定价机制，几乎全部掌握在西方老牌的大公司和机构手中。以石油采购为例，国际能源署（IEA）由全球约一半的石油消费国组成，是一个帮助成员国制定满足能源需求战略的联盟，而早期中国因没有达到其资格标准而长时间被排除在外。[①] 中国与苏丹、巴基斯坦、安哥拉、古巴、玻利维亚、委内瑞拉、厄瓜多尔、斯里兰卡、津巴布韦和利比亚等贸易伙伴建立的合作关系，为这些长期遭受西方世界蔑视和排斥的国家创造了参与全球化的机会。这些国家中的许多政府完全赞同中国一贯坚持不干涉别国内政的外交方针。中国在国际交往方面的务实主义作风被批评为缺乏原则，而这恰恰是中国所奉行的原则。当中国不想参与西方国家发起的针对某国政权的经济制裁时，却被指责为利用西方的贸易制裁与这些国家暗通款曲，以便从中渔翁得利。例如，2014年5月，在俄罗斯因西方制裁而迫切需要外汇之际，中国就与俄罗斯结束了之前旷日持

---

① 中国如今已是 IEA 8 个"联盟"国家之一，于 2015 年获得该地位（IEA, 2019）。参见国际能源署网站：https://iea.org/countries/China。

久的谈判，在天然气领域达成合作。委内瑞拉是中国主要的石油供应国，尽管它最近的两任总统——乌戈·查韦斯（Hugo Chávez）和尼古拉斯·马杜罗（Nicolás Maduro）——与美国交恶甚深，但自 2006 年以来，中国依然承诺向委内瑞拉提供数十亿美元的贷款。

最后，中国从来没有认同西方世界极力主张的民主化和国际自由主义，其中包括：对普世主义价值观和国际民主共同体的认同；与世贸组织、联合国安理会、国际法院和其他国际组织的主权分享；国际社会保护公民免受本国政治迫害的权利。这也是中国难以取得西方身份认同的关键梗阻。然而，中国的经济、科技和军事能力在不断增强，中国的全球影响力也在与日俱增，这毕竟是全世界无可争辩的事实。

第二节　经济发展任重而道远

中国的转型方式是渐进式的，这源于中国传统大众文化的延续，以及决策者对其发展道路的经验总结。邓小平说过："不管天下发生什么事情，只要人民吃饱肚子，一切就好办了。"① 这一极其朴素的论断，在那些处处宣扬西方"普世价值"的西方批评家那里是不可能得到共情和欣赏的。

中国的政界和法学家坦然承认，国家的法治环境、合同执行质量和信息透明度存在较大的改善余地，司法的独立性和执法能

---

① 宫敬才. 试论邓小平的经济价值观［N］. 光明日报，1998-07-17.

力仍然不尽如人意，公民社会组织、风险投资文化根底未深，产权保障和市场准入无法与"七国集团"成员同日而语。然而，批评也好，赞誉也罢，为何中国成了国际社会普遍关注的焦点？恰恰是因为中国以令人错愕的方式实现了初步的崛起，既而挑战了西方世界的价值理念和战后确立的国际秩序。两千年前三国时期的诗人曹植的一首《野田黄雀行》或许先觉性地道出了中国当前的大致处境与思绪："高树多悲风，海水扬其波。利剑不在掌，结友何须多？"

诚然，中国的发展模式始终存在结构性障碍，这些障碍存在于地区之间、城乡之间、广大民众与富豪之间、经济增长与环境保护之间，而正如习近平同志在中共十九大报告中所强调的，"中国特色社会主义进入新时代，我国社会主要矛盾已经转化为人民日益增长的美好生活需要和不平衡不充分的发展之间的矛盾"[①]。改革开放一路走来，就是要不断地打破过去僵化的、不合时宜的结构，所以中国的改革者在各个方面一直在强调与时俱进。从原来的集体贫穷走向共同富裕，需要经过一段艰难的奋斗历程。早年邓小平提出"让一部分人和一部分地区先富起来"，的确打破了人们习以为常的社会均等性思想，而恰恰是这项政策，在当时的时代背景下实现了中国庞大的财富积累，否则提倡共同富裕也会心有余而力不足。中国改革最初的指导思想是要一部分人先富起来、一些地区先发展起来，即在追求最大多数人福祉的同时，一

[①] 习近平：决胜全面建成小康社会 夺取新时代中国特色社会主义伟大胜利——在中国共产党第十九次全国代表大会上的报告。

些人要为之付出代价,无论是自愿的还是被迫的。而如今已全面建成小康社会,要确保"一个都不能少",并且要忍痛以降低短期增长为代价推行"绿水青山"计划,同样也借助了过去积累的经济成果与操作经验。在这些看似前后矛盾的政策导向背后,认真的观察家能够发现其内在的连续性,以及手段和目的之间的关联性。

诚信建设是一项更为长期而复杂的系统工程,这不是依靠出台某项政策或者某部法律就能一蹴而就的。信任危机已经广泛地渗透到社会生活的各个领域,逃废债务、抽逃税收、假冒伪劣之类的案件层出不穷,因玩忽职守、贪污受贿而落马的官员难计其数,而且时常占据新闻头条的位置;数以百计的个人对个人(P2P)借贷平台卷起客户的资金消失得无影无踪。尽管新的标准和惩罚措施不断出台,但假疫苗、虚假数据、电信诈骗和钓鱼执法等新问题依然接连不断……然而,当整治行动真的启动时,地方保护主义以及不透明的办案及司法程序使其效果大打折扣。官员将贪墨的钱财以及企业和富豪将应税的资金通过各种渠道转移至海外,这是近年来中国政府需要应对的新问题。

中国在实行市场经济后,因受利益引诱,出现了很多贪贿案例,这一方面说明官员的任用和组织管理体制存在漏洞,因为很多贪官不是一日养成的,而且经过了层层筛选和提拔才进入重要的领导岗位,另一方面也表明了中国政府重拳出击惩治腐败的决心收到了一定的实效。经济改革已经把中国变成了一个庞大的、城市化的市场经济体,但它仍然没有彻底剪断传统社会的脐带,亲族、同乡、同学、战友等所形成的个人关系网,既是维护社会和谐的互助纽带，也是拖曳甚至挑战现代社会理性治理的一大羁绊。多数人仍然相信个体道德修养的力量，然则声誉或面子，即儒家所倡导的羞耻观，作为一种传统社会有效的自律手段和人际关系的调节规范，因涉及企业、消费者、官场贿赂和欺诈等层见叠出的丑闻而变得苍白无力。这些说教和规范在早期由亲友和熟人组成的小而紧密的社交网络环境中是有效的，然而随着城市化进程的加快，熟人文化正在向路人文化过渡。在市场经济中，交易必然要走出相互信任的熟人圈子，用理性的承诺取代感性的依赖，进入一个陌生人的世界进行合作。既然交易双方对彼此过去的行为一无所知，那种依赖非正式约束的传统不仅限制了合作关系的达成，而且使约定的权益难以得到可靠的保障。

任何向现代经济制度的演变都不能仅靠熟人之间的信任自觉推进，一个独立的公民社会需要一套完整而稳定的法律体系予以支撑。这样的体系看似冷酷无情，但明确的产权和严肃的契约能够保护公众免受欺诈的伤害，从而有利于重塑一套适用于在更大范围内促进陌生人之间展开合作的新型信用体系。另外，政府与市场、公权与私权之间的界限如若模糊不清，公务人员的岗位职责和权力范围如若不能明确界定，不确定性将继续刺激两种面对风险的极端倾向：一种是畏首畏尾，不思进取；一种是铤而走险，不计后果。两种倾向均制约了健康的风险承担或参与多期交易的意愿。

竞争中性是近年来反复摆在中美和中欧贸易谈判桌上的焦点之一，而公平竞争是以市场参与主体保持身份平等为前提的。中国习惯于按照权属关系将企业划分为国有企业、民营企业、外资企业、联营企业等多种类别，并分别在设立条件、经营范围、信贷政策、财政补贴等方面设定差别性的待遇，这一点也是西方国家拒绝在世贸组织框架下承认其市场经济地位的主要理由。

缺乏足够的信用信息来评估市场参与者的风险状况，是过去长期困扰信用体系建设的一大瓶颈。如今，随着数字经济时代的开启，政府得以建立起一个集中管理的"社会信用"大数据系统，能够全面掌握并实时监控中国14亿公民的商业和社会信用表现。司法系统亦能快速跟进，及时核准并公布失信人名单，并在乘坐公共交通以及个人消费等方面予以严格限制。中国共产党在建立内部问责机制方面取得了一些进展，但民间机构的问责制度和自我监督体系相当薄弱，各种半官方的商会和协会并没有充分发挥其应有的作用。现在我们处在一个自媒体的时代，自媒体在暴露社会问题与监督社会方面起到了积极作用，为政府及时发现问题，采取措施防患于未然，维护社会稳定，做出了贡献。

信用体系建设要求所有的社会成员具备清醒的规则意识和契约精神，这是一个国家从传统社会向现代社会转型过程中无法回避的困境。发展中国家并不缺乏道德规范，但是道德规范毕竟属于意识形态的价值判断，而不能直接用于规制合作过程中参与各方的具体权利和义务。中国能够在所有发展中国家脱颖而出，成为世界贸易和国际投资的大国，多数观察家仅看到了其日新月异的基础建设、丰富的廉价劳动力资源和急速增长的消费市场，而忽略了在此背后信用体系和规则体系的进步。尤其是在加入世贸组织前后，在与国际规则接轨的浪潮中，中国对法规政策的大范围"废改立",为营造积极的国际通商环境做出了巨大贡献。不过,在地缘政治上,西方国家尚未对中国信守国际规则建立充分的信任。它们认为,中国的技术进步主要是搭上了西方国家引领创新的便车,中国的贸易增长主要是钻了国际规则的空子,于是近年来加大了对中国高精尖技术出口的封锁,并在贸易平衡方面提高了对中国的要价。信任永远是相互的,正是针对西方国家的日渐敌视的态度和举措,中国才在关键领域加大了自主研发投入,以尽快摆脱"卡脖子"技术的制约,并提出了以国内大循环为主体的"双循环"理论,以备减少对国际市场的依赖。

多数发展中国家在经历了一个时期的快速增长之后便坠入了难以自拔的中等收入陷阱,人均国民总收入已经越过 1 万美元门槛的中国正在面临类似的考验。中国能否实现华丽的转型,早日跻身发达国家行列,将取决于其能否继续释放市场动力机制的潜能。2021 年初制定的《国民经济和社会发展第十四个五年规划和 2035 年远景目标纲要》是令人鼓舞的,而要建立一个成熟的经济体和善治的行政体,中国仍然需要完善多方面的基础工作,这包括明晰的产权制度、平等的市场主体、公平的竞争环境和法律制度规范下的互信社会。在处理国际关系方面,中国一反过去谦卑有礼的常态,变得稍显强硬。这种变化是可以理解的,因为鸦片战争之后的百年耻辱一直是中国人心中挥之不去的伤痛。但是就目前的中国而言,除了挺身捍卫自身的正当权益,避免与掌握领先技术和庞大进口市场的西方世界彻底交恶,仍然不失为着眼于国家长远发展的明智之举。

第八章　中国梦与全球经济的前景

曾几何时，西方政界和学界一直抱有一种乐观主义的期待，指望全球一体化将在中国内部引发结构性的变革，促使政府放松自上而下的管控治理模式，商界精英也能顺势在国家大政方针的制定过程中获得更多的发言权。在西方观察家看来，对外融入世界经济和对内实施经济管控，二者是背道而驰的。然而，他们忽视了中国共产党拥有一整套独特的价值观和治国理政策略。"走出去"之所以可行，是因为国内的一系列民生政策一直在发挥积极作用，包括政府努力减少贫困（尤其是在老少边穷地区）和地区差异（尤其是在城乡之间和沿海与内地之间的差异），改善基础设施，创造就业机会，放宽户籍制度，充实社会保障，消化过剩产能，推动产业升级，获取全球资源，转变政府职能，以及遏制官员腐败，等等。

中国历届最高决策层始终在维护共产党领导地位的前提下，力求在释放经济活力与维护社会稳定之间实现和谐统一。继邓小平以实现四个现代化为目标开启了改革开放的新纪元之后，江泽民提出了"三个代表"重要思想，并在1992年中共十四大上将建立社会主义市场经济体制确立为中国经济体制的改革目标①；其继任者胡锦涛在2003年提出了以人为本的"科学发展观"，以引领中国走上一条经济、社会与环境相互协调的可持续发展之路。2017年习近平在中共十九大报告中将中国社会的主要矛盾确定为"人民日益增长的美好生活需要和不平衡不充分的发展之间的矛盾"，其宏观的努力方向就是要统筹谋划，实现经济、政治、文化、社会、生态的协调发展，以科技创新引领高质量发展，以调整分配结构实现共同富裕。

由此可见，中国改革开放以来的发展道路呈现出极强的延续性和进步性，治国理政的思想和政策递相推进，形成了马克思主义中国化与毛泽东思想当代化的最新成果，从而在意识形态领域丰富了中国特色社会主义的价值体系。习近平提出的"中国梦"一开始是朦胧的，但随着内容的不断充实，其方向和轮廓已然清晰可见：始终坚持"一个中心、两个基本点"——以经济建设为中心，坚持四项基本原则，坚持改革开放，做到"改革不停顿、开放不止步"，以"两个一百年"为奋斗目标来实现中华民族伟大复兴，以"一带一路"为有利契机来构建人类命运共同体。

中国走过了全世界最漫长的封建历程，创造过辉煌灿烂的文

---

① 中华人民共和国中央人民政府网，"确立社会主义市场经济体制的改革目标"，http://www.gov.cn/xinwen/2019-10/25/content_5444716.htm。

明成果。整个18世纪，中国一直保持世界经济强国的地位。但是，赖于知识与创新的增量传播，启蒙运动和工业革命为欧洲的科技进步和生产力发展插上了腾飞的双翅，使之最终在19世纪完全超越了当时被标签为"东方睡狮"的中国。故步自封的优越感变成了中国末代王朝落后挨打的魔咒，直到其国门在两次鸦片战争的炮火中被强行打开。

业已外强中干的大清王朝仅承认缺少西方列强手中的坚船利炮，而初现工业化曙光的洋务运动也在中日甲午战争之后偃旗息鼓。即便如此，清政府仍然不肯放弃天朝上国的优越感，即使效仿早于其近700年的英国大宪章，旨在建立君主立宪制的戊戌变法，也在百日之后被彻底绞杀。孙中山领导的辛亥革命推翻了中国最后一个封建王朝，矢志在中华大地上建立一个"民族、民权、民生"的共和国，但终因盘根错节的军阀割据势力阻挠而抱憾身亡。在俄国十月革命的启迪之下，新生的中国共产党接受了马克思主义和列宁主义，在一片饱经战争蹂躏和列强欺辱的废墟上浴火重生，建立起一个独立统一的社会主义共和国。在1949年新中国成立之后的30年里，面对社会主义和资本主义两大阵营的对垒，尤其是与苏联"老大哥"交恶之后，新中国陷入与世界隔绝的封闭状态，直到1978年底实行改革开放以后才逐渐与国际接轨。表8.1简单概括了自鸦片战争以来中国所经历的发展阶段。

经过数千年历史长河的冲刷，光荣、耻辱与梦想交汇在一起，铸就了中华民族错综复杂的情感世界。如表8.1所示，从历

表8.1 从自满到屈辱,从被迫开放到主动开放

两次鸦片战争给中国敲响了警钟	1840—1860 年
洋务运动	1861—1895 年
中日甲午战争	1894—1895 年
旨在建立君主立宪制的戊戌变法	1898 年 6 月 11 日—9 月 21 日
义和团运动	1889—1900 年
辛亥革命和王朝统治的结束	1911—1912 年
一个饱受战争创伤的国家:内战、抗日战争	1912—1953 年
民族独立和社会主义国家	1949—1989 年
社会主义与封闭经济	1949—1978 年
改革开放和具有中国特色的社会主义市场经济	1978—2015 年
走向世界,对外投资	2001 年至今

注:自1919年"五四运动"至1949年新中国成立,一般用"新民主主义革命"来描述这段时期,以区别于之前的旧民主主义革命。

史的角度来看,中国对外开放的历史是短暂的;基于其悠久的文化传统,并结合其近现代的经验教训,其运行过程也注定是渐进式的。① 直到21世纪初以加入世界贸易组织为标志,中国经济才

---

① 1980年中国在东南沿海建立4个经济特区,1984年开放沿海14个港口城市,1990年开发浦东。1997年党的十五大报告指出:"从以阶级斗争为纲到以经济建设为中心,从封闭半封闭到改革开放,从计划经济到社会主义市场经济,近二十年的历史性转变,就是逐渐搞清楚('什么是社会主义、怎样建设社会主义')这个根本问题的进程。这个进程,还将在今后的实践中继续下去。"并提出"建设统一开放、竞争有序的市场体系"。2011年"十二五"规划提出"坚持'引进来'和'走出去'相结合,利用外资和对外投资并重,提高安全高效地利用两个市场、两种资源的能力"。2013年党的十八届三中全会提出"构建开放型经济新体制",2020年党的十九届五中全会提出"十四五"时期的目标之一是"更高水平开放型经济新体制基本形成……促进内需和外需、进口和出口、引进外资和对外投资协调发展"。

真正大踏步地融入世界经济体系。然而，不像许多其他发展中国家那样，中国的领导层在推进经济开放的同时，丝毫没有放松对"全盘西化"的警惕，他们更不会主动沿着西方期望的道路前行。

第七章讨论了中国信用体系的特点，并谈及中国尚未赢得西方国家信任的问题。显而易见，信任是相互的。且不论自鸦片战争到甲午战争期间清政府与列强所签订的种种不平等的割地赔款条约，就在两次大战结束之后，中国作为战胜国同样受到西方列强分赃协定的屈辱。种种经历告诉中国领导人，坚持祖国领土完整和独立自主的外交政策，是中国的不二选择，哪怕为此付出更高昂的代价也在所不惜。因此，中国作为一支国际和平与繁荣的强大力量能否得到普遍认可，其实在更大程度上取决于西方国家如何理解和尊重中国面对历史和现实的战略抉择。

第一节　中国正在增强软实力

中国加入 WTO 之后，中国的全球化步伐加速。在此过程中，中国企业积极寻求更广阔的海外市场和更多的投资机会，形成了梯级化的"走出去"战略组合。首先，鉴于国内不断扩大的消费市场和出口加工能力，保障资源供应始终是政府鼓励企业"走出去"的核心动力。因此，最初的重点在于到海外市场上大举采购包括粮食和石油在内的大宗商品，并集中投资于采掘业。其次，随着制造能力的增强和国内劳动力价格的攀升，中国企业要顺应国际产业转移的潮流，将低端的过剩产能陆续迁往欠发达地区，包括承包国际工程项目和复兴"丝路精神"。再次，为了促进国内产业升级并提升"中国制造"的出口附加值，适逢发达国家的一些企业因金融危机陷入困境，中国企业开始在欧洲、北美和日本等地接管一些掌握先进技术的制造企业和研发机构，并收购二三线的知名品牌，以便顺利进入海外高端市场。表 8.2 为 2006—2016 年中国境外投资数据。

表 8.2　2006—2016 年中国境外投资数据（商务部，2017 年）

年份	中国境外投资企业数量（千家）	在境外设立的中国企业数量（千家）	中国对外直接投资目的地数量
2006	5.0	10.0	172
2007	7.0	10.0	173
2008	8.5	12.0	174
2009	12.0	13.0	177
2010	13.0	16.0	178
2011	13.5	18.0	177
2012	16.0	22.0	179
2013	15.3	25.4	184
2014	18.5	29.7	186
2015	20.2	30.8	188
2016	24.4	37.2	190

从中央到地方政府提供各种优惠吸引外资内流，到大幅度放开外汇管制，鼓励中国企业大举对外投资，标志着中国在国际资本流动结构中的一次重大战略转折。2013 年"一带一路"倡议的提出，将中国对外投资的重心分两条线路引向了沿线国家，一条

是通向西欧的陆上丝绸之路，一条是通向非洲的海上丝绸之路。2015年，中央财经领导小组（现为中央财经委员会）提出的以"三去一降一补"为核心的供给侧结构性改革，为中国在沿线国家进行基础建设投资增添了新的动力，大批产能受到严控的煤炭、钢铁、水泥等企业被迫纷纷向外转移，在支持海外的基础建设中寻求新的生存和发展空间。在互联互通的总体框架之下，沿线国家的公路、铁路、机场、港口、航道、光缆以及体育和商业场馆等大型基建项目均不乏中国企业的投资与建设。"要致富，先修路"是中国进行现代化建设的成功经验，他们不仅将之毫无保留地分享给"一带一路"沿线国家，而且带上资金、人员、技术和设备身体力行，为众多发展中国家树立了切合自身水平的发展样板。

中国作为最大规模的世界工厂，由于长久以来一直依赖煤炭作为主要的能源，因此其自身也面临严峻的环境压力。2016年9月，在杭州举行的二十国集团（G20）会议上，习近平与时任美国总统奥巴马共同宣布完成《巴黎气候变化协定》的批准程序，并当场将批准文书递交给时任联合国秘书长潘基文。然而在特朗普政府宣布退出该协定之后，中国领导人坚持继续信守承诺，并在2020年9月毅然提出了2030年"碳达峰"与2060年"碳中和"的"双碳"目标，并在2021年宣布中国将不会在国外建设新的燃煤发电项目。

2016年，人民币作为中国的官方货币被正式纳入国际货币基金组织（IMF）的特别提款权（SDR），与美元、欧元、日元和英镑并驾齐驱，构筑了新的世界货币篮子。特别提款权素有"纸黄金"之称，是会员存放在国际货币基金组织手中的外汇储备，可以在国际收支发生严重逆差时行使与其他国际货币的兑换权。以其雄厚的外汇储备和持续的出口创汇能力，中国对此没有现实的需要，但是高度重视其象征意义，认为加入其中是本国货币国际化和赢得全球承认其金融稳定的一个里程碑。两大多边国际金融机构将总部成功落户中国，是中国金融发展史上一件破天荒的大事，其中包括由巴西、俄罗斯、印度、中国和南非5个金砖国家于2014年共同发起成立的金砖国家新开发银行（简称"金砖银行"），以及由21个创始成员于2015年发起成立的亚洲基础设施投资银行（简称"亚投行"）。这两家机构的法定资本均为1 000亿美元，前者主要从事成员之间相互结算和贷款业务，并刻意减少对美元的依赖；后者主要支持亚洲的基础建设，促进该地区经济一体化的进程。截至2021年末，金砖银行的成员已增至9个，而亚投行的成员则激增至104个。

中国仍然奉行独立自主、不结盟的外交政策，但这并不妨碍其广泛开展紧密型的国际合作。2001年加入世界贸易组织使中国尝到了与其他国家互降贸易壁垒的甜头，同时也丰富了国际谈判的经验。2010年，中国与东南亚国家联盟达成了俗称"10＋1"的自由贸易协定，并经过了连续升级。如今，由亚洲15国签署的《区域全面经济伙伴关系协定》（RCEP）于2022年初正式生效，一个由中国加入的全球最大的自由贸易区开始起航。与此同时，中国于2021年9月正式提出申请，争取加入由亚太地区11个国家签署的《全面与进步跨太平洋伙伴关系协定》(CPTPP)。2001年正式成立的上海合作组织(SCO)如今包含8个成员国、4个观察员国和6个对话伙伴,其初衷主要是为了维护欧亚大陆的和平与稳定,尤其是防范与打击恐怖主义,而随着时间推移,该组织也逐步演化成为以睦邻友好为宗旨的区域一体化平台。中国倡议的"17+1"中国-中东欧国家合作机制成立于2012年,由中国以及11个欧盟成员国和5个巴尔干国家构成,在经贸投资、农业、旅游、教育等20多个领域建立了合作平台。在过去两年中,从中国始发、双向对开的中欧班列对于摆脱新冠疫情困扰、联通整个欧亚大陆的物资运输,发挥了突出的积极作用。此外,成立于2000年的中非合作论坛(FOCAC)为中国与50多个非洲国家和非洲联盟共同推进友好合作、谋取经济社会共同发展描绘了美好蓝图。为了进一步改善中国企业在非洲人心目中的正面形象,共同坚守商业道德底线,习近平还主张中国企业在非洲建立企业社会责任联盟。

"一带一路"倡议是习近平就任国家最高领导人以来一直推行的新型多边合作构架,截至2021年末,已有145个国家、32个国际组织与中国签署了200多份共建"一带一路"合作文件。[①] 该倡议的参与者多数为亚非拉地区的发展中国家,联想到半个世纪之

---

① 中华人民共和国中央人民政府网,"我国已与145个国家、32个国际组织签署200多份共建'一带一路'合作文件",http://www.gov.cn/xinwen/2021-12/16/content_5661337.htm。

前向这些地区的援助，中国当代领导人的举措显然是务实而高效的。与此同时，对这些地区以赠礼交好的方式也大量被旨在培育其自力更生能力的发展援助所取代。中国的务实主义还表现在以项目为基础的合作模式，既不涉及经年累月的谈判和繁文缛节的条文，又避免附加任何政治条件。但是在追求合作效率的同时，这种中国主导的经营模式也被不少西方国家以及发展中国家的精英批评为缺乏透明度，并且在一些建设或援助项目上助长了当地官僚的腐败之风。

当金融危机席卷全球的时候，中国企业家以其特有的辩证思维发现"危"中有"机"，而且相信有能力化危为机，于是纷纷赶赴海外进行大手笔的收购。收购的对象从酒店到影院，从地产到球队，从石油公司到汽车制造，林林总总，不一而足。备受瞩目的收购案包括：万达集团之于美国的 AMC 院线（2012），双汇集团之于美国的史密斯菲尔德食品公司（2013），中国海洋石油公司之于加拿大的尼克森石油公司（2013），联想集团之于摩托罗拉移动公司（2014），安邦保险集团之于美国纽约的华尔道夫酒店（2014），上海鹏欣集团之于新西兰的近 30 家农场（2011—2015年），中化国际公司之于瑞士的先正达集团（2020），中远海运集团之于希腊的比雷埃夫斯港港务局（2021）。中国的国有企业和私营企业都渴望通过直接收购或控股海外当地的知名企业进一步扩大其全球影响力，借机提升其在全球价值链上的优势地位。它们还希望通过收购品牌，一方面可以绕过进口代理，进入发达国家市场本地的分销渠道；另一方面也据此提升其产品在母国市场上的品牌价值。2011—2016年，中国通过并购方式构建全球研发公司，已推动对美投资增长843%，从49亿美元增至452亿美元（美国贸易代表署，2018）。

2012—2016年，中国对外投资翻了一番；2004—2016年，对外直接投资连续13年增长，年均增长159亿美元（中位数增长122.8亿美元）。2016年，对外直接投资创下了1 962亿美元的历史新高，居世界第二位。此外，2016年也是中国对外直接投资连续第二年超过了外资流入的标志年份（商务部，2017年）。

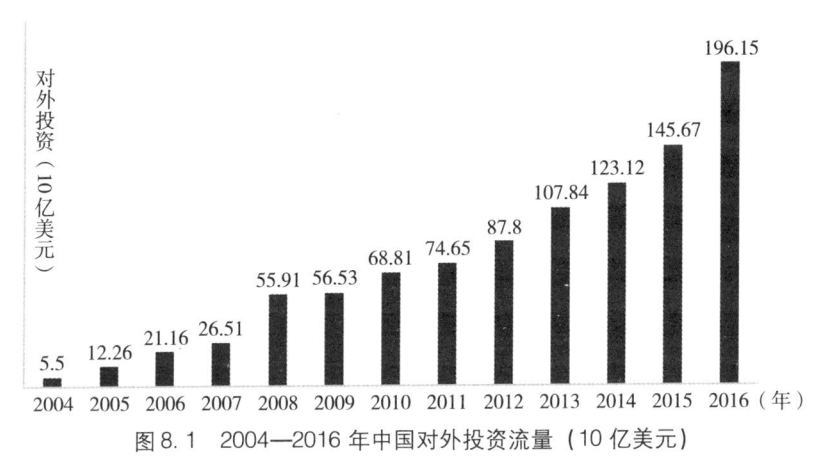

图8.1 2004—2016年中国对外投资流量（10亿美元）

注：2004—2005年的数据仅包括中国的非金融类对外直接投资，而2006—2016年的数据包括中国在所有行业的对外直接投资（商务部，2017年）。

自2006年以来，中国企业"走出去"的数量迅速增长。截至2015年底，约2.02万投资者在海外设立3.08万家企业，遍布188个国家和地区，境外净资产接近4.4万亿美元。截至2016年底，这一数字已增至5万亿美元。尽管中国国内经济增长放缓，但仅在

2016年，对外直接投资却实现了爆炸式增长，投资额高达1 962亿美元。2016年，有190个国家和地区的2.44万家地方实体获得了中国投资。

与企业扩张型的海外直接投资相伴，中国的私人投资者也借机涌向发达国家进行资产配置。例如，2017年中国公民在美国购买的房地产达到了317亿美元，2016年为273亿美元，2015年为286亿美元（美国房地产经纪人协会，2017）。

有人预测，照此趋势，中国有望在不久的将来取代美国，成为全球最大的资本输出国。的确，自2007年以来，中国对世界经济增长的贡献明显超过了美国，2016年达到了32.2%。[①] 中国在全球的经济地位能够实现如此快速攀升，这是西方政治家和评论家都始料未及的。随着中国参与范围的扩大，其独特的意识形态和商业做法必将在其贸易伙伴和国际社会中发挥更大的影响力，进而不可避免地将全球化带入一条新的轨道。

中国在全球舞台上日益显赫的角色，可以在其政治体制和经济结构中发现隐含在背后的强大驱动力。在奉行权力制衡的西方国家，国家的重大决策往往因为部门之间、利益集团之间相互掣肘而难以实施，尤其是必须征得大资本家和财团的支持。相比之下，中国时常被西方诟病的威权政体却是形成重大战略决策的优势，而且能够以"全国一盘棋"的举国体制将之快速付诸实施。

---

① 2007年至2011年，中国在世界经济增长中所占份额（24.3%）已经超过了美国（7.2%）。

各级地方政府必须始终与中央政府保持步调一致,石油、采矿、电信、公用事业、交通和一些大宗商品的进出口经营权,以及规模庞大的金融资产,大部分掌握在国有独资或控股的企业和银行手中,其中的高层管理者都是由国家组织部门任命的,并设有党委予以领导监督,因此随时可以响应政府的政策导向。中央和地方的国有企业的数量达到10多万家。2016年《财富》世界500强中,有103家中国企业上榜(不含台湾地区企业),其中75家企业的国有股份超过50%。2020年,这一数字增加到124家(不含台湾地区企业),历史上首次超过了美国(121家),其中包括国资委出资的中央企业48家,地方国资委出资的国有企业32家。①这些企业当中,很多已经达到了富可敌国的规模。位列前四名的中国石化集团、中国石油集团和国家电网,分别以千亿级美元的营业收入超过了以色列、阿根廷和埃及全国的国内生产总值(见表8.3)。

表8.3 2020年《财富》世界500强前五名对照同年的国家GDP

《财富》世界500强排名	企业	营业收入(百万美元)	国家GDP排名	国家	GDP(百万美元)
1	沃尔玛	523 964	24	比利时	501 795
2	中国石化	407 009	29	以色列	401 954
3	国家电网	383 906	30	阿根廷	383 067

---

① 国务院国有资产监督管理委员会,"48家央企32家地方国企上榜2020世界500强", http://www.sasac.gov.cn/n2588020/n2877938/n2879597/n2879599/c15338531/content.html。

（续表）

《财富》世界 500 强排名	企业	营业收入（百万美元）	国家 GDP 排名	国家	GDP（百万美元）
4	中国石油	379 130	31	埃及	363 069
5	荷兰皇家壳牌	352 106	34	丹麦	355 184

资料来源：《财富》世界 500 强企业榜单（2021），https://fortune.com/global500/2020/search/；世界银行《全球经济展望》（2020）https://databank.worldbank.org/data/download/GDP.pdf。

构建人类命运共同体

中国虽然以工业制造和基础建设能力闻名于世，而且积累了令人艳羡的庞大外汇储备，但其日益饱满的雄心壮志远不只是通过贸易、投资和工程承包在全球获取经济利益。对中国抱有热切期待的观察家认为，如果中国的市场化改革和开放型经济新体制使其成为世界最大的经济体，那么全球的价值体系和规则体系将因中国的影响力和号召力而发生改观，不仅广大的欠发达国家会因与中国交好并仿效中国的最佳实践而深受其益，而且国际组织也终将改变现行的结构和运行机制。

早在 2014 年 12 月，习近平在主持中共中央政治局第十九次集体学习时就指出，在国际经贸规则制定和全球经济治理制度面前，"我们不能当旁观者、跟随者，而是要做参与者、引领者"。[①] 2017

[①] 习近平主持中央政治局第十九次集体学习并发表重要讲话[EB]. 人民网，2014–12–07.

年10月，习近平在中国共产党第十九次全国人民代表大会上宣布，中国"倡导构建人类命运共同体，促进全球治理体系变革"，通过进一步提高中国的国际影响力、感召力和塑造力，"为世界和平与发展作出新的重大贡献"，并"引导应对气候变化国际合作，成为全球生态文明建设的重要参与者、贡献者、引领者"①。但是，中国领导人对于联合国及其宪章的作用给予了高度的认可和尊重，不像西方媒体所歪曲的，开始仿效美国的霸权主义，以天下盟主的姿态对联合国指手画脚。② 实际上，习近平在2020年9月23日以视频方式会见联合国秘书长古特雷斯时强调："世界上只有一个体系，就是以联合国为核心的国际体系；只有一套规则，就是以联合国宪章为基础的国际关系基本准则。"③ 中国当前与国际组织一道所竭力公开反对的，恰恰是国际政治领域的霸权主义和国际经济领域的保护主义。

中国拒绝接受带有西方宗教遗迹的"普世价值"这一概念，对于构建人类命运共同体的宏伟蓝图，应当赋予能够被国际社会普遍认同的价值内涵。2021年7月，习近平在庆祝中国共产党成

---

① 习近平：决胜全面建成小康社会 夺取新时代中国特色社会主义伟大胜利——习近平在中国共产党第十九次全国代表大会上的报告。

② 新华社引用中国常驻联合国代表张军2020年9月21日表态：习近平主席在当天举行的联合国成立75周年纪念峰会上发表的重要讲话为联合国的未来指明了方向，增添了信心，注入了力量。http:∥www.xinhuanet.com/world/2020-09/22/c_1126526766.htm。

③ 新华社"新华视点"微博，"习近平：世界上只有一个体系一套规则"，http:∥www.xinhuanet.com/politics/leaders/2020-09/23/c_1126532730.htm。

立100周年大会上向全世界庄严宣告:"中国共产党将继续同一切爱好和平的国家和人民一道,弘扬和平、发展、公平、正义、民主、自由的全人类共同价值。"①

与此同时,中国一直在驳斥西方流行的所谓"文明冲突论"、"修昔底德陷阱论"和"中国威胁论",希望能够为一个多元共生、平等互利的世界贡献中国智慧和中国方案,以期"引导经济全球化发展方向,着力解决公平公正问题,让经济全球化进程更有活力、更加包容、更可持续,增强广大民众参与感、获得感、幸福感"②。2019年5月,习近平在与希腊总统帕夫洛普洛斯会谈时表示:"中华文明绵延传承至今从未中断,从不具有排他性,而是在包容并蓄中不断衍生发展。通过古丝绸之路的交流,古希腊文明、古罗马文明、地中海文明以及佛教、伊斯兰教、基督教都相继进入中国,与中华文明融合共生,实现本土化,从来没有产生过文明冲突和宗教战争。"③ 习近平在2021年7月6日出席中国共产党与世界政党领导人峰会上进一步阐释道:"我们要本着对人类前途命运高度负责的态度,以宽广胸怀理解不同文明对价值内涵的认识,尊重不同国家人民对价值实现路径的探索,把全人类共同价

---

① 习近平在庆祝中国共产党成立100周年大会上的讲话 [EB]. 中国政府网,2021 – 07 – 01.
② 习近平在亚太经合组织工商领导人峰会演讲 [EB]. 外交部网站,2016 – 11 – 20.
③ 习近平同希腊总统帕夫洛普洛斯举行会谈 [EB]. 新华网. 2019 – 05 – 14.

值具体地、现实地体现到实现本国人民利益的实践中去。"①

继毛泽东思想、邓小平理论、江泽民的"三个代表"重要思想和胡锦涛的科学发展观之后,"习近平新时代中国特色社会主义思想"在 2017 年 10 月中共十九大上被确定写入中共党章,在 2018 年中国人大政协两会上被确定载入中国宪法。由此可见,结合儒家文化的传承和中国现实发展的需要,中国共产党历代领导人的指导思想不仅是一脉相承的,而且做到了与时俱进的深化和拓展,这就是中国以实现共产主义为奋斗目标,坚持中国特色社会主义道路的马克思主义中国化。

2021 年在中国共产党与世界政党领导人峰会上,习近平再次重申:"中国永远是发展中国家大家庭的一员,将坚定不移致力于提高发展中国家在国际治理体系中的代表性和发言权。中国永远不称霸、不搞扩张、不谋求势力范围。"② 很显然,习近平总书记与中国历代领导人相同,一直坚持维护发展中国家利益的立场,并阐明了中国为改善世界秩序而推出的全面完整的思想体系。随之而来的一系列问题是:(1)中国能否成功地跨越中等收入陷阱而使经济保持持续增长?(2)中国能否突破西方日益加紧的技术封锁而成为全球科技创新的引领者?(3)中国的资本输出和对外

---

① 加强政党合作 共谋人民幸福——习近平在中国共产党与世界政党领导人峰会上的主旨讲话 [EB]. 新华网, 2021 - 07 - 06.

② 加强政党合作 共谋人民幸福——习近平在中国共产党与世界政党领导人峰会上的主旨讲话 [EB]. 新华网, 2021 - 07 - 06.

援助能否吸引更多发展中国家的决策者在国际事务中与之采取步调一致的行动？（4）中国何时能够把长远的共同价值主张转化为可在国际社会普遍实施的行动规则。

中国特色的社会主义不仅仅在于其独特的经济结构、生产方式和分配方式，它也构成了有别于西方资本主义的另一种制度选择。中国构建的社会主义民主已成为中国社会主义核心价值观的一个重要元素。习近平强调："一个国家是不是民主，应该由这个国家的人民来评判，而不应该由外部少数人指手画脚来评判！"[①]他表示尊重所有国家人民选择自己发展道路的权利，并向其他国家政党领袖呼吁："我们要加强交流互鉴……推进适合本国国情的民主政治建设，不断提高为人民谋幸福的能力和成效。"[②] 至此，中国道路和习近平的治国理政思想为全世界的政治经济学家和发展经济学家提出一个值得深思的重大问题：既然中国作为一个历史悠久的古老文明国家可以通过改革开放后起直追，在全球化的浪潮中实现现代化的复兴，那么南美的玛雅文明、南亚的印度文明、北非的埃及文明以及中东的两河文明为什么不能迎头赶上呢？冷战时期与之同处于社会主义阵营的伙伴们，例如俄罗斯、朝鲜和古巴，它们的境况如今又是怎样呢？采用"休克疗法"进行国家经济改革的苏联，在宪法中取缔了作为 20 世纪国际共运教父的

---

① 习近平. 在中央人大工作会议上的讲话［J］. 求是，2022（5）.
② 习近平在中国共产党与世界政党领导人峰会上的主旨讲话（全文）［EB］. 光明网，2021-07-06.

苏共领导地位和列宁主义,既而选择了西方多党制和三权分立的政体以及议会民主,虽然改旗易帜如今却仍然受困于严重的官僚主义作风和权力斗争,经济表现仍然仰赖于国际能源市场的晴雨表,同时并没有摆脱西方国家的经济制裁。菲律宾在浓厚的封建文化基础上嫁接了美国式的民主体制,而如今仍然依赖输出低端劳动力,如菲律宾女佣来支撑其不到中国1/3的人均收入。

多年来,中国政府慷慨地资助了大批发展中国家的留学生和管理干部到中国学习观摩,并诚恳地与他们分享中国的发展经验,希望他们能够开阔眼界,为自己的国家建设带走新的知识和技能,并提高自身在全球治理中的发言权和影响力。但是,中国从来没有以发展道路的教师爷自居,不像一些西方政客所猜测的那样刻意培养听命于中国的亲华势力。当然,中国也希望这些学者能更加了解中国的文化习俗和商业做法,以便与之加深友好关系,拓展互利合作空间。

第二节　轴辐式模式重现

在中国共产党领导下,中国沿着具有鲜明特色的新路线进行自我重塑,具体内容体现在习近平2021年在中国共产党的理论刊物《求是》杂志第9期刊发的题为《把握新发展阶段,贯彻新发展理念,构建新发展格局》的讲话稿里。作为全球化的参与者、受益者和贡献者,中国希望在对外经济交往中尽量摒弃与不同理念者合作交往的制约,在平等互利的原则下与世界各国开展务实合作。例如，它既是朝鲜最大的贸易伙伴，也是韩国最大的出口市场和最大进口来源国；在俄罗斯与乌克兰剑拔弩张的时刻，它也在多国的关切和博弈中以建设性的姿态保持了理智的平衡，在2021年11月与美国签署了一项为期20年的液化天然气采购协议之后，中国于2022年初与俄罗斯签订了石油和天然气购销协议，并且约定以欧元计价。总之，中国无意干预别国的内政，同时也拒绝接受别国对中国主权和内政的干预，近年来更是不失时机地对外界的批评予以强烈驳斥，并运用经贸手段来配合其外交政策，对遭遇的制裁措施予以坚决反制，这就是中国始终坚持的独立自主和平外交方针的体现。

中国的领导层将其奋斗目标与中国的制度、信仰和历史传统紧密结合，凝聚成一股强大的民族精神力量。对于中国特色社会主义的优越性和进步性，习近平在2016年庆祝中国共产党成立95周年大会上发表重要讲话时指出："全党要坚定道路自信、理论自信、制度自信、文化自信"；2021年12月底在中共中央政治局召开的党史学习教育专题民主生活会上，习近平强调，"教育广大党员、干部和全体人民特别是广大青年坚定历史自信、筑牢历史记忆，满怀信心地向前进"①。

中国宪法虽然规定全国人民代表大会是最高国家权力机关，而实质的最高决策机构则仍然是以总书记为核心的中共中央政治

---

① 中共中央政治局召开专题民主生活会习近平主持会议并发表重要讲话[N]. 光明日报, 2021-12-29.

局。不难理解，即使从 1912 年的《中华民国临时约法》算起，中国的宪法历史毕竟只有百余年的时间，与其悠久的国家治理传统相比是极其短暂的。关于西方政治家推崇备至的分权制度，邓小平在 1987 年就曾讲过："西方的民主就是三权分立，多党竞选，等等。我们并不反对西方国家这样搞，但是我们中国大陆不搞多党竞选，不搞三权分立、两院制。我们实行的就是全国人民代表大会一院制，这最符合中国实际。如果政策正确，方向正确，这种体制益处很大，很有助于国家的兴旺发达，避免很多牵扯。当然，如果政策搞错了，不管你什么院制也没有用。"① 中国共产党的决策模式一贯奉行的是民主集中制，即上级要听取下级的意见，决策采取少数服从多数、个人服从组织、下级服从上级的原则。习近平用辩证的观点解释说："民主集中制包括民主和集中两个方面，两者互为条件、相辅相成、缺一不可。这项制度把充分发扬党内民主和正确实行集中有机结合起来，既可以最大限度激发全党创造活力，又可以统一全党思想和行动，有效防止和克服议而不决、决而不行的分散主义，是科学合理而又有效率的制度。"②

西方国家设置权力分立和制衡制度，目的在于防范权力不受制约的一人做出灾难性的决策，因为他们认为绝对的权力必然导致绝对的腐败，但其弊端在于因权力相互掣肘而造成严重内耗，

---

① 邓小平. 邓小平文选：第三卷 [M]. 北京：人民出版社，1993：220.
② 习近平. 贯彻执行民主集中制是全党的共同政治责任 [EB]. 共产党员网，2018–12–27.

导致"议而不决、决而不行的分散主义"。从根本上讲，与西方文化中"人性本恶"的假定不同，中国的儒家文化认定"人性本善"，而且相信通过教化和个人修养，人人皆可成为圣贤，故而古代的君王被称为"圣上"，而品德高尚的官吏则被称为"贤臣"。研究国别文化和制度的学者都有一种通病，他们喜欢在对比中夸大差异，并将其视为对立，而回避两者之间的共同之处。显而易见，一个庞大的国家若没有一套针对权力的约束和监督机制，其混乱无序的局面是难以想象的。首先，中国的各级行政部门、事业单位以及国有企业必须接受党组织的领导和监督。其次，国家的行政管理由国务院统辖，政府机构的设置及其职责的分工协作采用"条块结合"的网状模式。"条"是指上下级行政职权的垂直管理，"块"是指同一级政府部门之间的平行分工。多数中央部委（合称"委办局"）与省和自治区的地方政府在权力层级上保持平行关系，但部委在业务上施行"条"的对口管理职能。例如，生态环境部会同有关部门依照《环境保护法》拟定全国性的生态环境政策和规划，报国务院批准后公布实施；县级以上地方人民政府的生态资源主管部门根据国家的规范要求在本行政区域内如法炮制。生态环境部仅对各省市县等地方政府的对口业务部门提供指导，而地方生态环境部门的人员任免和财政支出均由当地政府负责。与此同时，生态环境部在全国分片区常设派出机构，行使独立于地方政府的生态环境督察权。

习近平对党和政府机体之内不断蔓延的腐败之风疾恶如仇，并以在体制内严厉惩治腐败和在全社会大力扫黑除恶而赢得了人民的拥戴和国际社会的高度评价。他刚一就任总书记，就阐明了以制度来约束权力的重要性："要加强对权力运行的制约和监督，把权力关进制度的笼子里，形成不敢腐的惩戒机制、不能腐的防范机制、不易腐的保障机制。"① 在这里，"制度的笼子"具体包括党纪和国法两个笼子，惩治的对象既包括位高权重的"老虎"，也不放过小官大贪的"苍蝇"。除此之外，中国还启动了"猎狐行动"，追捕卷款潜逃境外的腐败官员和经济罪犯。对于庞大的官僚体系，中央一方面要考察各级官员的执政业绩，另一方面也严格监督他们的工作作风和生活作风。中共党内设有中央纪律检查委员会，国家行政体系内设有国家监察委员会，以强化党和国家的自我监督机制；二者合署办公，形成了巡查制度和倒查制度。中国的反腐行动毫不犹豫地破除了数千年来"刑不上大夫"的制度陋习，而其倒查制度也打破了"不溯既往"的现代法律原则，对于在当前环境下整饬官场乱局和震慑侥幸贪念来说，这无疑是最有效的综合手段。

中国的市场经济不是西方经济学教科书式的自由企业模式，而是一种在国家宏观规划和调控之下以公有制为主体、多种所有制经济共同发展的社会主义市场经济制度。政府有决心打造一个市场化、法治化、国际化的营商环境，使多种所有制的经济主体能够公平竞争、协同发力。这主要表现在三个方面：一是国家在

---

① 源自习近平总书记2013年1月22日在十八届中央纪委第二次全会上的讲话。

国民经济发展方面仍然延续了编制"五年规划"的传统。二是国家将计划经济时代的国家计划委员会和国家经济委员会以及过渡时期的国家经济体制改革委员会逐渐改革，最终成立国家发展和改革委员会，负责制定国家经济和社会发展的总体规划，制定产业政策和体制改革措施。三是在国民经济中保留一定的国有经济成分，并交由国有或国有控股企业和金融机构负责经营。2016年习近平在全国国有企业改革座谈会上进一步明确了国有企业的性质、任务和发展方向："国有企业是壮大国家综合实力、保障人民共同利益的重要力量，必须理直气壮做强做优做大，不断增强活力、影响力、抗风险能力，实现国有资产保值增值。要坚定不移深化国有企业改革，着力创新体制机制，加快建立现代企业制度，发挥国有企业各类人才积极性、主动性、创造性，激发各类要素活力。"① 习近平以"两个毫不动摇"高度概括了党中央对待两种所有制的态度——毫不动摇地巩固和发展公有制经济，毫不动摇地鼓励、支持、引导非公有制经济发展。他在2018年主持召开民营企业座谈会时明确指出："民营经济是我国经济制度的内在要素，民营企业和民营企业家是我们自己人。"② 针对新冠肺炎疫情带来的巨大冲击，他在2020年企业家座谈会上表示，要"实施好民法典和相关法律法规，依法平等保护国有、民营、外资等各种所有制企业产权和自主经营权……全面实施市场准入负面清单制

---

① 习近平. 理直气壮做强做优做大国有企业［EB］. 新华网，2016 – 07 – 04.
② 习近平在民营企业座谈会上的讲话［EB］. 中国政府网，2018 – 11 – 01.

度……实施好外商投资法，放宽市场准入，推动贸易和投资便利化"①。针对一些政府官员在反腐倡廉的大势之下明哲保身、畏首畏尾的倾向，他要求各级领导干部要光明磊落地同企业交往，主动为企业排忧解难，构建亲清政商关系。

鉴于国有金融机构（银行、保险公司和证券公司）和国有企业掌握着大量国有资产，而且许多企业、金融机构拥有一些垄断优势，要确保它们具有大局意识，服务于国民经济发展的总体规划，并为国有资产保值增值，是国家对其实施严格监管的必要性所在。对于金融部门，中央政府设立"一行两会"——中国人民银行、中国证券监督管理委员会和中国银行保险监督管理委员会——负责监管；对于国有企业，中央政府设国有资产监督管理委员会（国资委）负责监管。此外，还设有中国共产党中央财经委员会，由习近平亲自担任主任，对全国宏观财经政策进行顶层设计、总体布局、统筹协调。根据《企业国有资产监督管理暂行条例》和《中华人民共和国刑法》规定，这些机构的管理者若滥用职权，造成严重资产损失，除接受降职、开除等纪律处分之外，最高可以判处长达 7 年的有期徒刑。

在加入世贸组织前夕，为了使中国银行业做好对外开放准备工作，中国政府决定对国有商业银行历史遗留的呆坏账进行清理剥离，以便助其轻装上阵，与行将到来的外国银行在同一起跑线上展开竞争。1999 年成立的信达、华融、长城和东方等四家国有

---

① 习近平在企业家座谈会上的讲话 [EB]. 新华网，2020 – 07 – 21.

资产管理公司，分别收购、接管、处置了来自四大国有商业银行及国家开发银行上万亿元的不良资产。围绕国有企业如何扭亏为盈、保值增值以及做大做强的问题，中国政府在不断以各种方式尝试深化改革，从股份制改造、破产重组、高管年薪制，到剥离优良资产进行上市公募，如今又将重心转移到混合所有制改革上来，国资委代表国有股东的监管模式也从以管资产为主转变为管资本为主。建立产权清晰、权责明确、政企分开、管理科学的现代企业制度一直是其努力的方向，但国有企业一般都承担了不同程度的社会功能，一方面拥有一定的公共资源优势，另一方面与民营或外资企业相比，缺乏对市场的敏感度和灵活性。许多国有企业的规模已经足够庞大了，关键在于不仅要做大，还要努力做强做优。

第三节 文化传统与全球化的融合

2013年习近平在中共中央党校建校80周年庆祝大会上说："中国传统文化博大精深，学习和掌握其中的各种思想精华，对树立正确的世界观、人生观、价值观很有益处。"① 2016年5月习近平主持召开哲学社会科学工作座谈会时系统总结了传统文化的思想脉络："从先秦子学、两汉经学、魏晋玄学，到隋唐佛学、儒释

---

① 习近平在中央党校建校80周年庆祝大会暨2013年春季学期开学典礼上的讲话［EB］. 中共中央党校网站，2013－03－01.

道合流、宋明理学……儒、释、道、墨、名、法、阴阳、农、杂、兵等各家学说,涌现了老子、孔子……等一大批思想大家,留下了浩如烟海的文化遗产。"① 2017 年,习近平在中国共产党第十九次全国代表大会上指出:"文化自信是一个国家、一个民族发展中更基本、更深沉、更持久的力量。……推动中华优秀传统文化创造性转化、创新性发展,继承革命文化,发展社会主义先进文化,不忘本来、吸收外来、面向未来,更好构筑中国精神、中国价值、中国力量,为人民提供精神指引。"② 报告中的"人民有信仰,国家有力量,民族有希望"已经成为中国家喻户晓的经典名句。

中华传统文化尽管流派众多,枝蔓丛生,统括起来有"三教九流"之说。不过,就其延续至今的发展脉络而言,其基本构成可以总结为"一源四流",即道、儒、法、释(佛)四条思想和文化基干。包括被高度本土化的释系在内,四流的源头当之无愧地溯及更早的哲学经典——《易经》。除法家之外,其余三条基干的体系各自又由思想、宗教和法术三个门类相合而成,只不过儒家的宗教品味相当寡淡。就思想而言,道家主张顺其自然、清静无为的任世之说,在政治治理和社会道德方面带有浓厚的虚无主义和田园主义色彩;儒家奉行仁义礼智信的道德原则和君臣父子的纲常伦理,宣扬通过自我修养和道德教化来实现大同世界的入世

---

① 习近平在哲学社会科学工作座谈会上的讲话［EB］. 新华网,2016 – 05 – 18.
② 习近平:决胜全面建成小康社会 夺取新时代中国特色社会主义伟大胜利——在中国共产党第十九次全国代表大会上的报告,2017 – 10 – 18.

之说，因而具有极强的人本主义色彩；法家坚持由君王通过立法设刑来实现富国强兵的目标，属于极权主义的治世学说；释家属于完整建制的舶来宗教，讲求超凡脱俗，通过明心见性来消解尘世中无尽的烦忧，属于典型的出世主义学说。四流虽各树一帜，但在不断论战中彼此借鉴，甚至互为表里，在不同历史时期作为主导思想反复此消彼长，同一流派名下也发生了或明或暗的流变。不过，中华民族发展历史的连续性和包容性为之树立了坚强的主体意识，各种思想观念源源不断地汇集、沉淀、融合，逐步凝结成了富有韧性和弹性的价值体系，深刻渗透在人们的思维模式和行为方式之中。

中国共产党人是无神论者，他们信仰马克思主义和共产主义。不过，他们的信仰并不是原教旨主义的，他们始终强调马克思主义中国化，在实践中审时度势，因地制宜，又带有一点为我所用的功利主义和实用主义原则。对于自己的文化传统和外来文化，他们同样坚持批判性地去伪存真、去粗取精。在大量有关治国理政的文献中，儒家的仁政思想，即勤政爱民，对于塑造各代领导人的道德责任具有最为深刻的影响。这与农业社会中的"家文化"有着密切的联系，领导人被视为一个大家庭的家长，他们被民众期待要"爱民如子"，而人民则被要求按照孝顺家长的方式无条件地效忠于领导人。《论语·学而》中说：其为人也孝弟，而好犯上者，鲜矣。

范瑞平和蒋庆等学者认为，中国近现代的发展历程在道德伦理和社会观念方面与西方模式大相径庭。派因斯借鉴中国的哲学历史来解释中国的全球愿景:"孔子及儒家学者积极宣扬以'泛爱众'为最终目标的修身养性的君子理想。"范瑞平在总结儒家世界大同的道德内涵时指出:"仁德是儒家政治王道的核心。"陆明君将中国的世界主义定义为拥抱多样性,渴望与他人分享自身的丰富性。荷兰社会心理学家吉尔特·霍夫斯特德(Geert Hofstede)根据一项对中国人价值观的调查,创造了"儒家动力论"一词,他认为中国文化中的一些关键特征,如坚韧性、勤俭节约、羞耻感,促进了经济的增长。一些当代学者注意到,在中国决策者的思维体系中,本土哲学思想和道德价值的影响近年来愈发凸显。①这自然与中国在各方面的强大以及生活水平的普遍改善有着莫大的关系。

儒家学派强调,中国绝不能偏离其民族文化遗产的主流,现代化不能打破国家的历史连续性;一个政府的政治合法性必须由其结果来界定,而不是由过程或路径来界定。换句话说,他们会考虑国家是否得到了良好的治理,是否有称职的领导,是否满足了广大公民的需求。他们质疑西方推崇的小政府、权力下放和自由市场是否真正具有普适性,他们强调各国发展的特殊性,质疑

---

① 范瑞平(2011)探讨了正统儒家思想的复兴,批评新儒学在个人与社会的关系的问题上受到太多西方道德假设的影响。派因斯(2012)将中国政治秩序的概念追溯至风雷激荡的先秦时代,思想家们纷纷致力于寻求和平与稳定的良策。赵(2015)讨论了儒家学说关于商业在政治中的起源——这可以追溯到秦朝——以及关于与周边文化和谐相处的思想。他认为,中华民族的认同感,其参照系是其周边的文化,而不是更遥远的其他国家。

在国家治理和经济发展领域存在任何教条主义的模板。在认识论上，他们坚持实事求是；在解决问题时，他们强调因地制宜、因时制宜，以社会的和谐稳定为前提，实现实践主义的优化结果。

历史上，除了内部的相互攻伐与兼并，作为农耕文明的典型特征，中国的华夏民族没有对外扩张的野心。他们自身在政治、经济、文化和资源等各个方面都有足够的优越感，往往用睥睨的眼光看待周边的民族，称其为东夷、西戎、南蛮和北狄。在秦朝统一中国之后，多数朝代均采取偃武修文的基本国策，军事战略基本上是防御性的，故而有了铸成大错和化剑为犁的典故。他们在陆上构筑万里长城，在沿海贯彻禁海令，直到不胜其扰的时候才对外出击。① 阻止北方以及西北边境的游牧民族入侵，几乎耗费了历代王朝全部的军费开支。他们间或对其他周边地区采取军事行动，主要是为消除肘腋之患，而对领土扩张、掠夺财富或者开辟商路没有强烈的兴趣。他们的民族性格里自古以来就不存在沙文主义、纳粹主义和军国主义的基因，于是更愿意与周边国家保持睦邻友好的宗藩关系，而不是对他们进行征服和统治。1924年孙中山在题为《大亚洲主义》的讲演中提道："当时各弱小民族和国家，都是拜中国为上邦，要到中国来朝贡，要中国收他们为藩属。"为了彰显大国的威仪，中国当然乐见这些藩邦定期前来朝

---

① 1962年的瓦弄之战、1969年的珍宝岛战役以及1979年对越自卫反击战，均被定义为"自卫反击战"。的确，中国即使取得绝对的军事优势，也没有去侵占任何交战方的领土，或者以战胜国的姿态索要任何战争赔款。

贡，而朝廷对这些使节的赏赐通常会远远超出其贡物的价值。对于前来观摩和学习的官员，他们始终隆礼有加。孔子的"有朋自远方来，不亦乐乎"，是他们家喻户晓的常理。与欧洲前赴后继的大航海截然不同，郑和带领庞大的船队远涉西洋，既不是为了科学探险，也不是为了开辟财富增值的商路，更不是为了对外殖民，而主要是为了传播大明王朝作为天朝上邦的浩荡皇威。当然，作为副产品，包括朝贡贸易在内，这些因政治驱动的对外交往也衍生出了难能可贵的经济和科技交流。汉朝张骞为联合西域夹击匈奴而开辟的丝绸之路，以及郑和下西洋所开辟的远洋航线，为中国近年来倡导的以经济合作为主旨的"一带一路"提供了恰如其分的历史渊源。

在任何人际交往和邦交关系当中，中国的价值内核可归结为一个"和"字。中国希望看到并愿意为之付出努力的，是一个天下太平、礼尚往来、其乐融融的世界。儒家一脉相承的政治路线就是"修齐治平"——在以自省自律提升自我修养的基础上，以孝齐家、以忠治国、以义平天下。如何实现其"平天下"的最终理想呢？中国的策略不是以武力荡平或铲平世界，而是以儒家"仁义礼智信"的伦理思想进行怀柔感化，在以和为贵的原则下，即使不能实现平等互利，也要保持求同存异，拒绝将自己的意志强加于他人。

在国力不济时期，封建朝廷往往忍辱负重以韬光养晦，采用输送岁币、物资以及和亲等方式来安抚屡犯边境的草原部落；在封建王朝强盛时期，军事措施也仅限于驱逐外族侵略的隐患，而对外关系的主流仍然是营造和睦的氛围。郑和下西洋的一个战略目标就是"宣德化而柔远人",在古代的丝绸之路上,善于经营且收益颇丰的是波斯人,而非中国人。时至今日,依然没有证据表明,赴海外投资的中国企业能够获得理想的利润回报。这是否表明中国在继续重复其过去的历史呢?很显然,中国与印度以及南海邻国的边境之争还能得到有效的管控,不至于升级为武装冲突;中国仍然念念不忘其历史盛世的荣光,"中华民族伟大复兴"的梦想油然而生。但是,与以往任何时代所不同的是,中国蓬勃发展的市场经济及开放政策与全球化的浪潮珠联璧合,将"中国制造"和"中国服务"传送至世界的各个角落,同时也使全球诸多资源得以服务其自身的经济建设。因此,中国愿意与一切国家保持友好关系。尽管中美之间摩擦不断,但根据2022年2月28日"上海公报"发表50周年纪念大会公布的数据,中美已建立了50对友好省州和233对友好城市关系。[①] 避免附加任何政治条件,这与西方以发展援助为名迫使一些国家进行政治转型和结构改革的霸权意图形成了鲜明对比。中国认为,美国常常将其意志强加给其他国家,这种行为必将自取其辱。美国在许多地区自食其果的教训,都为中国提供了反面教材。最重要的是,中国强烈反对那些强化西方优先,借以贬抑中国参与国际事务合法性的游戏规则。

中国近年来以经济合作为重心的对外政策,说明中国更加成

---

① 新华网,2022年2月28日,http://www.news.cn/2022-02/28/c_1128424191.htm。

熟与自信了。对于欠发达国家的援助，中国逐渐摈弃了所谓"送礼外交"的做法，而更多地转移到"授人以渔"的发展援助上来，重在培育对方自力更生的能力，如此可以减轻它们对持续援助的依赖，同时也能提升其对"中国制造"的购买力。在发展中国家，中国在扶贫和脱贫方面积累了独树一帜的经验，并且取得了举世瞩目的成就，真诚地希望通过提供人力培训和就地示范与其他发展中国家分享。在构建人类命运共同体的宏伟目标指引下，中国提出并切实践行的"一带一路"倡议，首先是将经济起步阶段"要致富先修路"的理念传授给对方，旨在注重基础设施建设。其次是多种模式和多种产业的工业园区建设。于是乎，中国在全球范围内承揽了大量的基础建设项目，其中有东道国出资的，有国际机构贷款的，也有中方带资建设的。截至 2018 年底，中国企业在"一带一路"沿线国家直接投资的境外园区已达 99 家，总产值超 900 亿美元，入园企业超过 4 000 家，向东道国上缴税费 22.1 亿美元。[①] 对于中国的境外投资，假如按照具体项目进行成本收益核实，则会落入盲人摸象的窠臼。国有企业和民营企业进行境外投资的驱动力是截然不同的，前者需要更多地执行国家意志。出于获取能源和大宗商品以支持国家长远发展战略的考虑，它们依靠国有银行的资金后盾，宁愿承担一时一地的亏损。当然，其中也不乏决策的盲目性。它们遇到的最大挑战不是项目的规模和技

---

① 中能世通（北京）投资咨询服务中心，中国能源研究会能效与投资评估专业委员会，"一带一路"中国建设的典型工业园区绿色化研究，2020 年 1 月。

术问题，而是严重低估了跨文化的差异，尤其是东道国非政府组织以及工会的力量，以及国际舆论的影响力。对于这些问题，它们还需要积累相应的经验。

中国的媒体喜欢说它们的国家在打击腐败方面比印度更成功，虽然后者在国际上被认为是一个多党制的民主国家。其实，单单依靠民主制，一个国家并不能有效地抑制腐败，而必须具备更多的基础条件，包括：严格划定的权力边界，高效且便捷的法律体系，自由且负责任的媒体，普遍的国民教育程度，经济安全的保障，等等；没有这些，反腐败的努力必然收效甚微，甚至可能在反腐的过程中酝酿更严重的腐败。但发展中国家很少具备这些条件，印度只满足其中一个，即相对自由的媒体。在经济增长的早期，新加坡并没有依靠自由媒体和完全民主的政治制度，而是在很大程度上依靠推行儒家的治国理念，在整个亚洲文化圈里创造出了成功遏制腐败的范例。这一成就在中国备受赞赏，因为自开国元首李光耀执政以来，新加坡掌握了中国治理模式的精髓——开明君主威权统治下的外儒内法。香港在1974年廉政公署诞生并以执法、预防及教育"三管齐下"的方式打击贪污之前，不仅腐败公行，而且黑帮势力猖獗。这说明，提倡以德治国的亚洲文化以及推行市场经济本身，并不是像有些学者描述的那样具有天然的腐败土壤，而关键在于创造并汇集上述条件，形成可执行的制度设计。中国也曾在国有企业的高管当中尝试过新加坡模式的高薪养廉，但并没有取得期望的成效。在一套完善的廉政机制建立之前，不受约束的公权与永无止境的私欲彼此苟合，随时都可能冲垮个体道德觉悟的堤坝。

关于中国的发展模式，林毅夫（2009）提出了"有为的政府和有效的市场"理念。既要防止政府失灵，又要避免市场失灵，这当然是许多国家都梦寐以求的理想境界，但是究竟如何才能实现，需要在改革实践中进行摸索。诚然，中国市场经济的发展，是政府有为的结果。政府的有为迄今主要体现在敢于打破束缚经济发展的条条框框，构建市场机制，接下来的发展将是一个由破到立的过程，政府的作为必然需要做出相应的转变。当然，这样的转变并不容易，尤其是针对哪些领域、哪些行业，以及如何在"有所为和有所不为"之间做出均衡的优化选择。

范瑞平解释说，西方思想家的自负，源于他们相信"他们的道德直觉反映了全球道德和政治学说的共性。……中国从根本上否定了这些假设的普遍性，既而构成了道德、社会和政治的反例"。因此，中国在全球秩序中的角色，以及中国如何带动发展中地区走向和平与繁荣，中西方的话语体系在这些问题上必然产生严重的分歧。

中国正在利用自己的资源优势，试图以另一种方式促进国际秩序的重大变革。但是很难得到西方国家的认同。2021年12月，欧盟提出了为期5年（2022—2027年）的"全球门户计划"（Global Gateway，GG），准备拿出3 000亿欧元与中国在发展中国家展开基础建设领域的竞赛。欧盟委员会主席乌尔苏拉·冯德莱恩（Ursula von der Leyen）在2021年的"欧盟咨文"中甚至扬言："我们擅长筑路融资，但是在中国所有的铜矿和中国所有的港口之间修筑一条完美的道路,对欧洲来说是不明智的。……我们将采取基于价值观的方式,为我们的伙伴提供透明度和善治。我们要创造联结,而不是依赖!"① 在2021年召开的七国集团峰会上,美国主导了另一项更加雄心勃勃的计划——"重建更好世界"(Build Back Better World,B3W),声称在2035年前为发展中国家提供40万亿美元,用于改善这些国家的"气候、健康与安全、数字技术和性别平等"。与之相配合,美国政府麾下的国际开发金融公司斥资600亿美元,与日本和澳大利亚联手推出一项"蓝点网络"(Blue Dot Network,BDN)计划,旨在对全球的基础建设项目进行社会责任审计,包括在采购和融资领域中的透明度、问责制、人权、法治、环境影响等多个名目。这三项计划被直言不讳地描绘为是针对中国倡导的"一带一路"国际合作的替代品,表达了西方国家对中国在"一带一路"沿线发展中国家大举从事基础建设的怨愤情绪。竞争与反制已然形势逼人,但从另一个角度讲,中国应该为此感到自豪,因为这些发展中国家在获得民族独立以后,作为宗主国的西方国家除了给予一些道义上的援助,长期以来几乎无人问津,而如今中国发起的轰轰烈烈的"一带一路"建设却刺激了它们麻木已久的神经,也吸引它们加入人类命运共同体的建设中来;中国一再声明,"一带一路"是一个由中国倡议、期望全球参与的宏伟计划,而且中国期望与第三国开展优势

---

① 详见 https://ec.europa.eu/commission/presscorner/detail/ov/SPEECH_21_4701。

互补的项目合作。

幻想破灭与西方冲突

20世纪90年代初,美国政治家情愿忽略中国社会主义体制与诸多国家的差异,推动中国成为全球经济进步的媒介。当时的普遍观点是,把中国排除在国际经济架构之外要比助其加入其中更加危险。他们期待中国主动寻求适应全球化和相关规则的方式,而不是试图改变中国从中深受其益的体系。

根据西方政界的设想,国有企业的垄断性及其体制僵化,民营企业的表现最终将超过国有企业,这将引导中国经济与西方私营企业的运营规则更加兼容,从而渐渐弱化公有制,逐渐使中国经济体制变为以私有制为主导,从而削弱社会主义体制。更进一步,中国向市场经济的转型将创造一个以中产阶级为主力的支持国内政治改革的选民群体,呈现出美国在19世纪末和20世纪初进步时代出现的图景——受过良好教育的中产阶级呼吁民主改革。① 西方政治家希望,随着内部民主改革重塑政治体制,中国将被重新定义其全球角色,在自由世界秩序的条件下寻求合作伙伴。相应地,中国将根据现行的国际规则进行国内的法治建设,从而将

---

① 2016年,美国和欧盟的官方观点一致,并不承认中国的市场经济地位。"欧洲人希望看到一个市场开放、法治完善的中国,更尊重人权和允许民主自由"。他们还认为,一个更加开放、民主和守法的中国,将是大多数欧洲国家欢迎的更好的多边全球秩序伙伴。

一路围绕市场化的议题将私人财产保护、市场开放和公平竞争等原则落实到可预见、可执行的法律框架之中。

2001年中国加入世贸组织，这与其经济规模并没有太大相关性。美国和西方的支持者希望，中国融入全球经济体系，与全球共享繁荣将激励中国政府的决策模式和行为方式发生根本转变，在经济体制、政治组织和价值观方面成为"负责任的利益相关者"，从而促进国际秩序向自由与民主的方向广为延展。

自2016年以来，也正是中国加入世贸组织15年之后，这种看法正在发生改变。西方政治家认为，中国没有完全履行对世贸组织的承诺——中国在加入世贸组织之后15年内完成向市场经济的过渡，因而拒绝承认中国的市场经济地位。中国在各项政策声明中强调了其实行市场经济不等于要与资本主义制度接轨，从而彰显了其全球抱负，导致失望、恐慌和震惊的情绪在西方世界里骤然升温。

经过历时8年的谈判，"中美双边投资协定"谈判在2016年陷入停滞，总体原因是美国认为中国未能提供公平的市场准入和竞争环境。美国官员一直批评中国未能落实加入世贸组织时承诺的一揽子的改革措施，包括压缩过剩产能、开放监管体制、减少对国有企业的补贴，并取消强制寻求在华运营的外国企业进行技术转让。美国国会在2000年设立的美中经济与安全审查委员会（US-China Economic and Security Review Commission）在2016年的报告中指出，"今年是中国加入世界贸易组织15周年。尽管中国在过去15年里加速了转型，但其经济自由化远未达到全球预期。

美中经济关系的现实也与许多人所希望的大不相同"（美中经济与安全审查委员会，2016）。委员会拒绝承认中国属于市场经济国家，甚至不认为中国正在走向市场经济。它声称，中国政府干预企业的经营决策，缺乏集体谈判机制，对外国投资实行不平等的差别待遇，在多个部门对外资设限，拒绝接受民主参与原则，诸如此类的政策条件偏离了国际公认的准则。欧盟委员会得出的结论是，中国的经济规模已经开始影响到了全球体系的动力机制，因此担心中国的投资规则会损害西方企业的利益。

美中经济与安全审查委员会还发现，中国政府"对资源配置严加控制，其国内改革的议程旨在加强国家的控制力，而不是促进经济自由化"（2016）。报告称，中国必须做好准备，"大幅度放松国家控制，克服根深蒂固的模式，忍受结构性改革带来的短期和中期的经济阵痛"（2016）。它声称，中国正在回归早期国家主导的发展模式。"尽管中国政府一再承诺在钢铁、铝和煤炭等行业正在压缩产能，但改革却已经让位于保持就业和经济增长的政策"（2016）。2018年的报告进一步引起了人们对中国军事扩张的关注，并将中国定性为一个修正主义大国和谋求世界主导地位的战略竞争对手。

美中经济与安全审查委员会的观点得到了美国共和党和民主党领导人的广泛支持，他们普遍形成了这样的共识：中国一边搭乘现行国际秩序的便车，一边对此冷嘲热讽，呼吁对其加以改造，目的就是使其更好地符合自己的利益。两党都指责中国采取重商主义政策，包括货币操纵和市场保护主义，例如补贴和保护本国产业以及人为压低人民币汇率等。因此,中国要为维护自由主义的国际体系承担责任,因为这种稳定的国际体系能够使其以前所未有的速度走向繁荣,然而中国却以不负责任的姿态利用了这个体系,忽视了维系这个体系持续运转的互惠性和既定规则。两党都指出,中国有意减少国内消费,以便将继续扩大的过剩产能向海外输出,并以政府补贴来鼓励本国企业倾销国际市场。他们还声称,中国没有成长为一个公平、互惠、市场导向的贸易和投资伙伴,其奖出限入的贸易保护政策损害了西方企业的利益。曾经被认为是过时激进的、冷战思维作祟的立场又体现在对中国的指责中,现在又被西方旧事重提的是,允许中国加入世贸组织并给予中国最惠国地位,是美国20世纪所犯的重大错误之一。美国贸易代表罗伯特·莱特希泽(Robert Lighthizer)称,世贸组织等国际组织并不是为了应对"如此规模的重商主义"(CSIS,2017)而存在的。他希望中国能够加快市场改革,使之更接近以私人投资为主的西方经济体。①

十多年前,时任美国贸易代表的罗伯特·佐利克(Robert Zoellick)在纽约对一名听众乐观地说:"封闭政治不可能成为中国社会的永久特征……理由很简单,这是不可持续的。"他坚信,国家与经济的关系只能朝着一个方向发展,即自由主义理想。这一源自西方经济社会发展史的信念一直是美国与中国交往的基

---

① 莱特希泽说:"中国努力发展经济、提供补贴、打造国家支柱产业、强迫技术转让、扭曲市场,这一规模之大,对世界贸易体系构成了前所未有的威胁。"

石，而现在他们开始意识到，他们一开始就可能是一厢情愿的；他们既没有深刻理解中国的历史，也没有预见到中国当前的雄心。

中国的崛起是否适应了市场经济？

本章开篇就提出了这样一个问题：中国的转型经验是否告诉我们，市场经济的概念需要更大的灵活性？科斯和王（2012）看到了中国市场经济的许多基本特征，其中最值得注意的是，改革造就了一个全局性的信息处理系统，展示了一种自我修正、自发成序的机制。这是一个价格主导个体、企业和政府协调决策的系统，其中大量具有局部信息的个体虽然各自独立行动，而行为表现却具有自发的一致性。然而，中国的市场体系是在政府高度干预之下实现这一目标的。如果科斯和王的观点是正确的，那么中国的市场经济与其他市场经济的差别则只是体现在量上，而不是体现在质上。换言之，差别仅仅在于政府这只更加强壮的"有形之手"在多大程度上为市场这只"无形之手"松绑而已。因此，中国的经济转型实际上提出了一个更广泛的问题：是什么让人类行为服从经济学原理？

中国领导层坚信，当前的经济结构是助推其全球竞争力的更适合的模态，国有企业的性质决定，它比民营企业更有能力提高中国在全球舞台上的地位。面对全球的技术争夺战，中国政府更有理由将国有企业做大做强，因为它们比民营企业更加自主可控，而且能在强大的政策驱动下产生立竿见影的效果。在没有确凿的证据证明其模式注定要失败的情况下，中国不会从根本上改弦更张，另寻其他发展道路。西方世界若要调动中国发挥建设性的协同效应，与之减少破坏性的摩擦，就需要更深入地了解中国的价值取向和思维模式，从中明辨中国领导层心目中认定的核心理念。

第四节　中国在全球经济中可能扮演的角色

如果我们回顾过去 25 年来影响全球经济格局变迁的强大推动力，包括能源结构的变化、全球产业的重新布局、两大金融危机以及新冠肺炎疫情引致的全球经济衰退，没有比中国的经济腾飞更具持久的代表性，而且中国在全球经济此消彼长的过程中扮演了耀眼的角色。

置于历史演进的视角之下，一个集权统治两千年的封建制帝国一直傲视天下，自 18 世纪逐步走向没落，到 19 世纪中叶在西方列强的威逼之下被迫门户开放。过去 40 多年来中国汹涌澎湃的经济发展速度是其历史上前所未有的，也是令全世界始料未及的。当依靠出口和引进外资的对外开放趋于成熟的时候，以对外投资为主导的"走出去"战略是其经济向更广阔的国际市场有机扩张的必然结果。不过，对于一个相对缺乏国际商业经验但可为确定的战略目标调动大量资源的大国来说，可能会产生高度不确定性。但无论从何种意义上讲，它可能会从根本上打破现有国际地缘政治和经济结构的均衡，就像早期的一个转折点改变了曾经横贯欧洲的皇室关系网络一样。尽管中国再三强调在意识形态、政治经济制度、先进技术和资源供应等各个方面做到自主可控，但随着与其他国家相互依赖性的增强，中国自身也会在国际关系的波澜涌动中做出适应性的调整。至于中国将如何调整，以及世界将如何因中国而改变，仍有许多值得深刻思考之处。

1. 路径依赖的魔咒。昔日的成功是助长路径依赖的兴奋剂，中文里"刻舟求剑"的故事揭示了其中一个深刻的道理。世易时移，过去行之有效的方法未必适用于当前或未来，或者至少会使收益加速递减。比如，单独划定一块地方建立经济特区或者经济开发区，只要赋予其某种优惠政策或自由裁量权，便可坐等一座全新的城市蒸蒸日上。或者，撤换一位贪污腐败的高管，就能等待国有企业扭亏为盈。殊不知，这种局部试验或微创疗伤的模式已经难以创造奇迹了。中国依靠强大的政府自上而下放松管制释放出了人民压抑已久的致富激情，并以开放国门的政策吸引了大笔的外国投资，而如今的系统性创新和面向全球的直接投资又对中国提出了新的课题。网络理论告诉我们，全球化意味着去中心化，任何一个轴心或枢纽都难以控制网络结点的互动过程、节奏及其结果，中国政府关于"百年未有之大变局"的判断反映了决策层对这一现象的认识。随之而来的问题是，政府将在何种程度上调整角色，以在国内培育可持续发展能力，并在错综复杂的国际舞台上发挥更加积极的作用？

2. 中等收入陷阱。一些乐观的经济学家相信中国的经济增长势不可当，因为中国还蕴含着巨大的增长潜力有待发掘，而且能够顺利进入高水平和高质量的发展模式。而另一些悲观的经济学家则认为，中等收入陷阱是发展中国家难以逾越的障碍，中国亦不例外。他们并不否认中国仍然保有巨大的增长潜力，但面对技术升级、产业转型和环境保护的三重压力，加之人口红利的锐减，中国的经济增速必然放缓。

3. 对市场主体的差别待遇。中国往往根据所有制形式对不同企业给予不同的政策待遇，而不是根据它们对国民经济的贡献考虑。政府一边敦促国有企业推行现代化的公司治理，一边又期望它们成为宏观政策的调控工具，并担当公共产品的提供者，因而一些国有企业在一些行业具有种垄断性的市场地位。在深化国企改革中，少数关系国家安全、政府必须掌控的领域由国有企业经营，大多数国有企业按照市场运行机制经营。民营企业一般在国民经济中发挥拾遗补阙的辅助作用。同时，在贷款、税收、研发投入等方面，不同市场主体也有不同待遇，这都是中国进入改革深水区后要面对并解决的问题。

4. 中西方能否殊途同归。有人认为，中国的制度和文化最终将在发展的进程中与西方自由主义趋于融合。从之前和现在的趋势来看，西方世界没有什么可担心的，其全球的领导地位并没有受到撼动，可以继续在全世界传播其市场自由的经济模式和个人自由的文化价值观。为应对来自中国的竞争，坚信自由市场的西方经济体也开始加强政府对产业政策的干预和贸易保护。这种观点认为，既然中国不会改变，那么美国就必须变得更像中国，自行调整本国的产业政策，由政府来协调各个部门的投资，并通过政府补贴巨额的研发费用来维持其技术领先优势。这一政策导向与 20 世纪末对抗日本公司的手法如出一辙。中美双方因差异而竞争，又因竞争而采取了趋同的政策，从而得出一个颇具讽刺意味的悖论。这种现象似乎应验了《易经》中的一句名言：天下同归而殊途，一致而百虑。

5. 全球经济网络基于中国因素的裂变。作为一个巨型的经济体，中国正在西方难以认同的轨道上加速前进。越来越多的新兴经济体愿意效仿中国的成功经验，因为它们认为中国的发展模式要比西方模式更加实用。不仅如此，发达国家虽然因共同的政治理念而结盟，但它们各自均有着不同的利益诉求。也正是因为它们的民主体制，面对国内受益于中国经济的企业主和消费者，政治家必须回应这些选民的呼声，因此只好对中国不受欢迎的意识形态舆论采取某种妥协政策。依靠国内强大的制造能力和消费能力，并通过与欧洲、非洲、拉丁美洲和亚洲国家开发众多合作项目，中国无疑成为全球经济网络的核心枢纽，因此也具备了以经济手段服务于地缘政治目标的能力。照此趋势，全球经济结构必将迎来一次新的裂变。

6. 新冷战为期不远。美国政府认为中美两种不同制度不能共存，并将中国视为一个正在崛起的西方自由主义的对手、一个修正主义的大国和一个另类全球秩序的旗手。美国白宫贸易和制造业政策办公室发布了一份关于中国经济侵略的白皮书，断言"中国的行为、政策和做法……不仅威胁到美国经济，而且威胁到全球整个创新体系"（OTMP，2018），据此要求立即解决这个长期存在的问题。令他们感到不安的，并不在于中国模式的可行性，而在于无论其成功与否,都可能对西方经济利益造成威胁。随着经济的增长,中国可能会通过改变资本主义赖以维持繁荣的成本收益模式,重塑未来全球创新的格局。

7. 中国超越西方世界。如果能够做到"有为的政府"和"有效的市场"恰如其分地双管齐下,中国必将在可预见的未来超越西方。凭借高度整合的决策结构及其惯常的灵活性,中国能够比西方国家更有效地调动国内和国际两种资源、利用国内和国际两个市场。

8. 变化在混沌中增进弹性。如本书第三章结尾所述,复杂系统是通过变化收敛于局部而不是全局的最优解,并通过变化产生韧性。由不同经济主体形成的中国经济结构,在一定情况下,可以为世界经济提供应对衰退和增加整体产能的有益指导,也可以为应对全球气候变暖、经济低迷等共同问题提供多样性的解决方案。

9. 互联性造就了一个多重反馈的世界,没有一个参与者可以置身事外。技术霸权的竞争才刚刚开始,这可能会以任何领导层都意想不到的方式改变东西方的关系以及各自的发展动力,并将持续释放新的不可预测性。对于全球性创新,中国渴望从一个中心位置走出一条从追赶到超越直至引领的道路,将国有企业培养成为创新领先和称雄国际市场的排头兵,但这种投资也需要在私营企业适时跟进并最终发挥主体作用的情况下方可持续。科学技术合作可以激励参与各方遵守一套统一的国际规则,促进更负责任、更透明和更低成本的操作实践。而如今,剑拔弩张的技术竞争会引发西方国家以自身高昂的代价对中国采取更加严厉的反制措施，双输的局面在短期内在所难免，而更长期的危害在于，全球范围内的技术进步将因破坏性的资源消耗而大为减缓。

10. 中国共产党的韧性。以苏联为主的社会主义阵营已经分崩离析，共产党执政的国家数目也急剧萎缩，而唯独中国，不仅维持了共产党领导的社会主义体制，而且在经济发展的轨道上创造了欣欣向荣的局面，这无疑是现代世界历史上绝无仅有的一项奇迹。中国共产党党员人数从 100 年前 50 多名[①]，一路壮大到今天总数为 9514.8 万名的庞大队伍，并建立了 486.4 万个基层组织，[②] 其旺盛的生机与活力可见一斑。这当然要归功于其严密的组织体系和不断优化的结构，而最根本的是，它能够审时度势，保持与时俱进，其民主程度、实际作为和积极贡献远远超出了西方的刻板印象。他们当中绝大多数不是西方人想象中的政客，而是遍布经济、社会和文化等各个领域的专家和实干家；他们当中的官员也是通过实际业绩一步步晋升到高位的，而不是像西方社会依靠财团支持的日趋娱乐化的选举过程产生的。西方媒体仅关注到中国少数党员干部的腐败事件，而对绝大多数在各自岗位上无私奉献的个体不感兴趣。他们可能对何为共产主义以及何时实现共产

[①] 《中国共产党一百年大事记》(1921 年 7 月—2021 年 6 月)，http://www.xinhuanet.com/2021-06/28/c_1127603399.htm。

[②] 中华人民共和国中央人民政府网，《中央组织部统计数据》，http://www.gov.cn/xinwen/，2021-06-30。

主义有不同的理解，但他们普遍承载着儒家仁义礼智信的理念，一方面富有追求自我实现的热情，另一方面对组织纪律具有高度的服从性和执行力。因此，西方政治家应该明白，没有任何一股力量能够瓦解或取代中国共产党的领导地位，除非它自己选择自暴自弃。

值得注意的是，当中国和美国在贸易规则上角力时，还有一个更大的问题：东方或西方是否有足够的影响力对分散的全球经济竞争进行自上而下的控制？中国已经跻身全球网络轴心的行列，但任何轴心并不能控制世界的变化，全球经济的复杂性远远超过任何高级管理者或机构的处理能力。不管是中国政府、美国的国会和总统，还是欧盟的理事会，把信心建立在轴辐式或者科层式的基础上，试图以高高在上的权势控制一切乃至称霸世界的时代，已经一去不复返了。

最后，我们更加深刻地认识到，开放市场、开明政治和经济繁荣之间的联系更多地依赖于历史背景。面对当今饱含中国元素的全球格局，反思也好，反制也罢，以美国为首的西方世界应该扪心自问：往者已矣，来者犹可追乎？而在世界的东方，借用清代文人郑板桥的诗句，"千磨万击还坚劲，任尔东西南北风"，中国正在一个充满变数的时代将自己全力塑造成为推动全球治理体系的变革者。

第九章　时移势迁的全球网络

第一节　网络在国际关系中的作用

我们可以通过经济、贸易和投资总额的增速以及民营企业的活力来分析中国日益增长的财富及其在世界舞台上一路上升的地位,我们同样也可以用一定的指标来量化国际体系中国家之间的关系,并跟踪其动态变化。将国际体系视作一个由众多结点交织而成的巨大网络,并对网络的结构进行定量分析,可以发现国际关系的形态及其变化模式。这有助于我们深入了解国家之间在政治、经济和意识形态等领域的联系,并将传统的均力分析与新的指标结合起来。

本章选取了军事、政治和经济实力三个关键指标,运用三种衡量网络结构的方法——密度、直径和中心性,来突出冷战时期和冷战后国际关系的广延性和密集度,以期从中发现国家影响力的动态变化。

直到最近，对于国际体系中的国家关系，人们往往采用条约、冲突、意识形态以及利益诉求来构筑经典的叙述。复杂的相互依存当然普遍存在于这种关系当中，但我们必须进一步认清，长期以来，这种关系的形成及其变化均集中在这个体系的中心地带。也就是说，它是由少数几个作为行为体的国家所主导的，而众多处于边缘地带的国家几乎别无选择，只能被动适应。如今，人们普遍认为，在一个由国家强力构成的世界，外交和军事事件的日程并不能恰当地描述国家之间的动态关系。安妮-玛丽·斯劳特（Anne-Marie Slaughter，2017）、泽夫·毛兹（Zeev Maoz，2011）、拉斯-埃里克·塞德曼（Lars-Erik Cederman，1997）、埃米莉·哈夫纳-伯顿、迈尔斯·卡勒和亚历山大·蒙哥马利（Emilie Hafner-Burton, Miles Kahler, Alexander Montgomery，2009），以及斯特兰奇（Strange，1996）等人的研究表明，人们对权力网络的理解有了很大的变化。

斯劳特（2017）在《棋盘与网络》一书中强调了网络在权力分配和国际关系研究中的重要性。她认为，国家和次国家行为体之间的互动愈加密集而复杂，这将迫使美国采取新的宏观战略，以维护其国家安全和公民利益。尽管本章证实了斯劳特关于网络密度不断增加的说法，并提供了定量分析来支持她的论点，但我们认为，正是由于这种密度和相互关联性，简单地利用联结来增强权力的国家战略在概念上是不充分的。通过了解全球网络的变化结构，我们认识到其中任何单一行为体影响系统内部联系的能力已大大降低，这对于理解任何宏观战略的局限性至关重要。

用简单而静止的眼光将国际体系视为纵向的等级和横向的网络，这种十字交叉状的二元论无法描绘其历史演进的真实图景。要知道，所有人类和自然界的网络都是"分层"构建的，尽管集中程度可能有所不同；网络中的结点、枢纽以及轴心此起彼伏，或者此消彼长，致使网络结构常常处于灵活的调整状态。本章以定量的方法探讨了冷战期间和冷战之后三个特定网络结构中的等级程度。研究表明，当今的网络特性与冷战时期形成了显著的差异，其中一些地方性的结点已经壮大成为区域性的枢纽。而且，不同等级的次网络正在加速定型，使国际体系呈现出一种盘根错节的网中网的复杂模态，尽管少数结点仍然处于游离或孤立状态。与此同时，以20世纪末社会主义阵营瓦解或柏林墙倒塌为标志，认为冷战格局就此宣告谢幕，抑或认为那个时期国际势力的两极化是一种值得恢复的稳定均衡，这两种观点具有同样的误导性。使用网络指标来分析二战以来国际关系的变化，有助于识别其背后暗流涌动的多种因素，并揭示其对宏观体系的渗透力，乃至其搅动宏观体系变革的持久力。

全球化和复杂性的教训

网络科学的进步使我们能够更精确地描述政权的稳定性和制度变迁的机制。在一个稳定的系统中，自下而上的变化速度和幅度通常呈递减趋势；较低层级的变化速度越快，幅度越大，就越能为整个系统补充新颖性和多样性，并为较高层级提供更多的决策信息。较高的层级如若足够明智，便可以顺势改进管理措施，以提高系统的运营效率;相反,较高的层级如若故步自封,则会设法压制低层级的变化,或者忽略自下而上的信息传输,这样可能在一段时间内有利于加固原有的系统,但必然会加剧整个系统的脆弱性。所以我们说,在不破坏整体拓扑结构的情况下,分层系统的弹性源于自上而下逐级适应快速变化的能力。在本书第四至第六章中,我们看到了历史上的迭代变革如何一次次帮助欧洲焕发出强劲的活力,在推陈出新的同时又保持了共同传统的连续性。王室之间的姻亲网络是一个决定因素,它虽然因战争和实力的转换而几经更新,但其性质并没有从根本上发生改变,各国的经济和法律变革也因它能够在一个共同的欧洲背景下相互融合,甚至同步演进。

根据系统论的一般原理,与低阶部分不同,系统的高阶部分一旦发生动摇,其影响必然波及整个系统,就像宫廷内斗会导致全国上下民不聊生,而个别地区因饥荒而锐减的人口也能在政府救助之下重新恢复。因此,在评估全球系统的稳定性时,我们需要注意低阶部分是否以及在何种程度上受到高阶部分的影响,无论是激励还是钳制。冷战之后的国际关系不再是西方资本主义和东方社会主义两大阵营双峰对峙的格局,也不是像许多学者所描述的那样由美国一极霸权所主导。事实上,即使在一个国家或一个区域内部,各种网络也不再表现为轴辐式或金字塔式的层级结构,而是随着自主意识的普遍增强,从个人、企业到国家等各类行为体越来越主动地通过平等契约和联盟的方式相互交织,自我组织,促使更多的资源进入横向流动的状态。接下来我们将研究这些横向的网络连接关系。

这种新型的网络模式及其演进，必然影响全球体系的稳定性。正如第二章所讨论的那样，在某个阈值下，网络密集化本身就会加大冲击的传播力度，从而加剧系统的整体脆弱性。当稳定的层级条件不复存在时，为维护整个系统的稳定，高阶部分往往会竭力调动资源来缓冲或者抑制较低层级造成的混乱。如此一来，整个系统将因险象环生而面临紊乱无序的危险。高阶部分因四处防范，汲汲救火，而变得疲于奔命，以至进退失据。此时，系统中的任何地方随时都可能冒出动乱的苗头，并迅速蔓延成燎原之势。放眼 21 世纪以来的全球格局，高阶的稳定性一直在消散，而低阶的网络正在蓬勃兴起，任何一股势力的集中控制能力都在逐渐减弱。

全球网络的层次结构

我们通常认为冷战时期的国际秩序是两种等级制度的对垒：两个超级大国对区域大国施加影响，而区域大国又接续将之传导给其他更低阶的国家。这与军事指挥结构或大公司的运作方式大致相同。但将"等级制度"一词应用于那个时代之前或之后的国际体系，具有一定的误导性。即使在冷战时期，国际关系体系也并没有按照一个明确界定的等级概念运行。

在冷战期间，各种国家层级的网络被"结构化"为阵营或集团。西方阵营集中在北大西洋两岸，包括澳大利亚等关键的非北约盟国；它们在军事上构筑起北大西洋公约组织（北约），在经济上组成了巴黎统筹委员会（巴统）。苏联纠集的社会主义阵营集中在亚洲大陆，包括远在中美洲的古巴；它们在军事上构筑起华沙公约组织（华约），在经济上组成了经济互助委员会（经互会）。不过，两者的构造仍然存在显著的不同之处。西方阵营的等级形态并不明显，阵营内部的许多双边关系表现出高度的横向联通性；社会主义阵营呈现出典型的轴辐式结构特征，各国之间的互动较少，而与苏联的直接互动较多。然而，这两个阵营在很多方面都难以称作严格意义上的共同体。在这两个高阶网络之内，多个行为体均根据各自的利益明争暗斗。因此，在坚持各自主权和利益的前提下，各成员之间的合作与竞争决定了网络的结构和运行方式。土耳其、沙特阿拉伯、埃及和以色列等国家亦不例外，它们都是美国保护其免受苏联控制的受益者，但它们在中东地区的利益争夺一刻也未停歇。与西方阵营不同，苏联主导的社会主义阵营是依靠苏联的威慑力凝聚到一起的，当苏联的沙文主义过度膨胀时，其他成员为维护自身的主权，便从起初的貌合神离走向了最终的分道扬镳。

在西方阵营里，即使美国处于无可争辩的中心位置，其网络也依然具有多轴心、无标度系统的弹性。多年之后，即使苏联操纵的社会主义阵营早已土崩瓦解，西方世界仍然能在环境和贸易等议题上继续找到凝聚力，而且呈现持续扩大的趋势，尽管其内部存在不同的观点和诉求。社会主义阵营更符合我们熟悉的等级概念，即苏联自恃处于金字塔结构的顶端，而将其他国家视为低阶的扈从，这恰恰注定了其系统的脆弱性。

即使在冷战期间，这两个网络也没有泾渭分明的清晰界定。虽然这两个霸主更愿意成为军备、外交保护以及贸易和制造的独家提供者（或持有者）——这些资源对于维持等级制度至关重要——但它们之间存在着许多交叉重叠的关系。

时光荏苒，各国之间陆续建立起许多属于自己的次级联结，随着这些联结获得更多的"流量"（彼此交往的深度），它们在许多情况下可以选择绕过一个主要轴心而自行其是。因此，一个国家可能在军火贸易网络中属于一个共同体（例如，从法国购买武器的国家共同体），在联合国共同投票网络中归入另一个共同体（伊斯兰世界共同体），抑或在全球贸易中加入另外一个共同体（以中国为中心的贸易伙伴网络）。然而，随着各国在不同团体之间建立更多的联系，某一组件的不稳定现在可能更容易扩散到整个系统，甚至跨越多个共同体。例如，叙利亚的干旱和战争掀起了涌向欧洲的移民潮，再加上从巴黎到巴基斯坦的极端组织恐怖袭击引发的焦虑，最终改变了英国是否脱离欧盟的投票结果。所有这些都源于国家之间更紧密的联结，而全球通信和社交媒体也发挥了推波助澜的作用。

如前所述，低阶层面的联结与互动，必然为系统的稳定性带来更多的风险。当中央层面确定的战略被证明不足以应对（更不用说遏制）由此产生的任何规模的风险，任其通过复杂的互动环境传播和放大时，这对一个网络体系意味着什么？对地缘政治稳定又意味着什么？

中心地位朝不保夕

在相当长的时期内，高阶结构一度构成了国际关系体系的基本特征。而当年的世界霸权如今已然摇摇欲坠，我们可以将之归结为系统结构的演进。冷战期间，西方国家一直致力于将饱受战争蹂躏的欧洲及其前殖民地（南亚、东亚和中东）连接到全球贸易体系中来，以期通过创造经济繁荣来孤立并超越以苏联为主体的社会主义阵营。随着外交、军事和经济力量在低阶伙伴中迅速扩散，系统的动态变化之快超出了原本的预期，社会主义阵营的瓦解和苏联的解体就是冷战政策的直接结果。西方阵营在与社会主义阵营对峙的冷战过程中之所以技高一筹，有一个因素是它在系统中通过放松对中央层级的控制，用一套已知的风险换取了对手一系列未知的风险。

对长期霸权稳定性的削弱已经成为国际关系中的一个主要关切（Waltz, 2008）。卡内基国际和平基金会的政治分析师莫伊塞斯·奈姆（Moisés Naím）说到，"权力的终结"作为一种普遍现象，已经渗透到董事会会议室和学校教室里；斯劳特认为，虽然至今尚且没有一个次国家行为体编织的网络能够取代以国家为主体构筑的国际体系，但多种迹象表明，国际权力正在从国家向次国家行为体的网络过渡。例如，民间发起的比特币之类的数字货币，就是一种脱离国家主权的去中心化的产物；这个日益庞大的热衷于数字货币的社区，便是一个典型的次国家行为体。国家之间的去中心化进程则更为明显，越来越多的国家，无论大小，普遍增强了主权意识。在军火贸易或联合国投票中，它们有意排除权力中心的干预，自行决定本国的国际事务。如此一来，传统大国的霸主地位便陷入了朝不保夕的尴尬境地。这一趋势本身就显示出了网络结构变迁的属性。

如同第八章所讨论的，中国的崛起正使中美两国之间的实力发生转换，其他国家也在不同程度上参与了一场实力此消彼长的竞赛。就当前的局势而言，这种转换削弱了整个系统的稳定性，因为当最强的霸主开始失势时，它就会暴露出越来越多的弱点，挑战者于是不失时机地趁虚而入，向其发起攻击。在攻守双方的胶着阶段，更多的成员会参与进来浑水摸鱼，借机寻求自身利益的最大化，甚至不惜牺牲他国的利益，继而进一步破坏系统的稳定性。如今，每个国家都对二战以来的国际秩序牢骚满腹，高喊要推行大刀阔斧的改革，但它们各自都抱有不同的政治主张和利益诉求，反而致使许多国际组织因无所适从而陷入停滞状态。

在美国主导的单极化国际体系中，世界呼吁多极化的国际秩序，然而，西方思想家在探究新型国际秩序的同时，仍然希望力保自由国际主义的价值观。例如，斯劳特提出了放大网络中心性的概念，以此作为指导美国保持领导地位的最新战略方针。其意思是，美国可放弃单极世界的轴心位置，而专注于在那些有利于增进美国利益和安全的关键网络中充当"超级结点"的角色。[①] 必

---

① 斯劳特解释说，在一个相互关联的世界，政府只是参与者之一，它需要采取面向网络的战略，为网络赋权，并借助网络行使权力，使整个网络的参与者能够享受到多种联结战略的优势。

须指出，斯劳特将结点中心性与网络集中性混为一谈。事实上，在社会网络分析讨论中，中心性是一个点的度量，即结点的位置和边界；而集中性则是基于结点的中心性等指标，对网络在更大系统中的位置给出的数学描述。集中性是对系统级凝聚力或集成度的一种衡量方法。一个结点，无论是国家实体还是非国家实体，在网络中的中心性都可以得到量化。例如，应用瓦茨（Watts）的"六度分隔法"计算将其与任何其他结点分开的链接数量，或者计算有多少个链接穿过该结点。斯劳特提倡的"网络中心性"，实际上是指网络中超结点或称之为枢纽的中心性。①

然而，保持中心地位并不足以确保一国在国际体系内的主导权力，全球网络的整体结构本身也很重要。如果全球网络结构是梯级化的，有一个霸主处于"顶端"，那么超级结点的中心地位确实是一种权力的来源。这也是美国自二战结束以来的定位。然而，如果网络是分散的，或者说是扁平的，占据中心地位的行为体在位阶上并没有显著地高于其他的参与者，甚至几乎可以等量齐观，那么中心地位的意义就会大打折扣。事实上，在一个已经分散化

---

① 数学社会学家林顿·弗里曼（Linton Freeman）在其颇具影响力的《社会网络》一文中写道："对于社会网络的研究，我们需要基于点的中心性差异来确定图形集中度的度量标准。"关注到弗里曼在社会网络分析和网络集中化方面的研究成果，英国社会学家约翰·斯科特（John Scott）解释说："与点中心性的测量有关的，是一个图形的整体'集中化'的概念，这两个概念有时被用同一个词来描述，故而造成了混淆……如果术语'中心性'仅限于点中心性的概念，而术语'集中化'用于表示图形结构作为一个整体的特定属性，则最有可能避免这种混淆。因此，集中不是指点的相对突出，而是指图形的整体内聚或整合。"

的网络中,要恢复某个结点的中心性几乎是不可能的。与冷战时期相比,全球影响力在美国、欧盟和中国之间的分布更加均衡。随着网络结构的变化,各方的战略也必须随之做出调整。

二战以来以及整个冷战期间,外交条约、武器销售、国际贸易、制造业以及金融网络等,均为自由国际主义政权的稳定做出了贡献。不难看出,国际事务中的权力分配与这些因素共同编织的基本网络结构密切相关。所以,我们不能把权力理解为网络中任何单一国家的属性,而应将之视为更大系统的属性。它紧随系统结构的变化,或集中,或分散,而不仅仅是由某些挑战者从外围崛起,或者是由非正式的影子网络不断增强的实力所致。行为体中心性的概念局限于系统内部的权力分配,不利于构建一个完整的全球秩序框架。相形之下,系统的集中度才是发挥决定性作用的关键因素。

第二节　在国际网络结构中测度权力终结的指标

全球网络是由一系列结点(国家)组成的,结点之间通过贸易、军事援助或外交合作等方式相互联结。因为这些国家属于一个更大的、不断演进的系统,它们之间的联系也在不断地相互作用和反作用。理解网络结构对行为结果的不同影响,有助于阐明权力角色的转换,以及这种转换将如何塑造系统的演进方向。

层级制度是一个熟悉的概念,呈现金字塔结构,少数国家位于"顶端",其他国家处于"较低端"。资源和信息通过这种网络拓扑结构向上汇集到顶端国家，而后者又将之连同指令和协调功能一起向下分配。顶端国家竭力把持中心位置，以便从这些双向的流动过程当中获得并行使权力。资源和信息固然以纵向流动为主导，但我们也不能忽视这种等级制度内含的横向网络拓扑结构。除了位于顶端的轴心国家，处于低层的国家则构成一个更大的外围网络，它们之间也进行频繁的平行互动——无论是否征得了轴心国家的允许，这在很大程度上类似于西方的网络结构。

效用是权力的根本源泉。一个国家的权力大小，最终要看它能给相关国家带来多少裨益，而不仅仅是其自身强大的实力。战后的日本需要通过《日美安全保障条约》倚重美国提供防务保护，美国因此获得了控制日本的权力；欧洲的多个国家依靠俄罗斯输送大量的石油和天然气，故而在俄乌战争针对俄罗斯采取的种种制裁项目中，迟迟不敢列入石油和天然气交易产品，这反映了俄罗斯的权力和影响力。再者，信用也是一种权力。瑞士作为在各种战争冲突中置身事外的小型中立国，曾经以极高的银行信用赢得来自世界各地的大笔存款。假如瑞士有朝一日决定公布储户的账目信息，全球的许多富豪和政治大佬必将如坐针毡，惶惶不可终日。另外，一个国家也可以从其积极的"中间性"当中获得权力，例如在强国与弱国之间担当沟通和协调的重要渠道。土耳其在全球体系中因扮演这种角色获得了与其自身实力不相称的权力，原因在于它位于欧亚大陆的交通要冲，是难民从叙利亚和东方前往欧洲的必经之路，来自欧洲和美国的军事物资必须经过土耳其，来自俄罗斯和伊拉克的天然气和石油也别无他途。

如果全球网络保持严格的层级结构，那么处于顶端的国家将从把控网络内的联结和流动中获得巨大的权力。但是，当网络失去了集中性，并出现了多种替代性的流动时，自恃在层级结构网络中处于顶端位置的国家就再难对其他处于低端的国家颐指气使。事实上，今天的许多全球网络似乎都是去中心化和去层级化的。例如，在全球能源市场上，发展中经济体的进口量已经超过了西方国家，这就使它们有动力和能力绕过西方另起炉灶，建立新的战略和经济联盟。[①] 随着各国通过进出口贸易、跨国投资等方式为自己积累更多的联结，它们对轴心、枢纽以及中心结点的依赖性必然日趋减弱。在这一点上，网络中的中心地位不再是拥有权力的必要条件。正是从这个角度出发，我们考察了几种网络类型（每个网络都是维持层级制度的关键），以测度美国能否通过长期建立的中心地位来实现掌控整个网络的愿望。

　　我们可以从下一节所讨论的三个网络的结构变化中找到美国面临"权力终结"的证据：（1）联合国共同投票；（2）从事重大武器转让的国家；（3）国际贸易和金融市场的总体格局。对于每一个网络，我们都建立了一个网络结构的时间序列，每年收集一次，并且计算每个网络的年度结构指标（见图9.1—图9.3）。

　　我们采用的第一个结构性指标是中心性，这已经成为多个章

---

① 2010年，非经合组织国家消耗的能源占世界能源的54%，石油需求超过西方国家。预计到2040年，其消耗量将达到65%，年增长率为2.2%（美国能源信息署，2013）。

节的主题。中心性可以用不同的方式来衡量。有关社会网络的文献已经对此引入了 30 多种不同的测量方法，每一种都与某些社会力量有着独特的关系。考虑到国际体系中主要行为体的影响，最常用的两个量化指标是接近中心性（一个结点与所有其他结点之间的平均路径长度）和中介中心性。接近中心性是一个结点与所有其他结点的平均径路长度的倒数，表明一个结点与所有其他结点的接近或远离程度。中介中心性也是衡量一个结点在其他结点的最短路径上的频率，并表明一个结点在连接其他结点方面的潜在作用。

虽然接近中心性和中介中心性是理解结点层次结构中随着时间推移其位置变化的有用度量，但这些指标对理解整个层次结构的动态变化帮助不大。为此，我们使用了另一个衡量指标作为本章的新内容，即全局通达中心性（Global Reaching Centrality，GRC），这是一个衡量网络层次结构和集中度的指标。[1] GRC 与一个结点在网络中的直接连接之外可以到达的结点数量有关。这就是为什么它适合用来衡量一个国家在全球网络中的影响力。如果一个网络的这一指标很高，那么它就表示一个高度连接的结点；如这一指标较低，表明各结点在连接数方面相对均等（即，有多个区域中心，而不是单一的中心结点）。

我们使用的第二个结构指标是有效直径的测量，它表明网络

---

[1] 在 Mones、Vicsek 和 Vicsek（2012）的文章中，层次结构是许多自然和人造网络的一个基本特征，它们有助于提供量化的度量。

中结点的连接或分离程度。如果直径测量值较低，那么大多数结点可以画出通往任何其他结点的路径只有一条或两条边，或最多绘制一个中间结点——这是一个网络连接良好的标志。如果直径更大，结点之间的连接路径中就有更多的中间结点，这就表明连接了一个较差的网络。

我们使用的最后一个指标是图密度，它表明了良好连接结点的重要性。随着网络密度的增加，大多数结点将与其他大多数结点相连，并且因为它们都连接良好，所以没有一个结点是特别独特或重要的。然而，随着密度的降低，大多数结点将放弃连接，只与少数其他几个结点相连，那些仍然与图中心结点有着良好连接的结点处于更重要的位置。与第四章中对王室婚姻网络的讨论不同，在第四章中，我们研究了在一个单一的、不受时间限制的行为体之间的影响力分布，而本章的分析则专注于特定网络（军火贸易、联合国投票和国际贸易）在特定时期的动态变化和结构（集中化）。虽然对特征向量中心性和度分布的研究有助于描述王室婚姻网络动态，但这些措施在这里的作用有限，这就是为什么我们着重强调 GRC 指标的原因。

这些指标都与图中的结点数成反比：随着结点数的增加，在其他条件相同的情况下，所有的其他指标都会下降。除了网络的结点数之外，网络指标的计算方法如下：图密度 =（边的数量）/（可能的边的数量）；有效直径 = 90% 的结点对之间最短路径的最大长度；而 GRC 的计算方法是默内斯（Mones）等人首创的。我们将之绘制成图，并在接下来的章节中进行讨论。

网络1：外交影响与合作

冷战期间国际外交体系的等级化趋势，赫然体现在联合国的投票模式当中。美国和苏联对其各自的盟国网络行使权力，而盟国又在一个大国或另一个大国的核保护伞下找到"安全感"。

即使在巅峰时期，美国也缺乏足够的经济和后勤资源，无法通过使用压倒性的武力将其规则强加于世界。1965年后，随着欧洲经济在饱经战乱之后逐渐复苏，美国失去了相对的经济实力，使其称雄世界的目标更加遥不可及。美国的领导地位越来越依赖于软实力，但它胆敢冒天下之大不韪，决定与伊朗、菲律宾和越南的独裁政府以及沙特等中世纪社会规范的传播者进行结盟，则进一步自毁了其自二战中期以来在全球树立的民主、自由和正义的光辉形象。在阮文绍政府倒台和美国从南越（越南共和国）撤退之后，全球对美国的看法发生了逆转，认为其在国内治理不善、管理混乱和滥用权力，在国际事务中首鼠两端、始乱终弃。这些失误大大削弱了美国在国际上的领导力，既而愈发疏远了与盟国的关系。在西方联盟内部，外交系统也越来越分散，联盟成员各自为政的局面日甚一日。

直到1991年苏联解体后，国际外交体系才开始回归。美国作为仅存的超级大国，主张采取一个"建立秩序"的大战略。在此两年前的柏林墙倒塌似乎恢复了美国主导世界秩序的正当性，美国领导人再度为自己的政治民主和自由企业制度感到志满意得，指斥苏联的衰落是其与美国制度背道而驰的必然结果。然而，2003

年，联合国长达十年之久的步调一致的共同投票和联盟合作模式开始消退。在此后的几年里，尽管没有另一个大国具备足够的实力来取代美国的位置，但其外交力量已经日渐削弱。国际外交网络的数量再一次增长，并趋于分散化。更宽幅的全球联通性如今使各国能够形成新的临时联盟和同盟，这些盟友关系可以像新闻标题一样随时变幻莫测，说明稳定的政治共同体时代已经一去不复返了。全球正在形成的新型地缘政治生态，为实现更加有效的全球平衡留下了巨大的不确定性。展望未来，我们希望看到，例如，以中国为中心的投票模式是否会有所扩大。

我们利用每个成员方从1946年到2016年在联合国大会上的所有投票记录，重建了联合国共同投票网络（见图9.1）。如果两个国家对至少一项决议投了相同的票，那么它们之间的优势就会增加；边缘权重代表相同票数的比例，即相同票数除以该决议的总数量。所有一致同意的投票已被删除，投票编码被简化为是否同意，用"是"或"否"表示（"否"是指弃权、缺席或没有投票）。

如图9.1所示，联合国投票中的共同投票记录指标显示，在冷战初期，图密度呈下降趋势（少数几个主要结点的重要性不断增加），最终在20世纪70年代初达到最低点，之后继续间断性地上升到今天。如果逆向来说，这与有效直径（结点的连接性）增加的轨迹相似，在20世纪70年代初达到顶点，然后逐渐递减。联合国投票中的低密度、高直径示意图表明，各国在决议中缺乏共识，没有以类似的方式投票。

相反，在这种情况下，高密度、低直径的图形表明，决议几

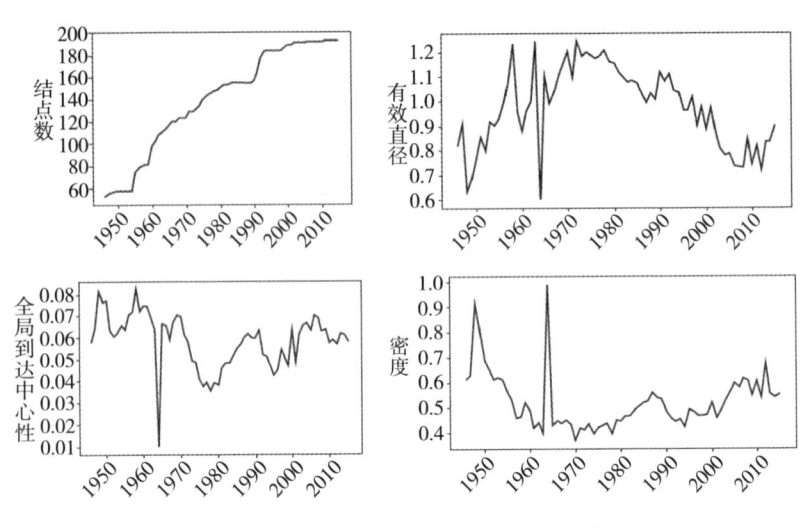

图 9.1 联合国共同投票（1948—2016 年）

乎是一致通过的，并且大多数（如果不是全部的话）投票成员都同意决议，因此在图形中是相互关联的。从 20 世纪 70 年代到现在，各国的投票记录中越来越多地出现这种情况，只是 2011 年之后略有逆转。1964—1965 年，由于不结盟运动和 77 国集团形成了在联合国共同投票的集群，投票记录的统一性出现了一个高峰期。除了 1964—1965 年的峰值之外，GRC 在所考察的时间段内没有太大的变化，这表明核心国家（美国、苏联或俄罗斯联邦）与其边缘或低阶国家之间的关系在联合国决议的投票倾向上保持稳定。

就国际政治联盟而言，图 9.1 所示的动态与有关冷战和后冷战时期的流行叙述明显不同。自 20 世纪 70 年代初以来，国家间的共同投票稳步上升。这表明，自冷战高峰以来，外交关系的两极化和层级制度在稳步下降，这一趋势只是从 1989 年到 1995 年冷战结束后的一段时间内出现了短暂的逆转,但后来又很快得到恢复。

网络2:军火贸易和转售

在网络结构决定权力关系方面,军火贸易是另一个突出的例证。在政府间的军火贸易中,美国虽然在2015年仍然是世界上最大的出口国,但这一排名所赋予它的霸权地位已然今非昔比。

与一般商品贸易不同,政府间的军用武器销售通常表明了交易双方的政治关系偏好。分析军火贸易方面的数据,如斯德哥尔摩国际和平研究所(SIPRI)收集的数据,有助于我们评估这些关系的强度(SIPRI,2017)。[①] 纵使个别的军火交易或许出于单纯的经济利益考虑,这种情形也不太可能发生在竞争对手之间。一个武器出口大国可以通过向另一个国家或其对手提供或拒绝提供武器来获得对该国家的影响力。

二战结束之后,美国对武器制造实施了全球控制。美国之所以能够做到这一点,是因为它掌握着全球最先进的生产技术和工业基础。它可以拒绝向伊朗、利比亚、朝鲜等敌对国提供武器,而不用担心它们会转向其他供应商。在强大的信息监控能力配合之下,它也能有效地阻止盟国或友好国家将从美国购买的军火转售给美国的敌对国或潜在对手。然而,武器的扩散与工业的扩散密切相关。随着制造能力在全球的分散,武器出口国的数量也在

---

① 有关更多报告,请参阅美国国会研究服务局关于常规武器的报告,https://fas.org/sgp/crs/weapons。

增加。由于更多的国家可以自行制造武器，同时有更多的国家可以绕过美国而得到进口武器，如此便削弱了美国在军火贸易中的控制力。冷战期间，美国和苏联的盟友都希望得到兼容性武器系统，以备在大规模的战争中能够发挥联军协同作战的综合能力。然而，冷战之后的战争都是零星的，并且发生在局部，需要联军携手投入大规模战争的风险不断降低，所以各国渴望拥有兼容装备的迫切性也在随之淡化。

此外，获益于全球化的贸易体系，更多的国家积攒了可观的外汇，能够购买更昂贵的武器系统。如果供应商很少，少数的出口国可以通过联盟形成寡头垄断，这样既可以控制军火的流向，又能维持高额的利润。然而，随着越来越多的供应商进入市场，各国失去了完全拒绝向其他国家提供武器的权力。因此，权力地位对军火贸易的重要性降低了，而收入的吸引力却在增加。眼见各类武器贸易在开放的市场中大行其道，美国已无力对常规武器系统的交易实施控制，而只能退守高端市场。武器货源的可替代性刺激了美国的军火销售，而不是对中心地位的渴望，因为在几乎充分竞争的条件下，追求军火贸易的中心地位不会增加相关的权力。为了在竞争中保持优势地位而不加区分地对外军售，意味着美国实际上已经为了经济利益放弃了对自身权力中心的维护，同时也增加了武装敌人、疏远盟友的可能性。

图 9.2 利用斯德哥尔摩国际和平研究所公布的 1950—2016 年间数据库，通过重建武器贸易网络来描述全球的军事合作。该数据集仅包括主要的常规武器和部件（不包括小型武器的转售）。这

些网络是有方向性的，一条边代表从一个国家或一个武装组织向另一个国家的武器转售线路。边的权重代表归一化的趋势指标值。在构建网络时，我们剔除了数据集中标记为未知国家或未知叛乱组织的军火交易。

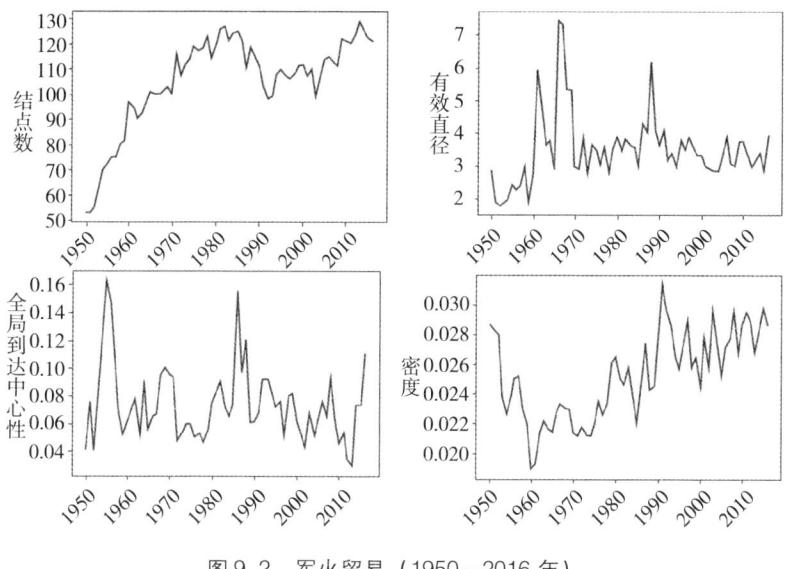

图 9.2　军火贸易（1950—2016 年）

如图 9.2 所示，在军火贸易网络中，冷战时期呈现出密度低、中心性中等偏高的特点，表明两个意识形态阵营的领导者（美国和苏联）对全球军火贸易网络的重要性。冷战结束后的一段时间里，图密度增加、中心性下降，表明军火贸易网络更加分散，对超级大国的依赖性减弱。在 21 世纪的第二个十年里，虽然密度仍然很高，但中心性也大幅增加。但与冷战时期的高中心性不同，由于大多数国家只与它们在意识形态上对应的超级大国进行互动，因此图密度较低。而这一时期的高中心性和相对较高的图密度表明，各国与多个伙伴联系在一起，并出现了多个贸易中心。这表明新的局域性霸权，无论是地理上的还是意识形态上的，在冲突中扮演起了更活跃的武器供应和赞助的角色。

与联合国投票记录的分析不同，武器贸易的记录似乎更接近于国际关系的标准说法：冷战的结束促使了网络结构的变化。截至2013年，该网络似乎已经获得了不同于冷战和后冷战时期的新结构，一个多重霸权并立的轮廓愈发清晰起来。

网络3：制造业和全球贸易

全球化吸引了越来越多的国家深度参与国际贸易，从而在全球系统中大幅提高了贸易和制造业网络的互联性和依存度，这同时也反映出全球系统进一步走向分散化的趋势。随着更多的国家深度参与到国际生产和交换中来，任何一个国家对整个世界的重要性必然越来越小，一个关键制造商排斥其他国家获得其产品的能力也日趋下降。同样，一国对其他国家实施禁运和制裁的能力也在逐渐减弱。工业化水平的提高，降低了任何一个国家限制重要物资出口或封锁市场的能力。

工业生产的全球化源于20世纪70年代，卡特政府放松产业管制的进程带来了意想不到的后果——削弱了美国对其他国家的威慑力，同时也为新兴国家创造了经济能力。我们可以从产业转移的流向当中看到经济权力扩散的证据，老牌的工业帝国因之日益面临实体经济空心化的危险。自那时起，南北贸易在全球贸易中的份额一直在缩小。许多西方公司现在的利润很大一部分来自海外制造和销售。

西方公司通过对外直接投资、建立海外子公司、技术许可、工厂搬迁以及特许经营等方式实现了生产和销售的全球化，对知识和技能在世界范围内的传播起到了强有力的催化作用。依靠全球的供应商、经销商和客户网络，西方企业的规模得以壮大，利润收益也大为增加，但是这种经济和社会的合理性并不一定对应其母国国际政治的需要。由于对海外生产和全球供应链的依赖，美国的政治霸权日趋式微。换句话说，美国一方面通过遍布全球的供应链收获了廉价的商品和丰厚的利润，而另一方面却失去了控制究竟哪个国家成为其商品和利润来源的能力。既然成为全球消费中心的趋势不可逆转，一个消费大国只有继续放松经济管制，通过扩大消费市场的吸引力来争取中心地位。

冷战的结束标志着经济和政治的分道扬镳。具体来说，经济上的联系不再意味着政治或意识形态的伙伴关系。因此，以经济手段实施外交政策的理念，实属刻舟求剑的冷战思维。这种更加务实的转变可能会产生一个主要基于利益而非基于规则的国际体系。随着生产要素沿着趋利的轨道在全球快速流动，唯有军事力量仍然听命于国家的外交政策。这也提出了一个尚且无法回答的问题：随着经济的相互依存度不断加深，军事霸权会不会变得更加扑朔迷离？

我们利用1976—2012年的联合国商品贸易统计数据库（UN

Comtrade）重建了贸易网络,该数据集包括所有商品的出口。如图9.3所示,联合国商品贸易数据库的指标显示,在1976—2012年间,图密度几乎呈直线增长,直径呈阶梯式陡降。(阶段性有效直径的大幅下降,反映了关税及贸易总协定成员方在20世纪70年代中期的扩大,以及中国在2001年加入世贸组织。)这表明,国家之间以贸易为纽带的联系日益紧密,而且越来越多的国家开始抛开第三国的渠道,直接开展双边或多边贸易。同样,在整个图形中,网络中心性的缓慢减弱对应了集中性的下降。随着各国自身生产能力的加强,以及国际分工的深化,任何单一国家的重要性必然呈现不可逆转的递减趋势。

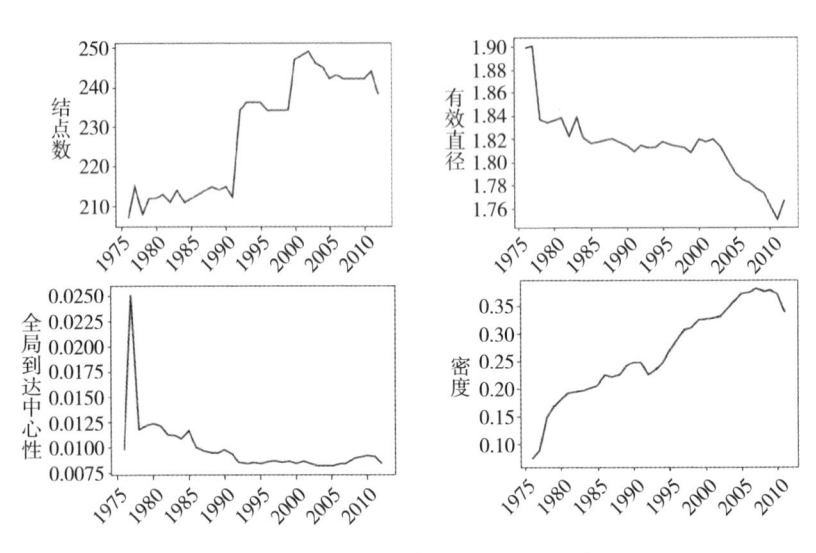

图9.3 国际贸易网络（1976—2016年）

然而,自2010年以来,图密度呈现出急剧下降的趋势,而直径则达到了20世纪80年代以来的峰值。这些变化反映了2007—2009年全球经济衰退对贸易格局的影响，直到2012年还没有完全缓解。不过，尽管民粹主义在抬头，随着经济增长的恢复，图密度有望恢复上扬。

全球化带来的互联性绝不仅仅局限在经济领域，如何通盘把握人文、科技、金融、生态、法治等各条主线与外部的联结，将最终决定哪个国家或集团能够占领全球网络的中心位置。

第四因素：全球金融网络和市场集中

在全球的各类网络中，金融网络始终具有极高的集中化特征。金融业是一个治理密集型的行业，这种能力很难向海外市场转移。治理能力不像硬件设施或者一般的制造技能，特别是金融市场，它需要一整套社会体制作为保障系统，否则就难以保持稳定和盈利。所以，国际化的金融市场仅集中在少数几个发达国家和地区高度商业化的大城市，例如纽约、伦敦、法兰克福、东京和香港等。但是，金融资产的集中存在一个人们熟悉的悖论：高度集中的市场并不支持结构性的权力。

金融市场的中心性与结构性权力之间的相关性之所以如此薄弱，是因为具有管辖权的政府深知，倘若它们胆敢将金融政策随意用作服务于外交关系的工具，其金融市场就会失去吸引力，大笔的资金甚至一夜之间遁于无形。印度、巴西、俄罗斯等新兴市场国家，由于对国家干预金融市场的行为没有严格的限制，而且大型金融机构往往操控在政府手中，因此不可能在全球金融体系中占据中心位置（Prasad，2014）。无论这些国家的经济总量及其在全球 GDP 中的份额如何增长，假如缺乏阻断国家干预的制度性保障，国际金融活动必然会因为逃避重大的不确定性而转向其他更加自由开放的金融中心。

相比之下，英国和美国依靠阻断对金融市场的政治干预，降低政府通过税赋或扣押等手段没收资产的风险，巩固了其中心性的地位。不过，金融网络的中心性类似于当今军火贸易网络中的中心性，它不分敌友，来者不拒。

在包括联合国安理会、世界银行、世贸组织和北大西洋公约组织等传统的国际机构当中，国际货币基金组织一直不遗余力地维护全球金融的稳定。这是因为，与贸易或外交网络不同，金融网络仍然是高度集中的，海量的资金仅在少数几个枢纽中游荡，但是其运行规则是完全统一的，对任何经济体都一视同仁。不过，国际货币基金组织的职权有限，难以确保各个国家采用一套行之有效的操作规范来平抑全球的金融动荡。

近年来，中国主导的一些国际性的金融机构和平台开始崭露头角，其中包括由金砖国家共同发起的金砖国家新开发银行、亚洲基础设施投资银行、南南合作基金以及丝路基金等。这将进一步推进全球信贷的分散化。虽然其服务的融资项目全部集中在新兴经济体，但随着这些机构和平台的成长壮大，全球金融网络必将更加多元化。

第三节　国际关系中的网络属性和权力

斯劳特指出，在一个高度互联的世界，非国家和次国家网络发挥着越来越重要的作用。另外，在一个相互依存性大大扩展的世界，随着密度的增加和直径的减小，新型的网络结构将不再为现存强权提供"相关的卡点、开关和影响源"（Slaughter，2012）。

这种变化导致的一个最突出的结果就是，网络拓扑结构从传统的等级模式向新型的分散模式过渡。所有国家，无论大小，它们之间的关系逻辑和权力分布将随之改变，我们只是刚刚开始理解这种变化的方式。只要全球外交、军事和贸易的网络格局保持非等级化，任何一方都不可能单靠中心地位增进其结构性的权力。即使美国在金融市场和军火贸易中一直保持着绝对的中心性，其实际霸权也难以为继。当越来越多的竞争者有能力提供一个替代性的全球社区时，其他参与者完全可以绕过美国，去寻求自身利益的最大化。这个体系不再赋予霸主特权，使之可以随意阻挠其他国家获取必要的资源。

这里要注意关键的两点，一是网络密度的激增正推动着作为系统属性之一的霸权走向衰落，这意味着国际秩序不再依赖于少数几个维持高阶结构的主要行为体。二是稳定取决于一系列规则，这些规则平等对待所有的参与者，并为密集的、多样的、低阶的关系创造弹性。然而，合作失败的风险依然存在。假如必要的集体努力无法实现预期结果，那么诉诸武力的可能性反而会增加，正如当前的俄乌战争。

为了促进未来的全球合作，构建一个稳定的全球体制已刻不容缓。在等级式网络濒临淘汰的背景下，决策者必须首先了解各个网络结点的基本力量及其交互关系，并认真考察不同结构所引致的战略行为。要充分理解国际关系体系中霸权是如何丧失的，就需要认识到一条铁律：任何试图游离于全球网络之外，追求完全独立自主的国家，无论它先前多么强大，它不仅在高阶层面上注入了脆弱性，而且在所有规模上都容易失败。

任何国家企图以霸权主义的姿态重构世界和推动全球进步，不仅过程是徒劳无功的，而且会酿成自取其辱的苦果，因为霸权主义本身就是人类共同进步道路上的绊脚石。全球化促成的紧密互联性和依赖性，已经形成了多股力量在平等的基础上争夺影响力的竞争环境，等级化的控制结构必将作为一股逆流而令世界各国弃如敝屣。世界已经迎来了一个群雄逐鹿的新时代，各方力量秣马厉兵以期宏图大展的雄心壮志和战略规划固然难能可贵，但与历史上任何依靠蛮力征伐和压迫的时代所截然不同的是，一个高度互联互通的世界迫切需要各方在一个更大的生态系统中保持自律，而这种自律又必须建立在充分体现生态规律的明确规则之上。

这是来自生命科学的一课，包括生态学和生物进化：在一个作用和反应放大的环境中，主体必须根据新的规则和其他主体的预期反应不断调整自己的行为。这些主体构建生态位来确保自己的生存，随着规则的变化和生态位的增多，更大层面的网络稳定性也会改变。

柏林墙倒塌引发的乐观情绪,使处于全球价值链顶端的人们对自上而下的定向进化力量增添了信心。当以苏联为首的社会主义阵营作为主要对手垮台时,他们预期等级制度会得到加强。然而,他们没有想到,全球化带来的网络关系密度日益增强,直径不断缩小,这已经成为难以遏制的大势所趋。忽视整个体系的网络结构及其对等级优势的限制,是一种过时的、狭隘的观念。这种观念导致了美国在伊拉克、阿富汗、索马里、苏丹以及中东和非洲其他地区的外交政策统统归于失败;中国提出了构建人类命运共同体的理念,并在"一带一路"倡议之下切实增进各国平等自愿的互联互通,则为未来世界格局投射了一束希望的曙光,唯望其有朝一日具备将此鼓舞人心的共同价值转化为推行共同规则的能力。

第四节　错综复杂的全球经济网络

复杂性已成为国际关系的中心问题,国家之间以及国家内部各部门之间的联系正在不断加速深化。全球规范的传播不再是自上而下的,相互作用的网络已经如此密切,纵横交织,任何试图排斥不利影响和变化的单方努力都无济于事。今天,全球系统无时无刻不在对各个国家的治理体制和文化价值施加影响,至于主题是什么并不重要,而且影响的幅度和深度是相当不均衡的。这一现象说明,在全球化的今天,世界的发展很大程度上是无方向性的，全球系统中众多成员的共同演进也是不同步的。不过，有一点是明确的，低端所受到的外部影响要大于高端，高端的反应虽然较为迟钝，但也会在内部受到低端的直接影响；高端如果仍然选择无动于衷，甚至对低端的反应采取压制手段，那么低端将更快速地避开高端，进而形成一套平行或者向下互动的规则。五个新兴经济体构建的金砖国家新开发银行特意规避了对美元贷款的依赖，中国提出的"一带一路"倡议则更多地与非洲、拉美等地区的欠发达国家展开合作。这些国家之间的互动究竟会对全球体系产生怎样的影响，目前尚难做出结论，但是西方国家已经开始感受到了愈发强烈的刺激。对于在其外交政策的视线中淡漠已久的非洲和拉美等发展中地区，欧盟提出的"全球门户计划"和七国集团提出的"重建更好世界"，言之凿凿地与中国提出的"一带一路"倡议展开竞赛。这种在竞争、合作甚至对抗当中产生的联系与互动，对于塑造全球范围内的适应性将产生深远的影响，序幕才刚刚拉开。

发展中国家在全球化超级联通性中的突出地位，与回归霸权主义的假设是不可调和的。全球化本身不是什么新鲜事物，2019年资本、商品和服务的跨国流动（占国民生产总值的百分比）并没有明显超过1914年之前的水平，但流动的方向发生了变化。在21世纪之前，这种趋势在等级上是由发达国家的主导地位所决定的。当前的世界格局已今非昔比，因为商品、服务和思想的流动已经远离了以往的水塔模式——从低端到顶端，再由顶端向低端分流，所以抢占中心或顶端位置的斗争不会决定全球化的走向。

南南互联互通如火如荼，发达国家的轴心作用日渐式微，今天的全球化不同于过去。这种变化破坏了系统的等级秩序，挑战了既有的系统规则，高度不确定性引发了全球范围内的政治焦虑。原因在于：一方面，传统的主导者无力将经济竞争和政治冲突转化为可控的目标，但它们仍然对过去的"美好时光"恋恋不舍；另一方面，不肯接受现状的后起之秀虽然满怀发起挑战的激情，但它们仍然难以形成合力，并且无力为未来的世界描绘出一幅清晰图景。

交互的增加可能带来很多好处，但过多的联结会加剧系统的脆弱性。恶性的联结甚至可能无限制地广泛扩散，带来逆反情绪。其中一个令人震惊的现象是，经济互联和包括移民在内的全要素国际流动，激发了一股股反全球化的浪潮，民族主义和民粹主义重新抬头，这一观念在作为自由国际主义腹地的美国和英国也大有甚嚣尘上之势。

由于缺乏维持秩序的等级制度，加上全球网络联系的迅速扩散和密集化，人们容易受到漫无边际的外部环境影响。而且，值得密切关注的是，极端的观点和行为在其中具有超强的诱惑力。如果不能就有效的全球治理达成共识，从个人到国家，各种行为体难免受到民族主义、民粹主义和派系主义的裹挟。短视的现实政治，而非放眼未来的制度理性，有可能成为每个行为体力求自保甚至以邻为壑的政策选项。大家可以查阅政治学家查尔斯·库普钱（Charles Kupchan）所著的《没有主宰者的世界》① 一书，他描绘了一个帮派林立的国际社会形态，各个帮派都有自己一套烦琐的规矩，但唯独没有一套可行和可信的全球制度，因此无法应对超联结的世界带来的超高风险。

第五节　后霸权主义的转变发展

本章应用网络测度模型来审视国家之间的交互作用，并结合国际关系当中近年来发生的变化，对传统的全球化观念进行了解读和评述。联合国的投票记录显示，各个国家趋向于建立更强的同质性，达成更大范围的共识。在军火贸易等其他领域，新的结构正在显现。但最重要的是，在所有的网络中，等级结构都在萎缩，与中心位置相关的网络权力也在消退。在这种环境下，过分关注任何单一的风险的策源地都是错误的，无论这种风险看起来有多大。

在全球化进程中，各行为体之间的相互依赖又为全球体系增加了另一种风险。体系中任何地方突发的变故——阿富汗、以色列、缅甸、朝鲜、叙利亚、土耳其或也门——都可能酿成一股震撼全球的强大冲击波。从1989年柏林墙倒塌开始，到互联网和社

---

① Charles A. Kupchan. No One's World: The West, the Rising Rest, and the Coming Global Turn (Council on Foreign Relations. New York and Oxford: Oxford University Press. 2012.

交媒体的爆炸性传播；从2001年纽约世贸中心大楼遭恐怖袭击引发的灾难，到2008年全球金融危机，再到2011年突如其来的"阿拉伯之春"，仅在一代人的时间里，各种戏剧化事件密集登场。眼下的乌克兰危机不仅对全球的治理体系和邦交关系发起了严峻的挑战，并且对全球网络体系中的多条线路造成了一系列始料未及的剧烈冲击，包括全球大宗商品市场的跌宕起伏，全球能源流向的调整，贸易结算体系的改变，以及新一轮的难民潮。其影响之深远，迄今尚且难以估测。所有这些都引向一个无可争辩的结论：一个网络的破损会波及整个生态系统，并涌现出意想不到的特性，促使整个系统中的社会关系发生改变（Helbing, 2013）。

在一个复杂而密集的网络化世界，这种系统性风险不会有最优的解决方案。各行为主体根据自己的利益进行交易和交流，它们频繁而多维的联系使全球政治经济的结构和动态呈现出多重的相互依赖性，如此也就使各种威胁和挑战的相互关联性成为全球战略的最大困境。

这就是我们正密切关注的全球政治经济所展现的重大变迁。

第十章　全球网络体系变革的未来

什么是政体，什么是经济体？什么是欧洲，什么是中国？设问中的两种主体皆是巨大的信息制造、承载和传输的网络，同属众多行为体从事社会活动的领域。在这些网络中，每个行为体均扮演着某种信息源、载体和传播者的角色，并随时能体验到各种信息的刺激和彼此交互的影响。这些网络中的联系是如何产生的？对于同一种事物，同一条信息，人们的反应有何异同？鉴于截然不同的历史传统、文化背景和政治制度，如今共同生活在一张全球化的巨网之中，面对诸多共同的挑战和利益关切，东西方之间的联结与互动将呈现哪些共同的特征？在可预见的未来，它们在总体上是趋向更大的分歧，还是存在更大的空间可以融合？这些都是社会进化的基本问题。结点的连接方式对网络的功能有着巨大的影响，尽管这些网络是人类行为和目的的产物，但它们的形式和意图却不是特定的人物或集团能够随意决定的。

网络结构是塑造共同文化的先决条件，使各方参与者能够形成共同的身份和目标。否则,与世隔绝的个人或家庭不能被称作社会成员。在历史的进程当中,渐趋复杂的网络结构逐步消除了直系亲属、氏族或部落之外的交流障碍,使互动可以向更大的范围扩展。可以说,网络结构的模态决定了信息在不同组件之间的流动方式。①

一个社区要发展壮大,就必须具备社会化的组织和动员能力,以实现信息广泛而有效的传播。个体之间点对点的直接信息交流毕竟是少量而零星的,而具有实质性社会意义的传播必然需要构建多点连接的网络,并形成相应的体制机制。就集中性而言,轴辐式和环形是两种极端的网络类型,它们均包含结点、枢纽和轴心三个部分,但结构却是迥异的。环形网络最为松散,每个部分都具有相同的中心性,而轴辐式网络是以由外而内的方式连接而成的,因此集中性最高(理论上的星形网络除外)。在轴辐式网络中,轴心处于中央,掌握着对全网发号施令的权威;枢纽在中间发挥桥梁作用,负责协助中央连接外围的结点,通过减少路径长度来提高整个网络系统的运行效率。

轴辐式网络在一定时期和范围内有利于维护社会稳定,并且具有大规模调动资源的优势,但是结点之间建立联系的社会成本很高,而且随着网络的扩大,监控各种连接的行政成本也会大幅

---

① 沟通可以通过政治、文化和宗教象征以及市场来进行。市场提供的价格在政体中没有确切的相似之处,而且可以超越市场政体的边界,但这并不能使它独立于其他将政体维系在一起的网络。

增加。通过研究历史上君主、帝王和贵族联盟等形成的不同网络类型，我们发现，依靠强权——政令、法律、官僚机构及其宣传机器——将每个人的思想、行动及其相互关系统统置于整齐划一的层级式治理模式之下，是每一位强势统治者锲而不舍的理想追求。但是，在如今各种联结纵横交错、四通八达的网中套网的世界，固守这种大一统的治理模式，不仅代价高昂、徒劳无益，而且会因整个社会土壤的板结而丧失系统的活力，自鸣得意中的统治者自身也会在不知不觉中作茧自缚。

在网络格局中，无论时间、地点还是文化倾向，联结是一个结构问题，而互动是一个流程问题。结构和互动彼此依赖，在双向反馈中合力促进社会组织的演变——结构形塑信息流，进而导致行为变化，转而进一步产生结构转换的压力。不同网络环境中的系统管理者会以不同的偏好和能力来影响信息流，但是从家族企业到跨国公司、从社区到国家，没有一个社会组织能够摆脱必须平衡互动限制与资源节约之间的两难困境。[1] 不平等源于资源的分配方式，管理者要决定让谁聚拢在资源丰富的轴心周围，而又让谁堕入边缘化的境地，这取决于给定的网络结构中管理者的偏好和能力。

所有内容的流动效率都取决于内部组件对网络系统的渗透力，

---

[1] 跨越文化和物理距离的联结对能源或资源的需求是巨大的。交流和确保执行许多集体任务的机制，例如国防、意识形态一致性和灾害管理都是资源密集型的，需要整个政体的组织专业化。

包括思想、信仰、规范以及技术和各种资源在内,因此给定的政体必须在社会的稳定性和活跃性之间进行权衡取舍。如果结构(拓扑)中的枢纽寥寥无几,沟通和互动的路径则稀少而狭窄。在这种情况下,枢纽之间的冗余可能构成多个零散的结点在局部通过自组织形成集群。这样的集群可以弥补正规网络系统的罅漏,但若任其游离在系统管控者的视线之外发展壮大,则会造成系统结构的失衡,进而危及整个系统的稳定。1978 年,安徽省凤阳县小岗村的 18 户村民冒着极大的危险实行包产到户。当时安徽省委书记支持包产到户试点,邓小平也支持农村改革试点的包产到户模式。在其证明确实有利于提高农业生产、减轻政府负担之后,决策层毅然决定将这种试点推广,将成功实践正式纳入体制之内,并将其作为家庭联产承包责任制的典范推广至全国各地,从此拉开了中国农村改革的序幕。回顾中国改革开放的历程,它就是在允许甚至鼓励局部自组织——"思想再解放一点,胆子再大一点,办法再多一点,步子再快一点"——的过程中,逐步打破了僵化的计划经济体制,并及时将卓有成效的"试验田"纳入大面积的"公田"之中,在维护社会稳定性的同时提高了结点的活跃性,进而稳步增强了整个网络系统的弹性。

第一节　收益递减引发的体系崩溃

我们正处于百年未有之大变局的世界,用唐朝诗人许浑的"溪云初起日沉阁,山雨欲来风满楼"这一名句来形容当前的世界局势，或许更为恰如其分。

纵观全球网络的演进趋势，从家庭到单位，从国家到世界，基于威权的等级治理模式已经日薄西山，而经典著作中所描绘的民主、自由、博爱、正义的时代尚且遥不可及；国际霸权主义正在摇摇欲坠，而距离真正平等的国际主义尚相去甚远。利己主义、民族主义、保护主义、孤立主义却在假借个性解放和爱国主义的名目大行其道。在任何一个核大国都能毁灭人类居住的这个星球的情况下，为什么军备竞赛从未停歇？没有一位政治家不在高喊发展经济、扩大就业、恩泽民生，乃至抚恤遥远地区的贫弱群体，仔细查阅许多大国政府的收支平衡表，天文数字的债务和财政赤字究竟有多大比例用于他们所鼓吹的惠民项目，又有多大比例用于军费开支和维持庞大的官僚体系呢？

结合科技创新、全球互联和资本角逐，预言世界将在未来几年发生重大变迁并非浮言虚论。有一种盛传预测，即收益递减必然导致慢性衰亡，这种衰亡是一个充满连续变量的线性过程。在一个实体经济日渐萎缩的世界，勤俭节约，敬畏自然，既是人类生活的传统，也是走向未来的出路。然而，不断加码的无效支出必将耗尽所有的财政收入，任由掠夺性的资源开发和无节制的消耗，整个系统终将走向崩溃，这一点是不难想象的。

美国人类学家约瑟夫·泰恩特（Joseph Tainter）提出了一个理解系统故障阈值的假设。他认为，社会是一个解决问题的组织，它以多元化和专业化的方式应对挑战。但是，随着经济变得越来越复杂，增加复杂性的边际成本在一定程度上将超过专业化所带来的边际收益。一旦超过该临界值，就会出现"复杂性收益递减"。也就是说，用于维持已有复杂性水平的成本将比生产率带来的任何收益增长得更快。

在列举的众多例子中，泰恩特从一个新的角度分析了西罗马帝国倾覆的原因。西罗马帝国起初醉心于东征西讨，随着疆域的急速扩张，面临的问题也越来越复杂——外有众多狼眼环视，内有严重危机四伏——致使其在内外交困中左支右绌，最终耗尽了所有的财力。税吏尽管极尽横征暴敛之能事，帝国仍然缺乏足够的资金以供连年的战争消耗。蛮族入侵，庄稼歉收，国库空虚，加之基督教与罗马习俗和信仰的冲突等，一系列矛盾不断激化，对其统治能力构成了空前的挑战。繁复的政治、军事和经济改革，进一步导致人心涣散、行政滥权和经济衰退，政府和人民双双陷入贫困而难以自拔，致使一个不可一世的帝国最终走向了分裂。泰恩特解释道：

> 为了应对公元 3 世纪近乎致命的挑战，西罗马帝国采取的策略是继续扩大政府和军队的规模，权力的滥用和军饷的消耗进一步加剧了管理的复杂性。一路追高的成本不是为了帝国扩张或者获取新财富，而只是为了维持现状。这种南辕北辙的政策导致了帝国政府的成本收益比率直线下降，直到帝国再也无力吞咽亲手精心酿制的苦酒（Tainter，2006）。

这种由收益递减引起的崩溃会发生在现代资本主义社会吗？已有证据表明，"不断下降的边际收益会影响当今资本主义社会赖以生存的一些最重要的复杂组织"。泰恩特指出，医疗卫生事业就是一个边际收益下降的典型领域："从1930年到1982年，美国医疗系统在提高预期寿命方面的贡献下降了大约60%。"回顾整个20世纪，公共卫生的长足进步大大提高了全人类的生活质量，发达国家尤其深受其益。随着公共卫生系统的普及和改进，随着新疫苗的发明和抗生素的发现，发达国家的预期寿命一路飙升，死亡率直线下降。反观今天的美国，21世纪以来，当一半的男性和63%的女性都活到了80岁时，这一趋势便宣告进入原地踏步的平台期。正如泰恩特指出的那样，"开销不高的常规疾病已经不在话下"，难题在于创新药物的开发。其一是药物的开发成本急速上升，一种药物在推向市场之前，至少需要花费数十亿美元。全球最大的医药公司辉瑞制药2020财年的研发费用高达94亿美元，并以114亿美元的高价收购了研发抗癌药物的艾瑞生物制药公司（Array Bioharma）。其二是研发的失败率极高，根据《科学美国人》的报道，阿尔茨海默病的药物研发被认为是所有药物研究中失败率最高的，达到99.6%，癌症的药物研究失败率为81%。其三是研发周期太长，一种新药从开发到临床，再到批准上市，一般需要长达12至15年的时间。相比之下，青霉素是偶然发现的，研制成本约只有区区20 000美元。截至2014年，医疗卫生开支占美国GDP的比重从2000年的13%上升到了17%，平均每人花费超过1万美元,相当于同期中国居民全部人均收入的3倍,① 但预期寿命或儿童死亡率并没有真正改观。1980年中国人均预期寿命是67岁左右,美国当时是73岁;现如今,中国人均预期寿命超过了美国,达到77.3岁,而美国为77岁。② 直到2020年,中国卫生总费用占GDP的百分比仅为7.12%。③

全球对自然资源的需求正在不断增加,一边大量消耗已知的资源,一边想尽办法寻找新的资源,大面积扩散的环境污染迟迟难以改观。这相当于边际收益递减的教科书般的例子,开发新资源所花费的每一美元带来的回报越来越少。联合国环境规划署报告称,"自2000年以来,金属价格上涨了176%,橡胶价格上涨了350%,能源价格平均上涨了260%,食品价格上涨了100%以上"(2014)。绿色科技可能正在推动增长和创造新的就业机会,并且增长速度快于大多数其他经济部门,但它对全球GDP的贡献仍然远低于全球环境退化的成本。

创新对生产力的贡献已经失速,罗伯特·戈登(Robert Gordon)在《美国增长的起落》一书中支持创新和新技术已停止推动增长的观点。过去,蒸汽机、装配线和电力等重大技术进步为经济腾飞插上了翅膀,戈登预测此类创新中的最后一批已经到此结

---

① 全年全国居民人均可支配收入21 966元,按照当时汇率(1美元=6.1424元人民币)折算,为3 576美元,源于《2015年国民经济和社会发展统计公报》。
② 胡乃军. 中国人均预期寿命超美说明啥[N]. 环球时报,2021-12-30.
③ 湘财证券股份有限公司. 我国卫生总费用占GDP比重持续提升[R]. 证券研究报告,2021-07-20.

束了。在可预见的未来，发明的革命性可能不足以重启美国的经济增长。同样，收益递减是罪魁祸首；每一个新的突破都需要不断增加专业知识，每一次进步都必须翻遍以前的信息存储，因此需要更多的精力、时间和金钱来实现更小的效果。从创新减速的角度看待收益递减，也是《颠倒的世界：灾难、创造力和文明的更新》一书的核心内容，托马斯·霍默－迪克森（Thomas Homer-Dixon）在这部著作中做出了一个耸人听闻的论断：社会崩溃的危险即将到来。他通过许多新的例证扩展了泰恩特的观点，认为随着社会复杂性的增加，人们必须花费更多的精力和金钱来应对新出现的风险，因此边际成本上升而边际收益下降的趋势在所难免。他还警告说，发达国家适应新挑战的能力正在接近一个临界点，逾此临界点，大规模的投资便不会产生大规模的回报。

事实上，泰恩特和迪克森都向我们表明，政府已经发现自己无法依靠制定政策来影响全球经济的变迁。这些问题引发了人们对科学技术能否持续推动社会进步的担忧：既然科学技术在过去的25年里应验了收益递减的规律，那么在未来的25年里，科学技术能否解决层出不穷的重大社会问题？事实上，他们所描述的那种灾难，即边际收益递减导致的衰亡，是可能发生的，因为构成全球经济的任何一组单独的变量都有可能经历收益递减。然而，收益递减的描述仅限于单个变量或一组变量，并没有告诉我们整个系统是如何变化的，也没有提供关于网络结构可能发生变化的见解。正如本书第二章告诉我们的那样，网络中单个结点的表现与整个网络结构的变化是不同的。

在理论模型中，谢尔盖·布尔德烈夫（Sergey Buldyrew）等人证明，相互依存的系统可能比任何孤立的单一网络都要脆弱。以网络安全或基础设施的故障为例，其扩散的方式取决于金融、社会、政治和技术的综合协调关系，这将使其成为一个复杂的问题。类似地，相互依存的巨大网络可能会因细微之处的中断而骤然瘫痪，既而印证了中国"千里之堤，溃于蚁穴"的古谚。由于自组织过程的相互作用不断创造出新的连接模式，复杂系统阈值的脆弱性必然更加凸显。当复杂系统运行至某个临界值，一个新的属性会突然显现，这就是自然科学中所说的相变。这种变化可能是突如其来的，就像传染病一夜之间蔓延成大流行病一样。

众多网络在密集耦合时容易发生爆炸性连接，网络中其中一个初始局部故障会顺势蔓延到另外一个或多个网络之中。在交通、消费行为、投票、经济崩溃和无形的文化行为（例如信任与合作）中，级联事件随处可见。政策一旦失灵，危机可能会以疫情、难民潮、内战等形式爆发。如果不迅速果断地加以解决，这些局部事件的影响可能会继续扩大，并造成一系列难以控制的连锁反应。随着越来越多的资源受到侵蚀，干预的手段和范围往往落后于变化的步伐。在全球外交、技术、娱乐、社交媒体、贸易、能源和军备网络中，互联密度正在以空前的速度增加，相变的动能变得更加强劲。在此过程中，形形色色的自组织蓬勃兴起，并开始分食传统体系中习以为常的统治权。

第二节　网络结构决定的弹性和稳定性

为了深入了解未来可能将在系统层面发生哪些大规模的转型，我们回顾了人类社会过去数千年来经历过的五次重大变迁，并试图通过分析典型的政权模式在每一次变迁过程中的成败得失，以揭示其背后的一般规律。自组织的动力机制是一个关键因素，它支配着大型系统的演变方式及其韧性。许多例子表明，网络结构的细微差异不仅影响自组织行为的活力，还影响系统变化的幅度与节奏。我们从历史演进的角度发现，有两种动态的现象赋予中国和欧洲不同的制度属性。相比之下，欧洲的网络拓扑在两个领域具有进化优势。

欧洲网络结构的弹性

1. 创新与适应性

网络结构的差异导致创新扩散和变革接受度产生不同的阈值。在欧洲模式中，多个枢纽的分布式连接提供了多条路径，信息可以选择性地沿此从本地单元流经整个系统，并能找到返回的路径。思想和发明可以畅行（哪怕是绕行）整个欧洲大陆，而不会遇到中央政权或地方势力强行设置的分界点。

用莫基尔的话说，欧洲工业化的奥秘在于掌握了如何从"忽高忽低的信息浪潮中收获一次次的技术突破"。创新又如何取得如此强大的传播力，以至于会不时地出现飞跃呢？本书运用社会网络分析指出了两个通常被忽视的动力源。首先，王室贵族的网络构成了破坏性创新的一个重要因素。王室之间充满了盘根错节的爱恨情仇，他们的血液中流淌着傲慢与虚荣，因此既相互联结又彼此争斗。通过了解和接纳新鲜事物为自己标新立异，不仅满足他们虚荣的攀比心理，而且技术突破又能为其增添竞争优势，于是他们争相资助哲学家、文学家、艺术家、探险家和科学家。其次，欧洲的工业化是在文艺复兴、宗教改革、科学革命和启蒙运动等多轮的综合性社会变革当中完成的，而不是孤立地着眼于技术革新。这些君主和贵族阶层逐步意识到，他们的政权因剧烈的技术变革及其广泛的传播而日渐黯然失色，就像当今政府的舆论权威遭遇社交媒体的冲淡一样。但是，他们不仅带着复杂的心态做出了适应性的让步，而且学会了调和技术进步所释放出的破坏性力量。作为一种现象，它既不完全是物质的，也不完全是文化的，而是一种认知世界的新方式，也是一种组织生产和利用资源的新方式。

与生产系统相比，信息可以大幅扩散，因为其传播能力不会受限于物理的设施和空间。在这方面，工业化可以被理解为是一种在文艺复兴、宗教改革和启蒙运动簇拥之下兴起的泛欧洲的文化运动。这些发生在局部和单个群体的突破经过广泛的传播叠加起来，创造了一个遍及欧洲的变革时代，增强了整个大陆的技术水平。伯曼解释说，尽管变化不断发生，但其连续性是西方体制的本质特征。工业化本身是必不可少的，但这也是一个更开阔的文化持续转型过程的一部分。在这个过程中，"出现了新的国家形式、新的政府形式、新的经济制度、新的阶级关系、新的历史概念、新的真理概念……其影响遍及整个欧洲"（Berman，2003）。求知欲和趋利心促成了知识与商业的联结，信息和知识借助日臻严格的知识产权保护制度得以广泛横向传播和共享，从而降低了在信息闭塞的情况下多头重复研发的成本。表现欲和虚荣心促成了思想家和艺术家与贵族的联结，这又为创新突破开掘了灵感源泉。

在国王和王后统治的欧洲，小世界的联通性剥夺了管理者的分界点，这些分界点原本可以用来减少潜在的破坏性变革行为，并防止这些行为在跨越物理和文化距离上产生级联。少数主要结点之间高度倾斜的联通性集群，即相互连接的君主和贵族网络，是一个水到渠成的产物，类似于一个自然形成的系统，具有许多在地理、文化和经济领域分散的枢纽。由于无法阻止单独个体以自利方式进行连接，因此系统会累积冗余。网络对级联信息流的接受能力非同寻常；如果欧洲大陆没有经历自组织、自下而上的文化转型浪潮，就不会有持续增长的腾飞。由其高阶君主制网络提供的整个系统的政治连续性，直到第一次世界大战后仍然保持比较完整，而由此提供的稳定性使欧洲的生产能力最终超过中国，尽管后者拥有两千年的帝国统治。

其实，这种信息传播的自由度在中国的春秋战国时期便达到了鼎盛，包括思想界的百家争鸣，外交界的合纵连横，以及人才在多个国家的自由流动。自秦统一全国之后，轴辐式的皇权体制摄取了高度集中化的属性，唯有皇权治下的官僚体系在担任承上启下的枢纽功能。其优势在于可以立即突破局部的连接，将官方的信息迅速传播到其策源地之外，形成覆盖全网的号召力和影响力。在特殊情况下，轴心随时可以越过任何枢纽，与系统中的任何一个结点发生连接。例如，皇帝可以钦点官员，也可以亲自审理案件。

在漫长的皇权统治时期，因农民起义间或引发的战乱或分裂具有更大的破坏性，而少有创新性，因为其性质是官民双方在维护压制和争取生存之间的殊死搏斗，而不是势力相对均衡状态下的竞争。即使在僵持阶段出现了短暂的藩镇或军阀割据，其性质也与春秋战国时期多国林立、图强争霸的格局大不相同，实际上更加限制了思想、技术和资源的自由流动。最终，无论孰胜孰败，皇权统治总之是要恢复的，正所谓"胜者为王，败者为寇"。

中国历代王朝除了抵御北方蛮族的侵犯，几乎没有外部竞争的压力。直到19世纪西方列强的坚船利炮轰开其封闭数百年的国门时，末代的大清王朝虽有短暂而片面的醒悟，但整个统治系统已经病入膏肓，无药可医了。在中国漫长的封建社会中，信息及其载体的流动全部被纳入官方的控制之下，目的在于运用过滤机制阻止有违官僚统治和有伤社会风化的思想传播，由此便限制了自组织复杂行为的范围，同时也阻断了潜在破坏性创新的传播。

2. 抗崩塌的能力

高阶结构弹性的差异导致了执政者承受风险能力的差异。照此，中国的系统对随机故障的抵抗力较弱，中央轴心一旦失灵，整个行政系统就会变得岌岌可危，因为向来依靠俯首听命行政的枢纽首先会惊慌失措。相比之下,相互关联的欧洲君主制网络可以承受来自局部社会组织各种规模的突变,社会和技术能力的持续变化不会导致政权崩塌。由众多枢纽支撑的外围网络拥有较大的自治和互联空间,若要这种君主制体系彻底崩塌,则需要删除大量中心枢纽。

总之,网络拓扑通过不同的稳定性、适应性和扩散性(即对社会组织创新的接受度)影响了东西方社会发展的进程。从15世纪末期的地理大发现时代开始,一系列颠覆性的创新重塑了欧洲的面貌,使之在经受动荡事件的冲击之后更具复原力。这反映在制度管理者对政治和社会风险的不同处理态度和方式上,这种处理差异使全球冲突成为不同网络组织体系之间的较量。随着时间的推移,东西方在日趋密集的接触和碰撞中更加显现出网络结构在发展动力上的优劣,而技术和器物的差距只是其中的副产品而已。其实,"落后就要挨打"的道理早已深入人心,但是要知道,对一个国家来说,衡量先进与落后的指标,绝不仅仅指技术和器物的优劣,更不是领土的大小或人口的多寡,而是要看从治理理念到制度设计、从组织方式到行为规范等一整套包含在全网当中的综合因素,就像一个企业的竞争优势并不仅仅取决于其技术和规模一样。

欧洲各轴心和关键枢纽之间的关系,只能以不断漂移的中心度分布来衡量,鲜有稳定的状态;分布格局的变化有时相当显著,但没有改变系统的整体稳健性。例如,16世纪的新教改革打垮了一些王室,并创建了一个新的君主集群,但这并没有损害系统秩序的整体性。天主教和新教王室很少通婚，但这不妨碍他们结成政治和军事联盟，以保持分散的互联枢纽之间的权力平衡。宗教改革造成了欧洲剧烈的两极分化，但仍然没有阻止君主政体作为一个阶级在生存受到共同威胁时进行合作。因此，在不断变化的文化和地缘政治格局中，欧洲一直保持着高度的连续性。

欧洲王室精英煽动并同时抵御大规模破坏的能力来自众多小世界的联通性。与更集中的网络架构相比，小世界的网络连接更能帮助系统抵御干扰。这种恢复力的特性是至关重要的，因为欧洲的工业化道路，包括文化和思想的变革，都属于极具破坏性的事件。

生产方式的变革必然对上层建筑提出新的要求。始于18世纪后期的工业技术飞跃导致了新的社会组织形式，然后是宣告冷兵器时代结束的第一次世界大战。在此前后，多个国家的君主制政体纷纷让位于共和制。这一政体的转换过程，在沙皇俄国、奥斯曼帝国（今土耳其）以及中国等东方国家，是通过国内武装革命取得的，并有连年的战争紧随其后，而在西欧，包括魏玛共和国取代德意志帝国的君主立宪制，则是通过相对和平的方式过渡而来的。

西方的法律体系是一种古老而长效的机制，有助于网络结构的适应性。作为罗马帝国的宝贵遗产，罗马法的生命力甚至超过了罗马的道路、桥梁和沟渠。时至今日，罗马法仍然是各个法学院的必修课，其法律条文包含了严谨的专业素养，其法律精神兼顾了多方面的社会利益，其法律框架更为那些愿意推行依法治国的政治领袖提供了难得的启示。德国魏玛共和国的建立就是在1919年由国民议会以宪法修订的方式实现的（《魏玛宪法》以修订的方式取代《德意志帝国宪法》），就连第一次世界大战战败的普鲁士末代皇帝威廉二世也在欧洲姻亲网络的庇护之下得以安享晚年。

在近代的欧洲，网络局部发生的变化具有高度扩散性。扩散以随机方式发生，而且随着殖民运动的扩张，新信息以"大流感"式的速度传播到世界各地，而不再局限于欧洲大陆。作为一个富有弹性的网络，添加更多的结点，并没有显著增加每个结点到所有其他结点的平均路径长度。这些小世界属性赋予欧洲网络结构一个迄今仍然发挥作用的独特优势，即各个组件不仅展现出自我调适的能力，而且能够在大规模的变化过程中保持同步。迈入现代的欧洲，从1951年6个国家签订《关于建立欧洲煤钢共同体的条约》（又称《巴黎条约》），到1958年根据《罗马条约》正式成立欧洲经济共同体和欧洲原子能共同体；从1992年欧共体12国订立《马斯特里赫特条约》，1993年11月1日正式生效，欧盟正式诞生，到1997年通过订立《阿姆斯特丹条约》立志建设"社会的欧洲"，发展到如今拥有27个成员国、接受24种正式官方语言的庞大欧洲联盟，而且仍有多个中东欧国家排队加入，足以说明其网络弹性所支持的包容性，使之在两次世界大战的废墟上重新恢复了活力。民主德国和联邦德国在兵不血刃的情况下实现了基于自愿的和平统一，5个国家严重的主权债务危机，英国基于公民投票脱离欧盟，连续几波难民潮的涌入，凡此种种的重大事件，都没有动摇其网络系统的根基。

但在任何社会结构中,级联都不会同步到多样性彻底消除和替代途径永远关闭的程度,并且不会消除所有明显的局部变异。2002年,欧元成为19个欧元区国家唯一的法定货币,而其他欧盟成员国仍然使用本国货币;而且,欧元货币既有其欧元区的共同面,也有各个发行国自行设计的另一面。美国作为一个联邦制的合众国,50个州在不违背联邦宪法的前提下,仍然掌握大量的自由立法和行政权。不过,一个特定的扩散过程,无论多么强大,都会在达到某个临界点之后进入衰减状态。苏联解体了,欧盟在21世纪大举东扩的步伐陷于疲劳状态,当前又在乌克兰申请加入欧盟和北约的问题上遭遇了俄罗斯的武装抵制。

无论变革的影响有多么深刻,除非以强力相要挟,万众一心的情形是极为罕见的:一致性只是相对的,永远不会是完全的。一些群体仍然可以保持遗世独立,甚至抵抗大多数,从而留下了未来可能导致系统变异的种子。这样的区域自治模式在各个国家都有所显现。例如,三面被法国包围、领土只有约2平方公里的摩纳哥公国,虽然依约接受法国的保护,照样维持一个独立的主权国家,并成为欧洲的旅游胜地;位于罗马西北高地的梵蒂冈是一个典型的国中国,常住居民不超过千人,国土面积仅有0.44平方公里,依据《拉特朗条约》,它照样是联合国承认的主权国家,并且与180个国家及地区保持正式外交关系。中国历史上也确实存在类似的情况。在唐朝时期,河北和山西北部(包括现在北京的大部分地区)的燕云十六州,在政治和文化上长期处于孤立和自治状态，但对宋朝的改革产生了很大的影响。尽管性质不同，中国当代也有相对自治的模式。在行政区划中，中国在少数民族聚集地设立了5个省级民族自治区，授予其管理民族内部和地方事务的自治权，这对于维护全国的和谐统一发挥了重要作用。深圳、厦门等经济特区被中央赋予了特殊的自主政策，成为中国改革开放的前哨，其成功范例被陆续复制到全国范围。香港回归祖国后施行"一国两制"和"港人治港"的特别行政区政策，这种异质模式对现代中国的经济腾飞做出了巨大贡献。中国当前开辟的数十个自由贸易区，以及宣布将海南建成比肩香港和新加坡的自由贸易港，又标志着其在扩大开放道路上迈出了新的一步。

欧洲系统的小世界集群继续在维系网络连接方面发挥着关键作用，因为它将原本高度分散的结点更加紧密地联系在一起。即使关键部件出现故障，网络承载和传输信息的全局能力仍然完好无损。没有单一的轴心暴露在内外部的攻击之下，因为结点缺乏同质度分布，并且大多数结点几乎没有与轴心连接，而少数枢纽又有很多连接。即使几个主要枢纽遭到移除，其余高度连接的枢纽仍能够同步运行，从而保持了系统级的稳定性。要想达到破坏宏观网络稳定性的目的，必须淘汰大量的主要枢纽和轴心（权力机构的中心和次中心）。

中国特色的网络稳定性

在政治、经济、社会和意识形态等多个领域，中国历代封建王朝为一个大一统的中国奠定了坚如磐石的基础，包括深入人心的政治理想、伦理价值、制度架构以及人生态度和表达方式，这些基本上完好无损地维持了两千年之久。然而，在高度统一的遗产背后，存在着持久的结构性弱点。中国的网络结构允许向现有轴心添加更多的边缘（链接），但阻碍了来往联通中心的新枢纽的生成，故而在高度稳定的同时，也失去了敏感度和灵活性。轴心试图覆盖全部结点，而局部的故障要么长期失察，要么耗费很高的成本进行修复。当酿成轰动的事件时，从皇帝到庶民，都要怪罪作为枢纽的官吏处置不利，而许多官吏因不能领会圣意而本能地畏首畏尾，因为他们的授权和责任范围并不清晰。枢纽太过主动往往又会将自身置于险境。瓦剌太师也先率领大军兵临城下，以俘获在手的明英宗相要挟，兵部尚书于谦拒绝乞降议和，坚决保卫京城，虽然成功挫败了进犯之敌，最后还是在怀恨在心的英宗复辟后惨遭杀害。

当重大事件危及整个系统时，轴心就会面临被移除的危险，此时的轴心希望有更多的枢纽为其纾困，但往往发现为时已晚。许多皇帝在落入险境之后希望有更多的忠臣良将乃至民间义士前来勤王护驾，但纵使一时化险为夷，也通常标志着王朝衰败的开始，更何况他们有些时候并不那么幸运。经过土木堡之变，大明王朝由盛转衰，恰如马嵬驿之变之于李唐王朝。大清王朝依靠民间兴起的湘军和淮军剿灭了太平天国，并权且利用义和团对抗侵入中国的洋人军队，但最终也未能逃脱覆亡的命运。颇具讽刺意味的是，在太平时期，这些民间力量是皇权首要消灭的对象。清末以来，中国大陆的人民再次经历了战乱和政权软弱对经济增长和人类福祉的破坏性影响。

儒家思想教育人们崇尚权力和权威，效忠皇帝，官僚体制层层向上负责。轴心一旦移除，网络的拓扑结构会彻底改变，单一枢纽的决断力及其与其余枢纽的联通性将大幅削弱。如果枢纽发生断裂，结点意识到（而且仅在意识上）已经失去了与轴心的连接，势必出现全网的碎片化，可以用群龙无首、六神无主和一盘散沙来形容这种状态。中国在每一次改朝换代的时期，几乎都会招致狼烟四起、天下大乱的局面。

以史为鉴，可以知兴替。对于毛泽东来说，中国古代王朝制度一直是一个值得深入研究的课题。除了反复研读"二十四史"之外，据说他通过阅读18世纪曹雪芹的经典著作《红楼梦》，看到了在精致优雅的大观园背后隐藏的腐朽和自我毁灭的必然性。习近平多次强调从回望历史的角度开创未来："我们要用历史映照现实、远观未来，从中国共产党的百年奋斗中看清楚过去我们为什么能够成功、弄明白未来我们怎样才能继续成功，从而在新的征程上更加坚定、更加自觉地牢记初心使命、开创美好未来。"①

受到儒家思想的浸染，中国社会通过人际关系高度连接在一起。众所周知，关系是商业和文化的重要元素，渗透到中国社会的各个层面。虽然没有得到官方提倡，但它是"维持规范行为准则的核心形式"。自新中国成立以来，中国共产党的领导层一直注

---

① 习近平：在庆祝中国共产党成立100周年大会上的讲话［EB］. 中国政府网，2021-07-01.

重防范裙带关系在各级治理体系中渗透，或者利用直接或间接的职权谋取私利，并将其作为廉政建设的一项重要内容。例如，中央和地方政府明文规定，禁止官员及其亲属利用职权，从事商业活动。他们认识到，现代社会和现代经济都不能建立在人际关系的基础上，而对宗亲关系和私人关系的依赖，不仅容易导致权力的腐败，而且会阻碍经济和公民社会的健康成长，进而侵蚀共产党执政的合法性。

但是，人际关系毕竟是任何社会网络和开展协作的纽带，而且对于中国建立和谐社会具有重要的传承价值。中国一方面要鼓励企业家发展经济，另一方面要杜绝官商勾结酿成腐败，那么如何对传统的人际关系进行改造，做到去粗取精、扬长避短呢？习近平提出了构建亲清政商关系，要求"各级领导干部要光明磊落同企业交往，了解企业家所思所想、所困所惑，涉企政策制定要多听企业家意见和建议，同时要坚决防止权钱交易、商业贿赂等问题损害政商关系和营商环境"①。他进一步明确了政府在市场经济中的角色："要充分发挥市场在资源配置中的决定性作用，更好发挥政府作用。政府是市场规则的制定者，也是市场公平的维护者，要更多提供优质公共服务。要支持企业家心无旁骛、长远打算，以恒心办恒业，扎根中国市场，深耕中国市场。"②

从短期来看，孱弱的公民社会可能会受到政府官员的青睐，

---

① 习近平在企业家座谈会上的讲话［EB］. 新华网，2020-07-21.
② 习近平在企业家座谈会上的讲话［EB］. 新华网，2020-07-21.

因为这会减少与正规权力机构抗衡的潜在力量。然而，长期压制人们对自组织的客观需要，可能会加剧官民之间的紧张局势。依靠加强集中控制机制来维护系统稳定性，不仅会持续增加治理成本，而且会破坏系统的恢复力，重现制度设计者试图避免的弱点，并在未来造成大规模破坏。作为组织管理学的一般规律，适度敞开释放情绪的阀门，及时根据公开公正的规则予以解决，可缓解大规模破坏因素积蓄力量。

从国家和社会健康发展的长期视角来看，与其放任个人关系在私下里形成某种互助组织，可适当建立一个开放的系统，为其提供合法结社的渠道更有利于政府管控和公众监督。包括媒体在内的众多民间组织可以作为国家功能之外的一只只复眼，以中立客观的立场及时发现和揭露社会中存在的问题，并能通过将问题在局部内解决来缓和社会矛盾，从而增加国家网络系统的弹性。

中国历史上，地方日常的社会秩序往往依靠宗族和乡绅进行维护，但他们因缺乏统一的规范而各行其是。一些土豪劣绅与官府勾结，形成了横行乡里的黑恶势力；一些民间的团伙占山为王，独霸一方，形成了与官府抗衡的土匪强盗。当朝政腐败，广大百姓在苛政、重税和徭役的压迫之下啼饥号寒时，有些长期与官府作对的民间团体，虽然被官府认为是非法组织，但往往成了为百姓伸张正义的救星。在中国民间，许多义匪侠士或绿林好汉的英雄事迹一直是广为传颂的佳话。

第三节　不确定性时代的战略调整

本书中所阐述的重大历史变迁在于结构性渗透，其次是社会组织模式嬗变的机制。当今全球的风云突变引发了人们对许多重大问题的思考，即当前的结构性渗透最终会呈现怎样的新模式。

鉴于日益紧密的互联所孕育的机会和风险，东西方的决策者可能需要在三种政策选择中权衡利弊：（1）安于现状，坐视收益递减规律持续发酵；（2）加紧阻断与外部的互联性，以脱钩的方式提升自身的控制力；（3）顺应权力分散的趋势，仅在始点与终点之间规划交通线路，清除路障，主动放手任由无人驾驶的公交车辆自动运行，将上下车的权力交给每一位乘客。

一个国家转型的成败与其宣称什么没有必然联系，关键在于它是否通过持续满足各个结点的实际需要来维持并增进系统的韧性。欧洲历史为我们提供了一个识别系统韧性的视角。它在几个重要的转型阶段展示了强劲的恢复力，是因为它通过不断向网络结构中添加新结点来扩大规模，并适应了系统内的自组织动态。各个主体在局部产生密集的交互作用，使系统在多股力量角力之下能保持相对均衡。

自 20 世纪 60 年代末以来，西方在世界 GDP 中的份额一直在下降。这种转变首先出现在 20 世纪 70 年代的两次石油危机期间，当时石油输出国组织（OPEC）在发展中国家中形成了规则明确、实力强大的联盟。事实证明，这是西方在全球 GDP 中相对份额下降的一个关键时刻。绿色革命带来了农业的进步，这场革命是全球外围经济复苏的另一个促成因素。从20世纪90年代开始，发展中经济体的增长率开始超过西方。这一趋势自2000年以来一直保持强劲的势头，中低收入国家的经济增速一度达到了西方国家的5倍——其GDP总和增长了100%，而西方仅增长了20%。[1] 它们的全球能源消耗量已经超过了西方，并且有增无减。随着经济实力的壮大和主体意识的增强，发展中国家彼此自愿结成了新的战略和经济联盟，这些联盟往往会绕开发达国家。[2] 这种结构性渗透意味着全球基础网格的重新布局，促进了全球联通模式的转变。

新兴经济体的加速增长，使其生活水平愈发接近西方发达国家。时过境迁，随着西方国家制造业和技术转让在全球份额中持续下降，GDP的相对份额也在一路萎缩，西方世界及其奉行的价值原则和治理模式也逐渐失去了诱人的光芒，甚至成为揶揄的对象。

西方不再被其他国家盲目模仿，即使在其发展中国家的盟友当中也是如此。它们现在可以从很多地方探寻世界秩序的新原则，将外交的范围缩小到更窄的议题上，乃至局限于具体项目的合作。

---

[1] 关于西方和其他国家GDP相对动态的比较，见Bolt和van Zanden（2013），世界银行（2016），Grinin和Korotayev（2015）。

[2] 据美国能源信息署（EIA）估计，"2010年，非经合组织的国家和地区的住宅能源消耗占全球能源消耗总量的46%，到2020年和2040年，将分别增长到51%和61%"，原因是其经济和人口增长普遍快于经合组织。2015年，中国在世界一次能源消费中所占份额（23%）超过了美国（17%）。按照目前的扩张速度，非经合组织国家和地区的石油需求增长预计将显著超过西方国家。

既然不能就治理的一般原则达成一致，各国在国际关系中更希望将其政治理念和经济利益彻底分开。中国一贯强调的"求同存异，和而不同"，如画龙点睛一般道出了其中的真义。中国、沙特阿拉伯、俄罗斯和土耳其都是全球化经济体的例子，它们并不寻求在意识形态上与西方保持一致，并且彼此建立了直接联系。

西方领导地位黯然失色的另一个原因是，前社会主义经济体在全球增长中所占份额越来越大。[①] 自从重新获得苏联解体前的世界经济增长份额以来，很少有前加盟共和国——只有拉脱维亚、立陶宛和爱沙尼亚，还有如今大声疾呼的乌克兰，这些最西部的国家——在接受西方国家的政治自由民主、宽容等"普世价值"方面迈出了重要的一步，以及依赖公民社会作为社会组织方式的驱动力。

其他国家的收入增长和经济现代化道路，没有显示出与西方规范和政治理念趋同的迹象。西方法律传统的基本特质在于强调约束执政者的权力，以防其凌驾于公民权利之上，但是这种制度层面的政治传统，很少跟随技术和微观的管理经验传导给缺乏类似文化土壤的国家。纵然它们接受了民主、自由、法治之类的字眼，实际效果也往往如南橘北枳，出现水土不服。这一观察来自

[①] "其他国家"包括第三世界和第二世界。第二世界在 20 世纪 90 年代初经历了灾难性的下降，到世纪之交，产出恢复到了危机前的水平，发展中国家成功缩小差距的努力通常受到忽略。如果把第二世界排除在外，格林宁和科罗塔耶夫认为，第三世界的 GDP 份额将会有相当大的增加。

中国春秋时期齐国的政治家晏婴："橘生淮南则为橘，生于淮北则为枳，叶徒相似，其实味不同。所以然者何？水土异也。"

无可否认，中国的经验可以为我们提供经济振兴的替代途径。从理性的角度出发，中美两国之间在文化价值观上的差异带来的是良性的竞争，而不是恶性的对抗。中国在提高生活水平方面的出色表现证明，另一种方式，即为过去生活在社会底层的人民摆脱贫困、提供政策优先权，应该是值得美国学习的；而美国在多样化教育、基础科学研究以及颠覆性创新等领域的动力机制，也是值得中国借鉴的。

我们注意到，在中等收入国家日益接近高收入国家的同时，低收入国家与中等收入国家之间的差距却正在拉大。低收入国家人口的激增和经济的停滞一直是地区性社会动荡的根源，虽然强人独裁的政体日渐萎缩，但种族冲突和局部战争始终未能停歇，进而对全球的增长和秩序造成了破坏和扭曲。中国和西方国家都认识到了这一威胁的严重性，但制定了截然不同的应对政策。相对于西方社会治理重点，中国则专注于以基础建设为起点的经济发展，没有基本的互联互通和经济增长作为前提，其他一切都是空中楼阁。由此可见，两种看似截然不同的政策其实并不矛盾，反而是互为补充的。但是，西方国家由于长期以来的优越感和将其"普世价值"泛化输出，习惯于站在裁判者的立场上排斥不同的做法，指责中国为了短期的经济利益采取了不当的治理模式，给世界带来了不确定性。

近些年，因战争和骚乱引起的移民潮对西方国家的压力日甚一日，大宗商品价格的飙升对世界经济的冲击一浪高过一浪。罔顾国内生产力发展，以通货膨胀的方式来补贴背离市场选择的企业，以纵容好逸恶劳的价值取向来赢取选票或民粹主义的歌功颂德，无异于饮鸩止渴，咎由自取的结果可能会加速显现。许多国家在不同的历史阶段，都积累了足够的教训。中国的改革能够行稳致远，一个重要原因就是在坚持解放生产力的同时，随时关注利益相关者的理解力和承受力。这为致力于改革全球秩序的政治家们提供了一个极其有益的启示：如果旨在推动全球的变革举措能够让人们看到未来更美好的发展前景，并能更多地兼顾各个国家的现实利益，那么其吸引力就会增强。关于哪种制度模式更胜一筹，纸上谈兵式的口舌之争已经毫无意义。在未来一段时间里，无论谁能协调和引导多股力量实现根本性的变革，都将对全球政策制定产生巨大的影响，同时也为各自夸夸其谈的发展模式提供令人信服的证据。

即使你生活在一个发达国家，你也只能确信一件事：全球资本主义在下一个时代迎来的发展环境将与之最初取得胜利的条件大不相同。新的市场竞争形态必将出现，而政府也将愈发强势，采用政治再分配和保护主义的方式加大对市场的干预力度。但资本的持有者也不会坐以待毙，他们会想尽千方百计进行自我保护。在风险和收益的权衡中，大量的资本将流向营商环境稳定且税赋较低的国家；即便无路可逃，资本也会在无利可图的情况下隐匿起来，拒绝以投资的形式转化为生产力。因此，过度的再分配和保护性监管最终会让整个国家付出巨大代价。假如没有优越的营商环境——社会不稳定，政策不连贯，税赋过于沉重，政治和财富两极分化的现象将更为突出，国家内部的社会分裂将加剧，国家之间的不确定性将同步上升。[①] 正是在这些普遍的社会和经济趋势之下，我们必须时刻警惕全球互联互通的高风险，因为在任何时候，一个小的初始失败都可能导致整个系统结构的崩溃。

第四节　经济史上全球系统的网络分析

网络化的连接及其结构的演变，是贯穿本书的一个核心主题。假如没有某种制度化的连接，我们仍会停留在一个散居而无序的远古世界，过着茹毛饮血的原始生活，操练着神秘的祭祀仪式。假如没有一个相对稳定的网络结构，我们将生活在一个动荡不安、人人自危的世界里。在另一个极端，假如我们生活在一个等级森严、警察遍布的网络中，自由只是供一人或极少数人享用的奢侈品，其他众人的命运就会像奴隶一样任人支配和宰割。假如没有行为体的自主性和小世界的联通性，生产力就不会因信息的广泛传播和大面积的分工协作而有所突破。可以说，兼具稳定和效率的网络弹性有赖于各个结点的自主性和联通性，既而构成了社会进步的标志。现代网络科学告诉我们，在复杂的社会组织中，信

---

① 这与艾赫（Ahir）等人的发现一致："在发达经济体内部，以及在贸易和金融联系更紧密的经济体之间，不确定性峰值往往更加同步"（Ahir, Bloom, Furceri, 2018）。

息的传播是通过小世界的联通机制实现的，传播的速度和质量取决于系统结点之间的路径长度，而枢纽的数量和活力在其中发挥着关键作用。

小世界的联通性有利于抵御暴政的压迫和外部势力的冲击，从而维护社会的动态稳定。但是这种网络格局在很大程度上是在特定的历史环境下形成的，对于一些有着不同历史传统的国家来说，朝此方向转型是极其困难的，甚至付出高昂的代价也难以取得实质性的进展。即使站在轴心位置上运用开明的强权或者强权的开明，虽然效果显著，但也必然伴随着高度不完美的妥协，并且要随时准备迎接保守势力的诘责与反扑。在封建时代，中国的皇帝和西方的君主不受其臣民问责机制的约束，他们可以随意授予其后代和亲信以头衔和特权。今天，在世界大部分地区，这是不可接受的。在现代政治体系中，即使在废除世袭公职之后，权力和财富阶层仍然难免反应迟钝、效率低下，但是他们以各种理由维护其利益的本能却毫不逊色。不过，在一个无法摆脱的互联世界，面对更大范围的平行竞争，明智的精英会主动提升自身的适应性，为迎接重大创新和社会变革制定长远规划。

我们最终得出了这样的结论：世界公民现在拥有两种具有影响力的高度扭曲的小世界联通性版本，这两种版本都有助于增加信息传播和集体协作，但反映了截然不同的公民价值观，并由看似不相容的治理规范所维系。一种版本是中国提供的基于以人民为主体的制度框架，以国家的权威和公民的遵循来维护社会和谐，旨在走出一条以人人平等、共同富裕为目标的道路。另一种版本是西方提供的基于个人主义的制度框架，它强调约束政府权力，维护个体自由并容忍差异。本书讲述的五大制度变迁告诉我们，这些选择在很多情况下是随机的，而不是预先设定的。无论是注重自上而下的行政管理，还是强调行为主体的自组织动力，我们不能轻言孰优孰劣，但我们认同马克思主义认识论的一个基本原理，即实践是检验真理的唯一标准。与此同时，我们坚信，拨开重重政治化和情绪化的迷雾，在这两种版本之间，仍然存在着诸多的相通之处有待发掘。

网络结构是决定长期历史演进的一个重要因素，对稳定性和适应性之间的平衡有着深远的影响，这种影响远远超出了我们今天的认知范围，因为它是一种没有设计师的设计。云生日落，天地异色，世界正在酝酿人类历史上一场新的大变革，我们已经听到了汹涌浪涛的轰鸣，但不清楚它的具体走势和节律。在全球化面临巨大不确定性的今天，它把东西方两种体制连同其各自的历史遗产，双双推到了十字路口。尽管不可预测性在不断加剧，但我们仍然可以沿着世界历史发展的脉络，找出导致数次重大变迁背后的关键因素和驱动力。将它们整理成一个统一的叙述，我们寄希望于提供两个启示：一是从网络互联的视角来分析大规模的历史变迁，二是用经济发展的效果来检验制度的生命力，目的在于促进人们对人类进步的未来展开深度的思考。

致　谢

本书的撰写与出版发行得益于聚焦该主题的全球网络成员的通力合作，这包括本书各章节的合作者、学生、同事以及研究机构。首先，我想感谢本书的合作者：田青、刘宝成、凯文·科默、戴维·马萨德、杰克·戈德斯通以及卡梅伦·哈威克，他们非凡的才智与贡献是本书不可或缺的财富。

我非常荣幸能与巴拉苏里亚（Kanishka Balasuriya）、玛丽·博德曼（Mary Boardman）、斯尼格达·德威（Snigdha Dewal）、阿马尔·马利克（Ammar Malik）、约瑟夫·沙欣（Joseph Shaheen）以及阿里斯·特兰蒂斯（Aris Tranditis）共事，他们正在开启其知识探索的旅程。

同时，本书的撰写得益于与来自不同学科背景的同事之间的交流，包括肯尼斯·阿罗（Kenneth Arrow）、杰弗·约翰逊（Jeff Johnson）、保罗·奥默罗德（Paul Ormerod）、海蒂·史密斯（Heidi Smith）、亨里克·詹森（Henrik Jensen）、肯尼思·科默（Kenneth Comer)、纳迪姆·乌尔·哈克（Nadeem ul Haque）、肖恩·哈格里夫斯（Shaun Hargreaves-Heap）、约翰·米德克罗夫特（John Meadowcroft）、马克·彭宁顿（Mark Pennington）、约翰·沃利斯（John Wallis）、南希·魏（Nancy Wei）以及赵鼎新（Dingxin Zhao）。

在我所任职的乔治梅森大学，与保罗·德拉戈斯·阿利吉卡（Paul Dragos Aligica）、罗伯特·阿克斯特尔（Robert Axtell）、泰勒·考恩（Tyler Cowen）、杰克·戈德斯通（Jack Goldstone）、詹姆斯·奥尔兹（James Olds）、诺埃尔·约翰逊（Noel Johnson）、爱德华多·洛佩斯（Eduardo López）、马克·科亚马（Mark Koyama）、塞萨尔·马丁内利（César Martinelli）以及约翰·奈（John Nye）的共事使我受益匪浅。非常感谢佐尔坦·阿克斯（Zoltan Acs）在写作本书的不同阶段对书稿的审校，并提出了颇具建设性的意见和建议。

与菲利普·古德（Philip Good）以及剑桥大学出版社编辑团队的合作非常愉快。非常感谢本书第三章与第四章的编辑与匿名评论人，该部分内容也发表于《制度经济学杂志》（*Journal of Institutional Economics*）以及《剑桥国际事务评论》（*Cambridge Review of International Affairs*）。感谢黛娜·麦克尼科尔斯（Dinah McNichols）出色的编辑工作。

英国伦敦大学国工学院为我提供了一年的研习教授资助，这段经历对于本书主要观点的形成难能可贵。墨西哥伊比利亚美洲大学经济学院、位于佛罗伦萨的欧洲大学学院马克斯·韦伯项目、中国对外经济贸易大学以及乔治梅森大学人文研究所为书稿撰写多次举办了主题研讨会，让我受益匪浅。本书的写作获得了众多学术机构的大力支持，对此我深表谢意，恕不能一一提名。

最后，我要特别感谢我的老朋友——刘宝成教授，他准确而又专业的翻译为本书中文版增色不少。同时，刘教授的翻译团队成员：徐方达、付月、陈星光、白帆、包卡伦、武丽丽、刘品瑞、王娟、刘品海、刘昱君、王红蕊、贾艳南、牟红焱、解婧、吕鑫、赵艺璇、胡怡然、秦莹欣、王宗红、张文新、夏梓曦、任强、张园为本书做了认真的初译和校对工作，在此对他们表示衷心的感谢。

"中国学派集成"丛书

《抽签与民主、共和——从雅典到威尼斯》

《全球化的裂解与再融合》

《中国改革真命题——迈向高质量发展》

《全球经济的颠覆性变革——复杂经济学的根源、结构与竞合》